EVROPA

eva wissenschaft

Daniel Ganzfried / Sebastian Hefti
Herausgeber

Hannah Arendt – Nach dem Totalitarismus

Europäische Verlagsanstalt

Übersetzung der Beiträge aus dem Englischen und Französischen: Daniel Ganzfried und Sebastian Hefti

Die Deutsche Bibliothek – CIP-Einheitsaufnahme

Hannah Arendt, nach dem Totalitarismus / hrsg. von Daniel Ganzfried und Sebastian Hefti. [Beitr. von Wolfgang Engler ...].
- Hamburg : Europäische Verlagsanstalt, 1997
(EVA Wissenschaft)
ISBN 3-434-52003-1
NE: Ganzfried, Daniel [Hrsg.]

Umschlagfoto: Hannah Arendt in Paris

Signet: Dorothee Wallner nach Caspar Neher »Europa« (1945)
Satz: H & G Herstellung, Hamburg
Herstellung: Das Herstellungsbüro, Hamburg
Druck und Bindung: Druckerei Wagner, Nördlingen
ISBN 3-434-52003-1
Printed in Germany

Inhalt

Daniel Ganzfried und Sebastian Hefti
Vorwort 7

HANNAH ARENDT LESEN: WARUM JETZT?

Sigrid Weigel
Jenseits der Systeme. Denkbewegungen Hannah Arendts 13

Wolfgang Heuer
Ein schwieriger Dialog. Die Hannah Arendt-Rezeption
im deutschsprachigen Raum 21

POLITIK DES 20. JAHRHUNDERTS:
ERFAHREN UND VERSTEHEN

Claude Lefort
Überlegungen zum Begriff der totalen Herrschaft 31

Margaret Canovan
Verstehen oder Mißverstehen. Hannah Arendt,
Totalitarismus und Politik 54

Urs Marti
Totaler Herrschaftsanspruch und Entpolitisierung. Hannah Arendt
und die »kapitalistische Genealogie« des Totalitarismus 68

Ingeborg Nordmann
Traditionsbruch und Montage. Hannah Arendts Totalitarismus-
begriff im Kontext von Benjamin und Kafka 78

Heinz Kleger
Totalitäre Erfahrung und politische Theorie 86

FREIHEIT UND POLITIK: ANFANGEN UND HANDELN

Hans Saner
Die politische Bedeutung der Natalität bei Hannah Arendt 103

Anne-Marie Roviello
Freiheit, Gleichheit und Repräsentation 120

Christina Thürmer-Rohr
Die Anstößigkeit der Freiheit des Anfangens.
Feministische Kritik – Feminismuskritik 135

Wolfgang Engler
Öffentlichkeit als Problem oder Die Schatten des Staates 147

Kerry H. Whiteside
Von der Natur zur Freiheit – von der Freiheit zur Natur:
Hannah Arendt über die Sorge zur Welt 155

Richard Sennett
Die neue politische Ökonomie und ihre Kultur 176

Autoren und Herausgeber 193

Daniel Ganzfried und Sebastian Hefti

Vorwort

Hannah Arendt gehört zu jenen Autoren, die zur Zeit in aller Munde sind. Ohne solche Modeerscheinungen »gäbe es keinen internationalen philosophischen Diskurs über die Grenzen der Kulturen hinweg.«[1] Als Veranstalter des Forums für politisch-kulturelle Verständigung, der *Hannah Arendt Tage Zürich*, und nun als Herausgeber haben wir diesen Tatbestand als einmalige Chance für eine breite Verständigung über die demokratische Republik der Massenbürger wahrgenommen. Weder das nach-totalitäre Zeitalter, noch das Ende des Kalten Krieges haben neue Ideen und Politiker hervorgebracht, die uns in Gegenwart und Zukunft orientieren. In den letzten Jahren sind daher die Schriften Hannah Arendts gleichsam zu Wegstationen des wachsenden Stroms ratsuchender Pilger geworden. Die Wiederentdeckung einer bis dahin buchstäblich abgeschriebenen Klassikerin durch eine neue Generation von jüngeren Intellektuellen hat zu einer wahren *Arendt-Renaissance* geführt. Von Polen bis Brasilien, von Italien und Frankreich bis Australien, Japan und China gilt Hannah Arendt heute als eine der wichtigsten politischen Denkerinnen unseres Jahrhunderts.

Hannah Arendt lesen: Warum jetzt?

Diese diskursive Mode trägt die üblichen Merkmale einer oberflächlichen oder instrumentalisierenden Interpretation. Mit dem Beitrag von *Sigrid Weigel* stellen wir »dies an den Anfang, weil die gegenwärtige Popularität Hannah Arendts teilweise Züge einer Idealisierung und Idolisierung trägt«. Die Geschichte der Arendt-Rezeption verlief diesseits des internationalen Diskurses in den jeweiligen Sprach- und Länderräumen unterschiedlich, teilweise widersprüchlich. *Wolfgang Heuer* resümiert die spezifische Überforderung »der Angehörigen ihrer eigenen Generation, vor allem in Deutschland. Erst die nachfolgende Generation beginnt langsam eine Annäherung, angestoßen von Krisen wie der *Krise des Marxismus* oder der *Krise der Politik*. Zwischen Arendt und den Deutschen herrschte seit 1933 und bis über ihren Tod 1975 hinaus eine dauerhafte Entfremdung.«

Inzwischen hat auch im deutschen Sprachraum die Vertiefung der Debatte begonnen.[2] Dennoch herrschen Tendenzen vor, welche den neuen Ruhm und die Faszination ihres Namens vor allem als unverbrauchte Etikette verwenden.[3] Eine Vertiefung der Rezeption und eine Debatte ihrer *real*politischen Interventionen hält man in Wirklichkeit für nostalgisch, so daß – mit der vielfach getadelten romantisierenden Nostalgie der Autorin – eine potenzierte Realitätsflucht die Folge wäre. Indessen hat der in Deutschland außerordentlich geschätzte französische Historiker François Furet der Politiktheoretikerin vor kurzem eine Art Denkmal gesetzt. In seinem Großessay *Das Ende der Illusion* lobt er ausgerechnet ihre in Deutschland tabuisierte Totalitarismus-Beschreibung, die hier nun verspätet, auf dem Umweg einer aus Frankreich re-importierten Theorie, nachgeholt werden kann.

Nach dem Totalitarismus: Erfahren und Verstehen

Im vorliegenden Band setzen sich *Claude Lefort* und *Urs Marti* besonders mit eben dieser kritischen Würdigung Furets auseinander. Verstehen und Mißverstehen Hannah Arendts sind in hohem Maße an deren eigenartiges Totalitarismus-Verständnis gebunden. Die politiktheoretische Metaphorik erweist sich als entscheidend: *Gletscher* oder *Hurrikan*? Nach *Margaret Canovan* optiert Arendt politisch – und darin eher konservativ – für Stabilität, eben weil der antipolitische Totalitarismus, einem Wirbelsturm gleich, die bekannte Menschenwelt hinweggefegt hat. Demgegenüber vertieft *Ingeborg Nordmann* die spezifisch Arendtsche Korrespondenz zur literarischen Moderne, die für ihre politisch-historische Abrechnung mit dem Totalitarismus maßgeblicher war als jede Fachdisziplin. Den weitestgehenden Vorstoß in die aktuelle Pragmatik der Demokratien unternimmt *Heinz Kleger*. Über Arendt hinaus skizziert er den antitotalitären Konsens, der eine erfahrungsgesättigte Bedingung bürgergesellschaftlicher Massendemokratien darstellt.

Freiheit und Politik: Anfangen und Handeln

In Zürich – am »Carrefour« Europas, wie sie die Stadt rühmte – hat Hannah Arendt im Juni 1958 in der überfüllten Aula der Universität den Vortrag *Freiheit und Politik* gehalten. Es gehört daher auch zum Stadtstolz der beiden Zürcher Herausgeber, internationale Beiträge zu dieser Thematik zu präsentieren. Aus seiner Warte des Ein-Denkens rekonstruiert *Hans Saner* gleichsam detektivisch die dramatische Suchbewegung Arendts, *nach* dem Totalitarismus Freiheit und Politik positiv neu *anfangen* zu können.

Hannah Arendt – eine existentialistisch und/oder romantisch abgehobene Denkerin? Mehr als jede Entgegnung bieten die nachfolgenden Beiträge: Es sind bodenständige Expeditionen in die gegenwärtige Realität. *Anne-Marie Roviello* interpretiert die Arendtsche Unzufriedenheit mit der parlamentarischen Volksvertretung als ein Plädoyer für die Einheit von Republik und Demokratie. Die je für die Politikfelder Feminismus und Ökologie fruchtbare Erschließung auf Arendtschem Terrain leisten *Christina Thürmer-Rohr* und *Kerry H. Whiteside*. Eine polemisch verknappte ›Arendtiade‹ gegen die öffentliche Normalisierung und Politisierung aller Privat- und Intimregungen durch sozial-bewegte Menschenverbesserer steuert *Wolfgang Engler* bei.

Richard Sennett schließt beinahe mit einer Art Epilog zur deutschen Standortdebatte: Für und gegen Hannah Arendt setzt er auf eine kulturpolitische Offensive der urbanen 'Weltörtlichkeit', die den neuen politisch-ökonomischen Gewalten von Flexiblisierung und Globalisierung die Stirn bieten soll. Im Geiste Arendts hat sich unter den amerikanischen Urbanisten eine »new *agora*«-Bewegung gebildet. An die Stelle der prekär gewordenen Selbstfindung durch Arbeit soll in der Epoche der ständig teils vollzogenen, teils drohenden Arbeitsvernichtung eine kulturelle Selbstentlastung treten. Sennett hofft, im unpersönlichen Weltbezug zu einem mit Anderen geteilten Ort lasse sich die Befreiung des Selbst von viktorianischer Schuldlast konkret verankern.

Für den Standort Zürich steht fest, daß das von Arendt inspirierte Projekt *Politisches Denken üben* in jährlichen *Hannah Arendt Tagen*[4] seine Fortsetzung finden wird. Die hier versammelten Essays bilden eine Auswahl der Symposiumsbeiträge anläßlich der *Hannah Arendt Tage 1996*. Die Herausgeber wollen schließlich danken: den Autoren, den Beratern[5] sowie den öffentlichen und privaten Unterstützern und allen Teilnehmern, die diesen Anfang ermöglicht haben, dessen erste Fortschreibung wir hiermit den Lesern übergeben dürfen.

Zürich, im Dezember 1996

Anmerkungen

1 Agnes Heller, Hannah Arendt – Modell oder Mode? (Vortrag vom 27.10.1995, Evangelische Akademie Loccum) – In: *politikinitiativen* 10/1996, Zürich, S.19.

2 Vgl. Zoltán Szankay, Öffnung und Resonanz ... – In: *politikinitiativen* 12/1996, Zürich, S.22-25; *Einschnitte. Hannah Arendts politisches Denken heute*, hg. von Antonia Grunenberg und Lothar Probst, Bremen 1995; *Hannah Arendt und die Berliner Republik.* Fragen an das vereinigte Deutschland, hg. von Bernward Baule, Berlin 1996. – Vor allem die Bremer Gruppe um Zoltán Szankay, Antonia Grunenberg u.a. vom *»Hannah-Arendt-Preis für politisches Denken«* bemüht sich über die jährliche Preisverleihung (1996 an Agnes Heller, 1997 an François Furet) hinaus um eine ernsthafte »Übertragung« in west- und osteuropäische Politikräume des Denkens und Handelns.

3 Als Beispiel dafür: Ralf Dahrendorf, *Europäisches Tagebuch*, Göttingen 1995. – In seinen Ausführungen über den *Hannah-Arendt-Preis* (der Hamburger Kurt-Körber-Stiftung und des Wiener Institutes für die Wissenschaften vom Menschen; jährlich DM 200 000 für beispielhafte Reformprojekte im Hochschulbereich), zu deren Jury Dahrendorf gehört, schreibt er zum »Etikett« Hannah Arendt: »Mich erinnern ihre Bücher zuweilen an das Desaster der koreanischen Passagiermaschine, die am Anfang nur um einen Grad vom Kurs abgewichen war, am Ende aber im sowjetischen Luftraum über streng verbotenem Gelände abgeschossen wurde. Zuerst stimmt es nicht ganz, am Ende stimmt es gar nicht mehr.« (S.148.)

4 Im September 1997 und 1998 folgen in Zürich die Themen *Was ist Politik?* und *Bedingungen der Demokratie.* Mit gleicher Zielsetzung arbeitet *politikinitiativen München e.V.* im Hinblick auf das *Hannah Arendt Forum München* (geplant für 1998: *Kultur und Politik*).

5 Vor allem danken wir dem Beirat von *politikinitiativen* für geduldige und offene Unterstützung: Wolfgang Heuer, Gottfried Honegger, Heinz Kleger, Lotte Köhler, Ursula Ludz, Hans Saner, Zoltán Szankay und Maja Wicki.

Hannah Arendt lesen: Warum jetzt?

Sigrid Weigel

Jenseits der Systeme

Denkbewegungen Hannah Arendts

»Ich bin (...) nicht verpflichtet, alle die Schwierigkeiten aufzulösen, die ich mache. Meine Gedanken mögen immer sich weniger zu verbinden, ja wohl gar sich zu widersprechen scheinen: wenn es denn nur Gedanken sind, bei welchen (die Leser) Stoff finden, selbst zu denken.« [1]

Diese Selbstaussage Lessings, die Hannah Arendt in ihrer Dankrede zur Verleihung des Lessingpreises 1959 zitiert, läßt sich gut und gern auch auf Arendt selbst münzen. In ihrer Würdigung zeichnete sie ein Porträt, das sich erheblich von den vertrauten Zügen des kanonisierten »Nathan«-Autors unterscheidet: sein Denken, wiewohl es einen heimlichen Bezug zum Handeln unterhält, sei niemals an Resultate gebunden. Es sei vielmehr ein vorweggenommenes Sprechen mit anderen. Dieses Sprechen meint jedoch nicht einen auf Konsens ausgerichteten Dialog, sondern eine Kultur des Streits, der Kontroverse und Auseinandersetzung, – eines Streits, der selbst die Polemik miteinschließen kann. Denn für Lessing, der die Welt im Zorn und im Lachen erfahren habe, garantieren, so Arendt, die Leidenschaften einen größeren Grad des Wirklichkeitsbezugs. Zorn und Lachen, das waren Leidenschaften, die auch Hannah Arendt aus dem Erkennen und Verstehen nicht ausschloß und die sie gleichwohl mit größter Nüchternheit und Strenge verband zu jenen radikalen Analysen, für die sie berühmt geworden ist. Nicht nur, weil sie eine Person war, der jedes Pathos und jede Sentimentalität zuwider waren, fordert eine Würdigung dieser faszinierenden Denkerin also nicht in erster Linie, sie zu feiern und zu ehren, sondern sich auf ihre Schriften und auf ihr Denken einzulassen: einzutreten in jenes Gespräch mit anderen, das vor allem und zuerst die Anerkennung des Anderssein des Anderen erfordert.

Ich stelle dies an den Anfang, weil die gegenwärtige Popularität Hannah Arendts teilweise Züge einer Idealisierung und Idolisierung trägt. Darin erstarrt die Geehrte zur Ikone, in deren Schatten ihre Schriften zu verschwinden drohen. Zwar sind – was nur wenigen Autoren politischer Theorie beschieden ist – viele der von Hannah Arendt geprägten Begriffe im Umlauf, doch werden sie dabei allzuleicht zu griffigen Münzen im Diskurs, abgelöst von den historischen Erfahrungen, für deren Beschreibung und Analyse sie geschaffen wurden. So wäre ihr heftigster Protest sicher gewesen, hätte sie noch erleben müssen, wie der Begriff des Paria, mit dem sie den komplizierten Ort von Juden in der Assimilationsgeschichte westlicher Gesellschaften beschrieb, wie der ›Paria‹ heute zur modischen Metapher für alle Außenseiter geworden ist und noch mehr für diejenigen, die es gerne sein wollen. Die Begriffe Arendts sind nämlich stets auf einen spezifischen Ort in der Geschichte bezogen, daran entwickelt und geschärft. Die von ihr hervorgehobene »Wärme der Pariavölker« etwa taugt nicht zur Utopie; sie gehört vielmehr zu jenen unteilbaren Erfahrungen, die um den hohen Preis eines radikalen Weltverlustes erworben sind.

»Diese Menschlichkeit ist das große Vorrecht der Pariavölker, sie ist das, was die Parias dieser Welt immer und unter allen Umständen vor allen anderen voraushaben können. Dies Vorrecht ist teuer genug bezahlt; ihm entspricht oft ein so radikaler Weltverlust.«[2] »Das Recht auf die Wärme der Pariavölker erstreckt sich nicht mehr auf diejenigen, die auf Grund ihrer andersgearteten Stellung in der Welt eine Verpflichtung für die Welt haben und die Unbekümmertheit des Parias nicht teilen dürfen.«[3] Zwar anerkennt Arendt die Faszination, die die Position des ›Paria‹ für all jene hat, die sich der Welt, so wie sie ist, schämen; doch zugleich betont sie die Unmöglichkeit, an der beschriebenen Erfahrung zu partizipieren.

Diese Einsicht in die Partikularität der Erfahrung begründet ihre Skepsis gegenüber allen Verallgemeinerungen und erklärt wohl auch ihre Reserven gegenüber der Philosophie, genauer: gegenüber der Philosophie als Wissenschaft und dem Anspruch einer systematischen Begründung der Welt und des Menschen. Eine allgemeine Kategorie des Menschen aber, d.h. *den* Menschen, gibt es für Hannah Arendt nicht; für sie existieren Menschen nur im Plural und d.h. als je verschiedene und andere, gebunden an einen spezifischen historischen Ort. 1906 geboren, ist ihre eigene Erfahrung gewissermaßen *symptomatisch* für die Geschichte dieses Jahrhunderts: die Erfahrung einer Jüdin, die 1933 aus Deutschland emigrieren mußte, der die deutsche Staatsbürgerschaft aberkannt wurde, die im Pariser Exil gelebt hat, kurzzeitig im Lager interniert war und dann in den USA einen neuen Wohn- und Arbeitsort gefunden hat. Symptomatisch für das 20. Jahrhundert ist ihre Geschichte dann, wenn man mit Arendt davon ausgeht, daß nur vom Ort einer extremen Erfahrung aus sich ein ungetrübter Blick aufs Ganze eröffnet.

Warum aber gerade Hannah Arendt heute? Worin begründet sich die gegenwärtige Arendt-Renaissance? In einer Situation, in der, mit dem Zusammenbruch eines lagerförmig verfaßten Weltbildes, alle Ideologien unbrauchbar geworden sind, scheint die Geschichte ihr, der Theoretikerin des Totalitarismus, Recht gegeben zu haben. Das schafft Vertrauen, und so glaubt man sich bei ihr auch sicher für die noch ausstehenden Unwägbarkeiten der kommenden Geschichte. Aufgrund ihrer Position als Intellektuelle, die sich keiner der ideologischen Sünden dieses Jahrhunderts schuldig gemacht hat und in keine seiner historischen Katastrophen als Verantwortliche verwickelt war, kommt ihre Theorie somit der gegenwärtig verbreiteten Sehnsucht nach einem Denken jenseits aller Schuldzusammenhänge entgegen. Und die Attribute als Frau und Jüdin scheinen sie noch zusätzlich für diese Position auszuzeichnen, – wobei der damit verbundene Erfahrungs- und Denkort bei der Diskussion ihrer *Schriften* seltener reflektiert wird, sondern eher den Status eines *biographischen* Supplements des theoretischen Diskurses erhält.

Dabei hat Hannah Arendt, sofern man sich auf die Lektüre ihrer Schriften einläßt, beileibe kein schlüssiges Weltbild, keine kohärenten Erklärungen und auch keine Wahrheit anzubieten. Ja, sie war der Auffassung, daß jede Wahrheit notwendigerweise das Denken als *Tätigkeit* zum Stillstand bringen muß. Gegen diesen Stillstand stellt sie eine Bewegung, die den Phänomenen in all ihren Widersprüchen, Unvereinbarkeiten und Gegensätzen folgt, ihnen im buchstäblichen Sinne nach-denkt. Diese Eigenschaft teilt sie mit anderen Theoretikern, die, wie etwa Walter Benjamin, von der Literatur herkommen und mit Arendt den Vorbehalt gegenüber einem akademischen Systemanspruch teilen, – um gerade darüber das Philosophieren als Haltung und als Tätigkeit in einem radikaleren Sinne zu retten. So etwa in dem emphatischen Konzept des Denkens, das Hannah Arendt in ihrem letzten Buch *Vom Leben des Geistes*, das 1977 postum erschien, entwickelt hat. Das Denken als Tätigkeit wird darin als solitär verstanden. Es kann nur in einem Nirgends statthaben, in einer Lücke zwischen Vergangenheit und Zukunft, in der Unterbrechung der alltäglichen Bindungen; es ereignet sich überhaupt nur, wenn der Denkende sich außerhalb der Ordnungen aufhält. Die Autorin hat dies im Bild des Bürgerkriegs beschrieben: als Bürgerkrieg zwischen dem gemeinen Verstand und dem Denken, ein Bürgerkrieg, den sie nicht etwa zwischen Intellektuellen und Volk, sondern *im* Subjekt des Denkenden selbst ansiedelt.[4] Von diesem Ort aus, dem Denken als anderem der Politik, hat sie sich vielleicht stärker für eine Rettung des Politischen engagiert als viele, die sich als politische Akteure verstehen.

Diese Radikalität des Arendtschen Denkens wird aber regelhaft verfehlt, wenn die Diskussion ihrer Schriften sich im Fahrwasser der geläufigen Kategorien und Systeme des politischen und politologischen Dikurses bewegt,[5] – wenn man versäumt, sich lesend einzustellen auf die Spuren, die die Denkbewegungen Arendts in ihren Schriften hinterlassen haben, und so von deren Textualität, von den Denkfiguren, den spezifischen Konstellationen und der Bildlichkeit absieht, um sie in die etablierten Begriffe übersetzen und in den Kanon der akademischen Disziplinen integrieren zu können. Daneben scheinen die vielfältigen Briefwechsel und Korrespondenzen, in denen sich das Denken Arendts artikuliert und entwickelt hat und deren Autoren (Jaspers, Heidegger, Blumenberg, Blücher, Broch, McCarthy) schwerlich unter einen philosophischen Hut zu bringen sind, für die gegenwärtige Arendt-Renaissance ein Ärgernis oder mindestens eine Irritation darzustellen, die mit verschiedenen Argumentationen ruhiggestellt werden muß: so etwa durch eine postume Marginalisierung der Heidegger-Bezüge ihres Denkens einerseits,[6] oder durch eine moralisierende und psychologisierende Beschreibung ihrer Beziehung zu Heidegger.[7]

Dabei ist gerade Arendts *Vita activa*, ihre Theorie des öffentlichen und des privaten Bereichs, von einer außerordentlichen Gegenwärtigkeit. So etwa ihr dringliches Plädoyer gegen jegliche Familiarisierung der Politik: beispielsweise in der beliebten Vorstellung von der Nation als großer Familie, dem Staatsoberhaupt als sorgendem Vater o.ä. Als Politik definiert Arendt einen Raum, in dem es viele Stimmen gibt, deren Präsenz erst durch die Distanz zwischen ihnen ermöglicht wird:

»*Der* Mensch ist a-politisch. Politik entsteht in dem *Zwischen-den*-Menschen, also durchaus *außerhalb des* Menschen.«[8] »Politik handelt von dem Zusammen- und Miteinander-Sein der *Verschiedenen*. Politisch organisieren sich die Menschen nach bestimmten wesentlichen Gemeinsamkeiten in einem absoluten Chaos der Differenzen. Solange man politische Körper auf der Familie aufbaut und im Bild der Familie versteht, (...) ist die ursprüngliche Verschiedenheit ebenso wirksam ausgelöscht, wie die essentielle Gleichheit aller Menschen, sofern es sich um *den* Menschen handelt, zerstört ist. Der Ruin der Politik nach beiden Seiten entsteht aus der Entwicklung politischer Körper aus der Familie.«[9]

Eine Rettung der Politik im eigentlichen Sinne müßte also mit Hannah Arendt auf eine Entfamiliarisierung des Miteinander- und Zusammenseins hinauslaufen, weil erst darüber die Möglichkeit zum Dissens und zum Gespräch mit dem und den *Anderen* eröffnet ist.

In einem ähnlichen Sinne hat Arendt zeigen können, daß es der Erfahrung der *Partikularität* und der Erkenntnisperspektive der Ausgeschlossenen bedarf, um das Schicksal *universeller* Kategorien wie Freiheit, Gleichheit und Menschenrechte in der Geschichte zu erkennen. Entgegen einem ›Humanismus‹, der zum Gegenstand sentimentaler Sonntagsreden und zum Bildungsphänomen herabgesunken ist, geht es ihr darum, Humanität und Freundschaft als Haltungen zu reformulieren, die eine stets konfliktgeladene Anerkennung des Anderen einschließen. In diesem Zusammenhang zitiert sie z.B. das römische Konzept der ›Humanitas‹, das für sie im römischen Bürgerrecht für Menschen verschiedener Herkunft und Abstammung bestand, ein Recht, durch das umgekehrt auch der Republik erst der ihr eigene Weltbezug zukam.[10] Universalität ist also nicht über die Gleichheit und das Allgemeine, sondern nur auf dem Umweg über das Fremde und Andere zu gewinnen.

Für diese Erfahrung steht in Arendts Schriften u. a. der Paria und Schlemihl Heinrich Heine. Aus der Perspektive eines Wissens um das gewaltsame Endes der Assimilationsgeschichte, das durch die Rassen- und Vernichtungspolitik der Nazis herbeigeführt wurde, skizziert Arendt in ihrer nach 1945 entstandenen Schrift *Die verborgene Tradition* das Paradox der Assimilationsgeschichte sehr viel schärfer als noch in dem bereits 1932 entstandenen Aufsatz über *Aufklärung und Judenfrage*. Wenn sie Heine jetzt als »das einzige große Beispiel geglückter Assimilation« bezeichnet, »das die gesamte Geschichte der Assimilation aufzuweisen hat«[11], dann ist das nicht mit der These von einer glücklichen Assimilation zu verwechseln. Es meint, daß Heine einer der wenigen war, der versucht hat, »die frohe Botschaft der Emanzipation so ernst zu nehmen, wie sie nie gemeint war«[12], und der aus diesem Mißverständnis den Versuch einer Befreiung als Einzelindividuum unternommen hat. Er begab sich mit diesem Versuch in eine in jeder Hinsicht paradoxe Position: in Opposition zur jüdischen und nicht-jüdischen Umwelt, »jenseits von Herrschaft und Knechtschaft,« da ihm »Knecht und Unterdrücker gleich widernatürlich und damit gleich komisch«[13] waren, in die Nähe zur volkstümlichen deutschen Sprache und zugleich zum Hebräischen, gleichzeitig innerhalb und außerhalb. Als geglückte Assimilation beschreibt Arendt Heines Geschichte aber auch deshalb, weil sie darin den Gewinn einer vielleicht einzigartigen Verbindung von Kosmopolitischem und Volkstümlichem erblickt: Indem Heine die Sprache des Volkes in Dichtung verwandelte, stellte er »auf dem Umwege der deutschen Sprache seine europäische Würde wieder her«, während umgekehrt, gerade dadurch, daß er »unzähligen jüdisch-hebräischen Worten dichterisches Heimatrecht in der deutschen Sprache geschaffen«[14] hat, seine Kunst das ihr eigene Volkstümliche und Menschliche gewonnen habe. Die so gewonnene Dimension einer kosmopolitischen Sprache ist es, die durch ihre Re-Nationalisierung im Nationalsozialismus zerstört wurde und die damit unwiederbringlich verloren ist.

Ihre eigene Erfahrung als Staatenlose, als Person ohne Heimat- und Bürgerrecht, hat Hannah Arendt in dem Kapitel über die *»Aporie der Menschenrechte«* verarbeitet, das in dem Buch über die *Elemente und Ursprünge totaler Herrschaft* (1951) enthalten ist. Vielleicht ist dies, gegenüber der vergleichenden Analyse des Totalitarismus, das zukunftsweisendere Vermächtnis dieses Buches. Das genannte Kapitel enthält eine gnadenlose Desillusionierung der Idee der ›Menschenrechte‹. Als emphatische Konstruktion von Rechten, die dem Menschen jenseits aller nationalen, sozialen und anderen Unterschiede zukommen, etablieren, wie Arendt zeigt, die Menschenrechte ein »aus allen Bindungen herausgelöstes, völlig isoliertes Wesen,«[15] für das sie sich letztlich als leeres Versprechen erweisen. Denn niemand kann seiner elementaren Menschenrechte sicher sein, wo diese nicht durch Staatsbürgerrechte gedeckt sind. Mit dem historisch beispiellosen Phänomen der Heimat- und Staatenlosen im 20. Jahrhundert – Verfolgte nicht als Dissidenten, sondern allein aufgrund ihrer Geburt – sind, wie Arendt bereits 1951 zeigen konnte, die Voraussetzungen des ›Asylrechts‹ obsolet geworden. Und die *Menschen*rechte, Konstruktion eines universellen Rechts – »diese anscheinend humanitären Anstrengungen, wenigstens auf dem Papier jedem Menschen so viel Rechte wie nur möglich zuzusprechen,«[16] –, das als allgemeine Folie für die je besonderen Staatsbürgerrechte verstanden werden will, erhält doch durch die letzteren überhaupt erst eine Realität. Im Zustand einer »abstrakten Nacktheit ihres Nichts-als-Menschseins«[17] jedoch fallen die Staatenlosen, in denen dieser Zustand historisch real wird, zurück in den reinen »Naturzustand«, außerhalb der Zivilisation.

Doch wenn auch die Staatsbürgerschaft die Menschen allererst in einen Rechtszustand versetzt, in das »Recht, Rechte zu haben«, so gehen darin doch zugleich Unterschiedlichkeit und Differenziertheit verloren, denn die Staatsbürgerschaft, so Arendt, ist der »große Gleichmacher aller Unterschiede.«[18] Insofern bedarf es zugleich jener Dialektik von Öffentlichkeit und Privatheit, die heute in ganz besonderer Weise bedroht ist. Die private Sphäre wurzelt nach Arendts Lehre von der *Vita activa* (1958) in der Tatsache der Verschiedenheit und unendlichen Unterscheidung, sie bedeutet Lokalisiertheit und Zugehörigkeit zu einem Ort und garantiert das »Recht auf Verborgenheit«[19]. Dabei ist diese Sphäre heute paradoxerweise weniger durch Orwellsche Zustände, etwa durch eine Verstaatlichung des Privaten, als vielmehr durch einen Schwund an Öffentlichkeit bedroht: daß dadurch mehr und mehr jener Zwischenraum zwischen den je Einzelnen getilgt wird, der Politik erst möglich macht. Die laufende Privatisierung der Öffentlichkeit bedeutet aber gleichermaßen einen Verlust der privaten wie der öffentlichen Sphäre.

Soweit einige Aspekte der Aktualität Hannah Arendts. Was aber bleibt, ist die Frage, wie heute angemessen auf die von ihr in Theorieform hinterlassenen Erfahrungen zu antworten sei? Jene Gewißheit, die sie der sterbenden Rahel Varnhagen in den Mund gelegt hat, die Gewißheit nämlich, daß da eine Stimme ist, die ihre Erfahrungen und Gedanken fortsetzen wird, dürfen wir getrost auch als Wunsch und als Aufforderung der Rahel-Biographin verstehen. Die Stimmen jedoch, die das Gespräch mit *ihr* tatsächlich aufnehmen wollen, werden nicht um die Wahrheit ihrer Worte streiten, sondern diesen mit dem eigenen Denken antworten müssen, sie werden mit Arendt in eine ihrer vielen und in eine unabschließbare Korrespondenz treten müssen. Rahel, so Arendt, »hinterläßt einen Erben, dem sie viel zu vermachen hat, die Geschichte eines Bankrotts und ein rebellisches Herz«. Sie fährt fort mit dem Zitat aus einem Brief Rahels an Heinrich Heine, mit dem sie ihr Buch beschließt:

»Keine Wohltätigkeitsliste, kein Vivat, keine Herablassung; keine gemischte Gesellschaft, kein neues Gesangbuch, kein bürgerlicher Stern, nichts, nichts konnte mich je beschwichtigen.. *Sie* werden dies herrlich, elegisch, phantastisch, einschneidend, äußerst scherzhaft, immer gesangvoll, anreizend, oft hinreißend sagen; nächstens sagen. Aber der Text aus meinem alten beleidigten Herzen wird doch dabei der Ihrige bleiben müssen.«[20]

Anmerkungen

1 Hannah Arendt, *Menschen in finsteren Zeiten* (MZ), hg. v. Ursula Ludz, München 1989, S.22f.
2 A.a.O., S.29.
3 A.a.O., S.31.
4 Hannah Arendt, *Vom Leben des Geistes,* Bd. 1, Das Denken, München 1979, S.85ff.
5 Beispielsweise mit der Frage, ob Arendts Begriffe »konservativ« oder »liberal« seien, mit der auch in den Diskussionen der Zürcher Arendt-Tage immer wieder versucht wurde, im Raum ihres »Denkens ohne Geländer« sichere Orientierungen zu gewinnen.
6 Vgl. etwa Seyla Benhabib, die Arendts Schriften in eine sozialwissenschaftliche Theorie der Öffentlichkeit integriert mit ihrer These, »daß das, was von Arendts Theorie der totalen Herrschaft heute noch trägt, nicht die Existenzialpsychologie oder -phänomenologie der Einsamkeit ist, sondern vielmehr die politische Soziologie der Sphäre des Öffentlichen und der vermittelnden Assoziation.« (Der öffentliche Raum – bei Martin Heidegger und Hannah Arendt, in: *Mittelweg 36*. H.6/1994, S.74-80, hier S.80). Obwohl doch das von Arendt entwickelte Verhältnis von öffentlichem Raum und privatem ohne den konstitutiven Bezug auf die Heideggersche Kategorie der »Verborgenheit« nicht zu denken ist, vgl. vor allem das zweite Kapitel in *Vita activa.*
7 So Elzbieta Ettinger, *Hannah Arendt, Martin Heidegger. Eine Geschichte,* München 1995.
8 Hannah Arendt, *Was ist Politik?* Aus dem Nachlaß, hg. v. Ursula Ludz, München 1993, S.11.
9 A.a.O., S.9f.
10 MZ, S.42.
11 Hannah Arendt, *Die verborgene Tradition,* Acht Essays, Frankfurt/M. 1976, S.53.
12 A.a.O., S.46f.
13 A.a.O., S.52.
14 A.a.O., S.53f.
15 Hannah Arendt, *Elemente und Ursprünge totaler Herrschaft,* München 1986, S.454.
16 A.a.O., S.457.
17 A.a.O., S.467.
18 A.a.O., S.469.
19 Hannah Arendt, *Vita activa oder Vom Tätigen Leben,* München 1967, S.70.
20 Hannah Arendt, *Rahel Varnhagen. Lebensgeschichte einer deutschen Jüdin aus der Romantik,* München 1959, S.213.

Wolfgang Heuer

Ein schwieriger Dialog

Die Hannah Arendt-Rezeption im deutschsprachigen Raum

Das Werk, das Hannah Arendt geschaffen hat, ist thematisch und methodisch äußerst vielschichtig. Schon die Charakterisierung ihrer Bücher mit wenigen Worten bereitet Schwierigkeiten. Ist ihre Totalitarismus-Analyse eine eher historische oder eher politologische oder philosophisch-politische Analyse? Ist die *Vita activa* eine politische Anthropologie, der Bericht über Eichmann in Jerusalem Journalismus? Das Buch *Über die Revolution* läßt sich noch am ehesten eindeutig als politische Philosophie und das Spätwerk *Vom Leben des Geistes* als Philosophie bezeichnen. Was aber verbindet diese Schriften miteinander, wie erhellen sie sich gegenseitig? Welche Bedeutung haben die zahlreichen Aufsätze, die politisch-philosophischen, die tagespolitischen, die quasi-literarischen Porträts? Dann die Methode: alle Bücher sind wie die Aufsätze in einem offenen, essayistischen Stil verfaßt, das Denken kreist um die jeweilige Thematik, ein im deutschsprachigen Raum völlig ungewohntes Vorgehen. Ebenso ungewohnt sind die Spannungsverhältnisse, die Arendt beschreibt und keineswegs auflösen will, sondern als Einheit begreift: z.B. Handeln und Institutionen, persönliche Verantwortung und Intersubjektivität, leidenschaftliches Denkens und sinnvolles Handeln.

Arendt überforderte damit die Angehörigen ihrer eigenen Generation, vor allem in Deutschland. Erst die nachfolgende Generation beginnt langsam eine Annäherung, angestoßen von Krisen wie die »Krise des Marxismus« oder die »Krise der Politik«.

Zwischen Arendt und den Deutschen herrschte seit 1933 und bis über ihren Tod 1975 hinaus eine dauerhafte Entfremdung. Mir scheinen vier Gründe dafür ausschlaggebend zu sein:

1. Arendts Entschluß, nach dem Krieg nicht wie andere jüdische Exilierte, etwa Adorno oder Horkheimer, nach Deutschland zurückzukehren und auch nicht die Diskussion in oder mit Deutschland zu suchen. Wenn sie gelegentlich an Podiumsdiskussionen teilnahm, dann nur im Rahmen ihrer privaten Europareisen. Sie vermied auch jede öffentliche Stellung-

nahme zur Politik in Deutschland. Sie war lange Zeit skeptisch, ob in der Bevölkerung Westdeutschlands eine ausreichend breite Strömung republikanisch denkender und handelnder Menschen entstehen würde. Sie beargwöhnte die dogmatische und gewalttätige Entwicklung der westdeutschen Studentenbewegung, den Antiamerikanismus vieler Intellektueller und Schriftsteller und die Ignoranz westdeutscher Politologen gegenüber den theoretischen Grundlagen der Republik. So lehnte sie eine Einladung des Münchner Geschwister-Scholl-Instituts zu einem Vortrag anläßlich des 200jährigen Bestehens der USA mit der Begründung ab, es gebe keine ausreichende Diskussionsgrundlage, weil in Deutschland nicht einmal die *Federalist Papers* bekannt seien.

2. Die meisten Deutschen haben ihrerseits nicht die Diskussion mit Arendts Thesen beispielsweise über die »organisierte Schuld« der Deutschen oder über die »Banalität des Bösen« oder über die Begründung der Freiheit im aktiven, spontanen Handeln gesucht. Die Kontroverse um Arendts Bericht *Eichmann in Jerusalem* wurde kurzerhand zu einem »Fall Arendt« erklärt, den die USA und nicht etwa die Westdeutschen hätten.[1]

3. Die jüngeren Intellektuellen standen zunehmend unter dem Einfluß der Frankfurter Schule, deren soziologische und psychoanalytische Orientierung den politischen und philosophischen Grundlagen des Arendtschen Denkens widersprach. Die geistige Spaltung Deutschlands in Rechts und Links entsprechend der Teilung des Landes und praktisch auch entlang der Generationslinien schloß Arendt aus der Diskussion aus.

4. Schließlich widersprach die Denkweise Arendts völlig der geistigen Tradition der deutschen Wissenschaften. Essayistische Schriften, humanistischer Skeptizismus, Interdisziplinarität und Unabgeschlossenheit passen nicht zu einem Idealismus der Welterklärung, zu einer Suche nach Letztbegründung und objektiver Wahrheit, der bis heute unser Geistesleben prägt.

Aus diesen Gründen gibt es bis heute nur eine fragmentarische Rezeption. Sie bestand teils in einer überwiegenden Ablehnung, so anläßlich des Eichmann-Buchs und während der Studentenbewegung, teils in einer überwiegend kritiklosen Faszination durch Person und Werk oder zum Teil auch in einer selektiven Nutzung des Arendtschen Denkens zur Untermauerung der eigenen Thesen oder politischen Absichten. Ich will auf diese Punkte im einzelnen eingehen:

1. die Kontroverse um das Eichmann-Buch,
2. die Kritik der 68er an Arendt,
3. die werkbiographische Rezeption und
4. die Auseinandersetzung mit Teilaspekten von Arendts Werk.

1. Das Eichmann-Buch

Arendts Artikelserie über den Eichmann-Prozeß in der Zeitschrift *New Yorker* im Frühjahr 1963 führte zu heftigen Angriffen. Ihr wurde vorgeworfen, Eichmann zu verharmlosen und in zynischer Kälte den Judenräten eine Mitschuld an der Vernichtung zuzuschreiben. Nur wenige wie der Psychologe Bruno Bettelheim verteidigten Arendts Absicht, auf die Durchschnittlichkeit der Täter hinzuweisen und auf die Tatsache, daß der totalitäre Staat die Opfer in sein Vernichtungswerk einzubeziehen versuchte.

Noch bevor die deutsche Übersetzung 1964 erschien, beeilte sich der Nymphenburger Verlag, einen Sammelband unter dem Titel *Die Kontroverse. Hannah Arendt, Eichmann und die Juden* zu veröffentlichen. Im Vorwort heißt es, daß diese Dokumentation über den eigentlichen Anlaß hinaus »die Möglichkeit des Widerstands überhaupt« und »die schuldhafte Verstrikkung des Einzelnen« behandle. Offenbar sollte eine jüdische Kontroverse dazu herhalten, indirekt die Schuld vieler Deutscher zu mindern. Deshalb wurden auch mit Ausnahme der Stellungnahme Bettelheims nur ablehnende Artikel aufgenommen, drei davon aus Deutschland. Es fehlt die Stellungnahme Arendts, die sie in den USA veröffentlichte, und ihre Antwort auf den Brief ihres Freundes Gershom Scholem. Dieser Briefwechsel war ursprünglich in der *Neuen Zürcher Zeitung* erschienen.

Die drei deutschen Beiträge stammten von dem Historiker Golo Mann, dem Theologen Probst Grüber, der sich bei Eichmann zugunsten der Juden eingesetzt hatte, und von dem Publizisten Rolf Schroers. Golo Mann und Probst Grüber verweigerten jede Diskussion mit Arendt. Golo Mann polemisierte gegen die »Arroganz und Originalitätssucht« Arendts, und Probst Grüber wünschte sich keine Veröffentlichung des Buches in Deutschland und ein Ende der Debatte. Schroers bemängelte die »puristische« Ethik Arendts. Diese Kritiker, dazu kommen später auch noch der Publizist Holthusen [2] und der Historiker Wolfgang Scheffler [3], lehnten Arendts These einer Verstrickung von Tätern und Opfern sowie von Nazis und deutscher Bevölkerung ab. Arendt habe kein Recht, über Vorgänge zu urteilen, die sie nicht miterlebt habe (Grüber), man könne individuelle Erfahrungen nicht verallgemeinern und auch Arendt müsse doch die Bindung zu Heimat, Volk und Freunden wichtiger sein als eine scharfsinnige Analyse (Holthusen). Golo Mann wurde ausfällig: Arendts »Charakteristik des deutschen Widerstands enthält die empörendsten Verleumdungen, die je über diese Bewegung verbreitet wurden« [4], und Schroers verstieg sich zu dem makabren Vergleich: Arendts »Auffassung vom Widerstand ist so puristisch edel wie manche deutsche Auffassung vor 1945« [5].

Sie alle stellten sich nicht den Thesen Arendts. Historiker wie der genannte Wolfgang Scheffler oder später Hans Mommsen in seinem Vorwort zur Neuauflage des Eichmann-Buchs 1986[6] versuchten, die *politische* Analyse einer verhängnisvollen Verstrickung von Nazis und Judenräten mit dem Hinweis auf das Studium der *historischen* Quellen zu entkräften. Als einziger unternahm ein Jahr später der Psychoanalytiker Alexander Mitscherlich[7] eine Verteidigung Arendts, wobei er aber lediglich ihre Thesen wohlwollend wiedergab und im übrigen die Kühle ihrer Argumentation mit einer notwendigen »Affektkontrolle« zu erklären versuchte.

2. Die 68er

An die Eichmann-Kontroverse, die in Wirklichkeit eine Arendt-Abwehr war, schloß sich die Ablehnung der politischen Philosophie Arendts durch die Studentenbewegung an. Es ging den 68ern um die Überwindung des Obrigkeitsstaats, die politische und moralische Aufarbeitung der Nazi-Verbrechen und die Kritik des Vietnam-Kriegs. Für diese Themen boten Marxismus und Psychoanalyse griffige Erklärungen an. Politik erschien angesichts gesellschaftlicher und wirtschaftlicher Interessenskämpfe nur von sekundärer Bedeutung. Arendts Totalitarismus-Buch galt als überholte Rechtfertigung des kalten Krieges, und ihr Buch *Über die Revolution* schien die verhaßten USA zu idealisieren und die Befreiungsbewegungen zu verdammen. Dementsprechend gering war das Interesse an Arendt in der zweiten Hälfte der 60er und während der 70er Jahre.

In einem von der Zeitschrift *Merkur* inszenierten kurzen Briefwechsel zwischen Enzensberger und Arendt[8] anläßlich des Erscheinens von Enzensbergers Buch *Politik und Verbrechen* wurden die Unterschiede deutlich. Enzensberger behauptete, Auschwitz habe »die Wurzeln aller bisherigen Politik bloßgelegt«, und setzte Politik, Geschäft und Verbrechen ineins. Er trat dafür ein, Elend, Armut und Ausbeutung der Dritten Welt mit politischen Mitteln und nicht, wie Arendt vertrat, mit wirtschaftlichen Mitteln zu lösen, und hob die Verantwortung seiner Generation angesichts einer bevorstehenden atomaren Endlösung hervor. Arendts Warnung vor der Vereinfachung von Problemen durch ihre Pauschalisierung fruchteten nichts, wie überhaupt dieser Briefwechsel im Rückblick zeigt, wie wenig sich beide einander verständlich machen konnten.

1968 erschien in dem Band *Weltfrieden und Revolution* neben vielen anderen Texten der Linken ein Aufsatz mit dem Titel *»Totalitarismus und Imperialismus im Jahre 1967. Fragen an Hannah Arendt«*[9]. Dieser Band drückte angesichts seiner hohen Verbreitung quasi das Selbstverständnis der Studentenbewegung aus. Der Artikel selber diente der Verteidigung des Stalinismus. Ähnlich wie bei der Eichmann-Kontroverse wird Arendt auch hier wieder historisierend fehlende Einfühlsamkeit vorgeworfen, diesmal gegenüber der Sowjetunion, die im Kampf gegen Hitler die größten Opfer erbracht habe. Sie sei außerdem ein »solider und selbstbewußter Staat mit einer Bevölkerung, die sicherlich mehr Freiheiten verdient hat, aber nicht rebellisch danach verlangt, weil es ihr vorerst genügt, daß sie innenpolitisch keine sozialen Ungerechtigkeiten und außenpolitisch keine militärischen Abenteuer zu befürchten hat«[10]. Im übrigen zeichne sich die Sowjetunion, im Gegensatz zu Arendts Auffassung, durch ihre nicht-imperialistische Friedfertigkeit im Ostblock aus. Wenige Monate später marschierte sie in die CSSR ein.

Eine Ausnahme bildete Habermas, der verschiedentlich hervorhob, von Arendt beeinflußt worden zu sein. »Von Hannah Arendt habe ich gelernt, wie eine Theorie des kommunikativen Handelns anzugehen ist; was ich nicht zu sehen vermag, ist, daß dieser Zugang im Widerspruch stehen soll zu einer kritischen Theorie der Gesellschaft.«[11] Damit es diesen Widerspruch nicht gibt, interpretierte er kurzerhand Arendt um und behauptete, daß sie beide von der Möglichkeit einer rationalen, öffentlichen Diskussion ausgingen, die zu einer verbindlichen Wahrheit führen würde. Diesen Idealismus hat Arendt aber gerade ablehnt. Margaret Canovan hat dies als den Akt einer »gestörten Kommunikation«[12] zwischen Habermas und Arendt bezeichnet. Im übrigen kritisiert Habermas Arendts Politikbegriff als in seiner klassischen Reinform zu begrenzt, ihre Trennung von politischer und sozialer Revolution als zu weitgehend und ihre Definition einer gewaltfreien Machtbildung als untauglich in einer Gesellschaft, in der es notwendigerweise auch um Machteroberung gehen müsse.[13]

3. Die werkbiographische Rezeption

Die Arendt-Biographie von Elisabeth Young-Bruehl, die 1982 in den USA und 1986 in deutscher Übersetzung erschien, bot die erste solide Grundlage für die Beschäftigung mit Arendts Gesamtwerk. Diese Biographie erschien in der Zeit einer langsamen Wende von einer sozialwissenschaftlichen Auffassung von Politik hin zu einem republikanischen Politikverständnis. Arendt schien eine Alternative jenseits von Marxismus und Liberalismus anzubieten, jenseits der Pole »Krise des Marxismus« 1980 und »Krise der Politik« 1990. Was seither auf Tagungen in evangelischen Akademien und in Universitätsseminaren diskutiert wurde, und was an Büchern erschien, diente in erster Linie dem Verstehen einer eigenwilligen Neubegründung von Politik nach dem Totalitarismus in einer ungewohnt metaphorischen Sprache und phänomenologischen Denkweise. Es erschienen einführende Darstellungen[14] und einfühlsame Interpretationen des geistigen und existentiellen Standorts Arendts[15]. Dieser Verstehensprozeß des Arendtschen Werkes geschah weniger in kritischer Absicht als vielmehr mit dem Ziel der Sichtung und Durchdringung des Spezifischen und Fremden. Diese Art, sich mit Arendt zu befassen, erscheint auch dadurch reizvoll, daß Arendt in der Rhetorik ihrer Schriften nicht nur als Wissenschaftlerin erscheint, sondern auch als Person hervortritt. Darin liegt aber auch die Gefahr, in einer unkritischen Zustimmung dem Faszinosum Arendt zu erliegen.

4. Die Auseinandersetzung mit Teilaspekten von Arendts Werk

Ich will dazu nur einige Stichworte nennen: *Erstens* zur politisch-philosophischen Beschäftigung mit Arendt: Dort finden wir eine ältere, wenig diskussionsfördernde Polarität zwischen der Habermasschen Lesart einerseits und einer epigonalen Verteidigung Arendts andererseits, wie sie Ernst Vollrath in verschiedenen Aufsätzen und Büchern über die Begründung von Politik und über die politische Urteilskraft unternommen hat.[16]

Inzwischen gibt es neuere Stellungnahmen zu Arendts politischer Theorie:

– eine ablehnende, die ihr eine elitäre Politikauffassung vorwirft und sie wegen ihres Aristotelismus heute für generell untauglich hält, so Hauke Brunkhorst;[17]

– eine gewissermaßen verwirrte, wie die Reflexionen von Ekkehart Krippendorf, der ganz begeistert zu Kant und einer Auffassung von Menschenwürde frei von Fortschrittsvorstellungen zurückfindet, der sich aber andererseits in unserer Gesellschaft keine Trennung von Macht und Gewalt vorstellen kann;

– eine zustimmende Stellungnahme, die an Arendts Thesen der Selbstbegründung der Republik anknüpft. Dubiel und Leggewie beschreiben die deutsche Besonderheit nach 1949, wo sich erst nach dem formellen Gründungsakt eine nachholende konsensuelle Begründung der Bundesrepublik einstellte.[18] Diese Diskussion ist Teil der Diskussion über die zivile Gesellschaft und beruht auf Erfahrungen des politischen Handelns von Bürgerbewegungen der 70er und 80er Jahre; und

– schließlich gibt es Ansätze einer feministischen Diskussion über Arendt, die sich von der Unterscheidung von Macht und Gewalt und Arendts Bild des politischen Handlungsraums inspirieren läßt, andererseits aber weitergehende Anregungen zur Geschlechterdiskussion vermißt und Arendts Trennung von privat und öffentlich kritisiert.[19]

Es gibt bislang noch keine kritische Auseinandersetzung mit der politischen Philosophie Arendts insgesamt wie etwa Margaret Canovans Buch *Hannah Arendt: A Reinterpretation of Her Political Thought.* Es gibt auch keinen deutschsprachigen Verleger für sie. Auch hat sich bisher noch kein Verlag gefunden, das Buch des Brasilianers Celso Lafer, *Die Rekonstruktion der Menschenrechte. Ein Dialog mit dem Denken Hannah Arendts* auf Deutsch zu veröffentlichen.

Zweitens zu Hannah Arendt und der Tagespolitik: Nach wie vor sind Arendts Schriften zur jüdischen Frage, zu politischen Ereignissen in den USA und anläßlich ihres Besuchs in Deutschland 1950 aktuell. Darüberhinaus gibt es Versuche, die politische Philosophie Arendts unmittelbar auf die Politik anzuwenden. In Göttingen ging es kürzlich bei einem Symposium mit Rita Süssmuth und anderen um das Thema *Hannah Arendt und die Berliner Republik*[20]. In Bremen wurde ein *Hannah Arendt-Preis für politisches Denken* ins Leben gerufen, der politisch innovatives Denken würdigen soll. Er wurde zum ersten Mal an Agnes Heller verliehen, unabhängig davon, daß sich beide geistig nicht sehr nahe stehen.

Fazit: Die Rezeption Arendts in Deutschland war bislang sehr stark durch zwei Besonderheiten geprägt: erstens den Totalitarismus und zweitens die Bedeutung, die die Gesellschaft, der Wohlfahrtsstaat, im Unterschied zur Politik bei uns einnimmt. Obwohl die gegenwärtig beschworene Krise von Politik und Sozialstaat eine Revitalisierung der Politik und ihre Neubegründung herausfordert, spielt bei uns, im Unterschied zu den USA, Arendt kaum eine Rolle; auch kaum als Philosophin im Unterschied zu den Diskussionen in Frankreich und Italien. Was bleibt? Eine spezifisch deutsche Hannah Arendt-Diskussion, bei der mehr das Kulturelle oder weniger das Politische eine Rolle spielt.

Anmerkungen

1 Sabina Lietzmann, *Waren die Opfer Komplizen der Henker?* Die amerikanische Diskussion um das Eichmann-Buch. In: *FAZ* 16.11.1963.
2 Hans E. Holthusen, Hannah Arendt, Eichmann und die Kritiker. In: *Vierteljahreshefte für Zeitgeschichte,* 13/2, 1965, S.178-190.
3 Wolfgang Scheffler, Hannah Arendt und der Mensch im totalitären Staat. In: *Aus Politik und Zeitgeschichte,* Jg. 14, Beilage 45, 1964, S.19-38.
4 *Die Kontroverse.* Hannah Arendt, Eichmann und die Juden, München 1964, S.194.
5 A.a.O., S.204.
6 Hans Mommsen, Hannah Arendt und der Prozeß gegen Adolf Eichmann. In: Hannah Arendt, *Eichmann in Jerusalem. Ein Bericht von der Banalität des Bösen,* Neuausgabe, München 1986.
7 Alexander Mitscherlich, Einfühlung in den Angeklagten. *Der Spiegel,* Nr. 5, 1965, S.78f.
8 Politik und Verbrechen. Ein Briefwechsel. In: *Merkur,* 19/4, 1965, S.380-385.
9 Hans-Jürgen Benedict, Totalitarismus und Imperialismus im Jahre 1967. Fragen an Hannah Arendt. In: Hans Eckehard Bahr (Hg.), *Weltfrieden und Revolution,* 1968, S.95-105.
10 A.a.O., S.99.
11 Jürgen Habermas, Alfred Schütz. Die Graduate Faculty der New School of Social Research, (1980) in: *Philosophisch-politische Profile,* erw. Auflage, Frankfurt/M. 1981, S.405.
12 Margaret Canovan, A Case of Distorted Communication: A Note on Habermas and Arendt. In: *Political Theory,* Jg. 11, Februar 1983, S.105-116.
13 Jürgen Habermas, Die Geschichte von den zwei Revolutionen (1966) und: Hannah Arendts Begriff der Macht (1976), in: a.a.O. (siehe Anm. 11)
14 Wolfgang Heuer, *Hannah Arendt,* Bildmonographie, Reinbek 1987; Karl-Heinz Breier, *Hannah Arendt zur Einführung,* Hamburg 1992.
15 Wolfgang Heuer, *Citizen. Persönliche Integrität und politisches Handeln.* Eine Rekonstruktion des politischen Humanismus Hannah Arendts, Berlin 1992; Ingeborg Nordmann, *Hannah Arendt,* Frankfurt/M.1994.
16 Vgl. die Aufsätze von Ernst Vollrath in: Adalbert Reif (Hg.), *Hannah Arendt, Materialien zu ihrem Werk,* Wien 1979; *Die Rekonstruktion der Politischen Urteilskraft,* Stuttgart 1977; *Grundlegung einer philosophischen Theorie des Politischen,* Würzburg 1987.
17 Hauke Brunkhorst, *Demokratie und Differenz.* Vom klassischen zum modernen Begriff des Politischen, Frankfurt/M. 1994. – Brot und Spiele? Hannah Arendts zweideutiger Begriff der Öffentlichkeit, in: Ursula Kubes-Hofmann (Hg.), *Sagen, was ist. Zur Aktualität Hannah Arendts,* Wien 1994, S.75-94.
18 Ulrich Rödel/Günter Frankenberg/Helmut Dubiel, *Die demokratische Frage,* Frankfurt/M. 1989 (besonders Kap. III); Claus Leggewie, *Der Mythos des Neuanfangs* – Gründungsetappen der Bundesrepublik Deutschland: 1949 – 1968 – 1989, in: Antonia Grunenberg/Lothar Propst (Hg.), *Einschnitte. Hannah Arendts politisches Denken heute,* Bremen 1995.
19 Eva Kreisky, Zwischen allen Stühlen. Hannah Arendt aus der Perspektive der Frauen- und Geschlechterforschung, in: Ursula Kubes-Hofmann (Hg.), *Sagen, was ist,* a.a.O., S.111-151.
20 Bernward Baule (Hg.), *Hannah Arendt und die Berliner Republik,* Berlin 1996.

Politik des 20. Jahrhunderts:
Erfahren und Verstehen

Claude Lefort

Überlegungen zum Begriff der totalen Herrschaft

Der Zusammenbruch des Kommunismus in der Sowjetunion hat der seit langem geführten Debatte über die Stichhaltigkeit des Totalitarismusbegriffes oder über seine mehr oder minder begrenzte Reichweite kein Ende bereitet. Ihr Charakter aber hat sich entschieden verändert. Abgesehen davon, daß die Ungewißheit über die Zukunft des sowjetischen Systems die Diskussionen nicht mehr belastet, hat die Wissenschaft – trotz mancher Spuren alter ideologischer Gegensätze – die politische Beurteilung in den Hintergrund gedrängt. Um so bemerkenswerter erscheint mir die Beständigkeit der Einwände und Vorbehalte, welche sowohl die Charakterisierung des kommunistischen Systems als totalitär, als auch allgemeiner die Idee einer neuen, unter den entgegengesetzten Vorzeichen von Kommunismus und Faschismus entstandenen gesellschaftlichen Formation hervorrufen. Einige der im Zeichen wissenschaftlicher Strenge vorgebrachten Einwände verdienen eine Untersuchung. Sie können dazu dienen, das Problem genauer zu erfassen. Vier dieser Einwände möchte ich festhalten:

– Kommunismus und Faschismus unterscheiden sich von Grund auf (1);
– das Phänomen des Totalitarismus ist nur in Deutschland und in Rußland anzutreffen, und zwar während begrenzter Zeiten (2);
– so überzeugend er auch sei, der Begriff hat für den Historiker keinerlei praktischen Wert (3);
– er ist nur dann sinnvoll, wenn man ihn als Idealtypus im Weberschen Sinn einführt (4).

Zum *ersten* Einwand: die Auffassung von Faschismus und Kommunismus als zwei Strömungen einer neuen Gesellschaftsformation verkennt die radikale Gegensätzlichkeit ihrer leitenden Ideologien. Diese Sichtweise scheint dann um so unannehmbarer, wenn man die Ideologie für jede der beiden, vermeintlich verwandten Herrschaftsformen als konstitutiv auffaßt. Der Kommunismus beruft sich auf universelle Werte; er lehnt die Demokratie nur deshalb ab, weil sie ihm als bloß formale erscheint und weil er eine reale errichten will – eine Demokratie nämlich, welche die Gleichheit und die Volksbeteiligung an den öffentlichen Angelegenheiten im vollen Sinne erfüllt; sein erstes Ziel besteht darin, in derjenigen Gesellschaft, in der er Fuß faßt, das Gemeinwohl zu gewährleisten, sein letztes Ziel jedoch ist das Gemeinwohl der Menschheit. Die Gewalt versteht sich als eine durch die Herrschaft des Bürgertums erzwungene Gegen-Gewalt. Umgekehrt verstärkt der Faschismus die nationalistischen Leidenschaften, gibt vor, das Einzelwohl eines Volkes zu befriedigen. Im Nazismus, seiner Extremform, weist er dem deutschen Volk eine absolute Überlegenheit zu und verknüpft diese Vorstellung mit der von einer reinen Rasse, die zur Unterwerfung oder Ausmerzung der niederen Rassen aufgerufen ist. Der Antisemitismus bildet das Herzstück seiner Ideologie. Da wird die Gewalt als Lebensäußerung aufgefaßt. Im einen Fall beruft man sich auf das Gesetz der Geschichte, im anderen auf das Naturgesetz. Dieser Einwand wirft zwei Fragen auf. Die erste ist oft gestellt worden. Enthebt die Feststellung des Gegensatzes der von den zwei Systemen proklamierten Prinzipien davon, im Fall des Kommunismus den Abstand zwischen Ideologie und Praxis zu messen? Tatsächlich ist dieser Abstand lange Zeit verschleiert worden. Die Herrschaft durch den Terror wurde durch die Not gerechtfertigt: der Widerstand der aus dem Ancien-Régime stammenden gesellschaftlichen Schichten habe überwunden werden –, der imperialistischen Aggression habe die Stirn geboten werden müssen; oder man habe gelitten unter den außerordentlichen Schwierigkeiten, den Sozialismus in einem rückständigen Land aufbauen zu müssen. Heute ist diese Interpretation unhaltbar geworden. Kein einziger seriöser Historiker widerspricht der Tatsache, daß der Stalinsche Terror das Maß der notwendigen Gewalt überschritten hat. Kein ernsthafter Historiker glaubt noch, daß der Aufbau des Sozialismus den Stalinschen Auswüchsen zum Trotz weitergegangen sei. Zu deutlich wurde in den letzten Jahrzehnten jener Zerfall, der schließlich zum Ruin des Systems geführt hat. Die zweite Frage, die man sich stellen muß, lautet: was wird unter Ideologie verstanden, wenn man den Antagonismus zwischen Kommunismus und Faschismus feststellt? Meistens, so scheint es, bezeichnet man mit diesem Ausdruck den expliziten Teil des herrschenden Diskurses, also seine Aussagen über die Prinzipien der politischen und gesellschaftlichen Ordnung, über die Handlungsziele der Herrschenden und über jene des Kollektivs im allgemeinen. Man darf die Rolle der Ideologie in diesem Sinne weder unterschätzen, noch sie auf einen Kunstgriff im Dienste der Herrschaft reduzieren. Muß man sich nicht trotzdem fragen, auf welche Weise sie im Nazismus und im Kommunismus so große Wirkung enfalten und sich so erfolgreich im gesellschaftlichen Alltag ausbreiten kann? Die Frage regt bereits dazu an, sich nicht mit den »Ideen« zu begnügen, die für das eine oder das andere System als charakteristisch gelten – zum Beispiel die Ideen der Gleichheit, der klassenlosen Gesellschaft und der Emanzipation der Menschheit oder – auf der anderen Seite – die Ideen von nationaler Größe, vom Schicksal eines Volkes und von ungleichen Rassen. Tatsächlich treten die herrschenden Ideen so oder anders in Verbindung mit der Existenz einer Partei auf, deren Organisation und Einheit sich als unantastbar präsentieren. Wer sagt, die Partei sei ein im Gefolge und im Dienste einer bestimmten Ideologie geschaffenes Organ, der vergißt, daß diese Partei schon in ihrem eigenen Aufbau – sozusagen unabhängig von ihrer Doktrin – eine *Vorstellung* der menschlichen Beziehungen in einer Gemeinschaft impliziert. Sie enthält sogar eine Idee davon, was die gesellschaftliche Bindung in ihrer reinen Form ist. Hält man sich an den üblichen Ideologiebegriff – ein Ideengefüge oder eine leitende Doktrin über den Sinn des gesellschaftlichen Lebens und der Geschichte – dann kann einem nicht entgehen, daß sowohl im kommunistischen, als auch im faschistischen System dieser Diskurs eine einzige Handschrift trägt, nämlich jene der Parteiführung, deren Oberhaupt mit der höchsten Autorität ausgestattet ist. Daraus ergibt sich, daß die Ideologie, die aus der »bürgerlichen Gesellschaft« – oder um die marxistische Terminologie zu vermeiden – aus der liberal-demokratischen modernen Gesellschaft hervorgeht, ihre Stellung verändert. Angenommen, sie sei wirklich auf eine kleine Anzahl von Ideen zurückzuführen, dann ist die Ideologie dieses Typus durch die Streuung derjenigen charakterisiert, die für ihre Verbreitung zu sorgen scheinen. Sie äußert sich im Rahmen von Politik, Wirtschaft, Recht, Nachrichtenwesen, Erziehung usw. Bildet nicht gerade die kommunistische oder faschistische Ideologie das Merkmal des totalitären Phänomens, indem es ein neues »Regime« politischen Denkens und Redens bezeugt? Die Macht des Diskurses und der Diskurs der Macht vermischen sich hier. Um den besagten Stellenwechsel etwas zu verdeutlichen, erinnere ich daran, daß der Marxismus, soweit man ihn überhaupt als Doktrin definieren kann, in der Sozialdemokratie einen anderen Weg als im Kommunismus eingeschlagen hat. Bereits vor Stalins Machtübernahme tritt zum ersten Mal mit der Kommunistischen Partei eine politische Einheit auf, die gleichzeitig auch eine Einheit von Ideen darstellt.

Zum *zweiten* Einwand: das Phänomen des Totalitarismus ist nur unter der Bedingung nachweisbar, daß man einerseits den Nazismus vom italienischen Faschismus – andererseits in der Geschichte von Nazismus und Kommunismus jene Abschnitte unterscheiden kann, in welchen es voll entfaltet ist. Hannah Arendt hat selbst zur Verbreitung dieser Interpretation beigetragen. Ist sie überzeugend? Was den italienischen Faschismus betrifft, dessen Untersuchung den vorliegenden Rahmen sprengen würde, so dürfte man sein Projekt ganz gewiß nicht mit jenem des Nazismus verwechseln: der Staat wurde nicht in so hohem Grade der Partei untergeordnet und der Terror ist nicht bis zum Äußersten getrieben worden. Dennoch: muß man nicht einräumen, daß der italienische Faschismus das Feld des herkömmlichen Nationalismus verläßt, daß er zum ersten Mal das Ideal des totalen Staates formuliert, daß er nicht nur die politischen, sondern auch die zivilen und individuellen Freiheiten zerstört, daß er die Herstellung einer neuen Ordnung beansprucht und sich bemüht, alle Bevölkerungsteile zu umschließen – besonders die Jugend. Schließlich ist, so beschränkt er im Vergleich mit dem Nazismus erscheint, der Terror nicht zu vernachlässigen. Das italienische Phänomen weist in eine neue politische Richtung, entwirft ein Modell, das wir außer Acht lassen würden, verlören wir die europäische Dimension der anti-demokratischen Revolution. Weshalb also sollte man den italienischen Faschismus aus dem Feld des Totalitarismus ausschließen? Man versteht es besser, wenn man die Sorge gewisser Historiker – auch Hannah Arendts – berücksichtigt, im Nazismus eine vor-totalitäre und im Kommunismus sowohl eine vor-, als auch eine nach-totalitäre Phase zu unterscheiden. Arendt – und wir wissen von ihr, daß sie nicht Philosophin genannt werden wollte – will wissenschaftliche Kriterien aufstellen. Ich hatte aber immer den Eindruck, daß sie dabei einer »realistischen« Illusion unterlag. Damit meine ich, daß sie sich vergebens daran abmüht, in der Realität jene Tatsachen aufzufinden, die eine vollendete Herrschaft anzeigen. Diese habe unter Stalin nach 1929 oder 1934 bis 1941 und – nach einer Unterbrechung, bedingt durch den Krieg, der das System gestört habe – von 1945 bis zum Tod dieses »Führers« stattgefunden. Dem gegenüber sei es unter der Herrschaft Hitlers der Krieg gewesen, der die Errichtung einer wirklich totalen Herrschaft ermöglicht habe. So berechtigt es scheint, die Wandlungen des Nazismus und des Kommunismus aufzudecken, so sehr muß man sich hüten, das totalitäre *Projekt* mit der Wirklichkeit zu verwechseln, mit einer Wirklichkeit nämlich, mit der es sich übrigens niemals vollkommen zu decken vermochte. Daß sich das *Projekt* in einer Zeit verstärkt, daß die Handlungsfähigkeit seiner Führung ihr Höchstmaß erreicht und daß gleichzeitig die Mobilisierung der Bevölkerung sich verschärft, all dies darf nicht von der Stoßrichtung ablenken, die die Partei und ihr Chef verfolgen, sobald sie erfolgreich die Macht ergriffen haben. Der vorgefundene Zustand der Gesellschaft und ihr institutionelles Gefüge beschränkt natürlich anfänglich ihren Spielraum. Der weitere Vormarsch ergibt sich, begünstigt von zum Teil unvorhersehbaren Ereignissen. Und dennoch sind die Antworten, die man diesen Ereignissen gibt, nicht zufällig, sondern verketten sich folgerichtig.

Auf der Suche nach einer strengen Definition des »wirklich totalitären« Systems, stolpert man über den wohlbegründeten Einwand, nirgends könne man eine durch und durch geregelte, durch die Wirkung der Ideologie und des Terrors uniform gewordene Gesellschaft entdecken. Arendt – übrigens unter dem Einfluß des Bildes, das Franz Neumann in seinem *Behemoth*[1] vom Naziregime gezeichnet hatte – unterstreicht die Verflechtung von Partei- und Staatsfunktionen, die Verdoppelung der Verantwortlichkeiten auf verschiedenen Ebenen der Administration. Auch sie erkennt darin zu Recht das Zeichen einer List mit dem Zweck, jede institutionelle Stabilisierung, jede Konsolidierung der Hierarchien zu verhindern, so daß die Partei- und Staatsfunktionäre auf Kosten des obersten Führers und seines Führungsstabes keinerlei Sicherheit und Unabhängigkeit erlangen können. Trotzdem besteht über die tatsächlichen Machtverhältnisse und die Rivalitäten zwischen den Apparaten, deren Befugnisse sich überschneiden, kein Zweifel. Die Lage in der Sowjetunion ist anders, aber die Dinge kommen hier klarer zum Vorschein. Die von Stalin in der Bürokratie durchgeführten Säuberungen stützen die Deutung Arendts noch stärker. Neben seinem Verschwörungswahn offenbaren sie seinen Willen, die Partei- und Staatskader — ja sogar die Ingenieure und Techniker — in ständiger Unsicherheit zu halten, aber sie führen eine Desorganisation herbei, wie sie Deutschland nicht kannte. Darüber hinaus lassen die Riesenhaftigkeit des Landes, die Ungleichheiten zwischen den Regionen, die Vertracktheit der Beziehungen zwischen zentralen und örtlichen Autoritäten und schließlich die Unterwerfung des Produktionssystems unter politische Imperative das Programm einer Koordination aller Aktivitätsbereiche scheitern.

Eine der auffälligsten Charakteristiken der totalen Herrschaft besteht in ihrem Erreichen einer allgemeinen Verfügbarkeit der Bevölkerung, die sich gleichgeschaltet in eine Richtung bewegt, die die Grenzen der Verstandes sprengt. Weder die Zwangsmaßnahmen, wie streng sie auch immer seien, noch der hohe Wirkungsgrad der Propaganda reichen aus, dieses Phänomen zu erklären. Auch die Popularität, von der der Führer zehrt, und der Glaube an die Parteidoktrin reichen nicht aus. Wie so viele bezeugen, befleißigt man sich, Anweisungen selbst dann zu erfinden, wenn gar keine erteilt werden. Dabei gehorcht man einem den Herrschenden unterstellten Willen. Wenn auch die Parteilinie nicht klar ist, so besteht doch Klarheit darüber, daß es diese überhaupt gibt. An einem Ort, der den Blicken entzogen ist, weiß man alles, ist alles bereits entschieden. So sehen Hitler und Stalin nicht nur, wie sich die Gefolgsleute und deren Gehilfen vermehren, vielmehr kommt man, sobald sie an der Macht sind, ihren Absichten sogar zuvor. Der Zeitabschnitt, in dem gemäß Arendt in Deutschland die totale Herrschaft verwirklicht wurde, bietet demjenigen, der nur die strenge Organisation aller Aktivitäten finden wollte, ein verwirrendes Schauspiel.

Denken wir nur an die Ausrottung der Juden, die Raul Hilberg in *Die Vernichtung der europäischen Juden*[2] minutiös beschreibt. Dieser Prozeß verlangt eine Massenmobilisierung, die ganz verschiedene Sektoren sowie die Administration mehrerer Ministerien, der Eisenbahnen, der Industrie und der Armee einschließt. Es besteht kein Zweifel darüber, daß die Endlösung von Hitler und dem engsten Führungsstab beschloßen worden ist. Aber ihre Absicht bleibt geheim und setzt sich erst aufgrund einer beträchtlichen

Menge von Handlungen durch, die oft voneinander unabhängig und teilweise nicht einmal gegenseitig bekannt sind. Unzählbar sind diejenigen in der Masse der am Vorgang Beteiligten, die sein Endziel nicht kennen. Dennoch verläuft alles so, als sei ihr Zusammenwirken angeordnet worden. Sie wissen es nicht, habe ich gesagt, aber sie sind auch nicht blind und jeder ist verantwortlich; ihre Handlungen ergänzen einander hier und dort; diese Handlungen sind weder richtungs- noch sinnlos. Die Konvergenz dieser Handlungen, die nicht durch die Koordination eines einzigen Kommandos bewirkt wurde, ist nicht zufällig. Wenn man übrigens Solschenizyns Beschreibung des russischen Terrors hinzuzieht, sieht man sich ähnlichen Erscheinungen gegenüber. Der Terror scheint zwar von Stalin angeordnet worden zu sein, gleichzeitig aber arbeiten eine Menge von Parteifunktionären und gewöhnlichen Leute an der Beschickung des Gulag. Es ist unmöglich zu sagen, ob diese wissen, was sie tun, oder nicht. Wenn man Hilberg liest, dann erweist sich die zwischen den ›intentionalistischen‹ und den ›funktionalistischen‹ Historikern geführte Debatte als sinnlos. Wer die subjektive Intention am Werk sieht, darf nicht verkennen, daß auf der gesellschaftlichen Ebene eine anonyme Intentionalität vorhanden ist. Dieser Begriff einer anonymen Intentionalität wie derjenige des totalitären Projektes liefert nicht die Schlüssel einer Interpretation, aber er regt dazu an, das Bild von einer Gesellschaft aufzugeben, die man aufgrund objektiver Kriterien als *wirklich* totalitär definieren könnte.

Zum *dritten* Einwand: Im Rahmen der vergleichenden Geschichtswissenschaft besteht die Aufgabe, die Entwicklung der faschistischen und kommunistischen Regime von ihrer Bildung an zu rekonstruieren, so daß Ähnlichkeiten und Unterschiede faßbar werden. Die Idee des Totalitarismus, so wie sie sehr früh schon hauptsächlich durch Theoretiker vorgebracht wurde, die vom Nazismus verfolgt worden sind, läuft Gefahr, die Ähnlichkeiten zu überschätzen. Der Vergleich der beiden Systeme rechtfertigt sich dadurch, daß beide im Gefolge des Ersten Weltkrieges entstanden sind und sich bis zum Zweiten Weltkrieg in der selben geschichtlichen Lage entwikkelt haben. *François Furet* schreibt im Kapitel *»Kommunismus und Faschismus«* – in seinem allein aufgrund der Reichweite der Untersuchung und der Genauigkeit seiner Analysen Epoche machenden Buch, *Das Ende der Illusion*: »Will man diesen bedauerlichen, kurzen Abschnitt der Geschichte, der so lange unerforscht blieb, zu verstehen versuchen, so ist der Begriff »Totalitarismus« nur dann sinnvoll, wenn der Historiker ihn in eingeschränktem Sinn verwendet. Er beschreibt *am besten* [Hervorhebung: Claude Lefort] einen bestimmten Zustand, den die betroffenen Herrschaftsformen (und zwar nicht zwangsläufig alle) in unterschiedlichen Stadien ihrer Entstehung erreicht haben. Doch er sagt weder etwas über die Beziehung zwischen ihrer Natur und den Umständen ihrer Entwicklung aus noch über die gegenseitige Bedingtheit und die verborgenen Wechselbeziehungen.«[3] Und von einem anderen »Ansatzpunkt für den Vergleich der Diktaturen des 20. Jahrhunderts« sprechend, präzisiert Furet – zweifellos gegen Arendt gerichtet: »Es geht nicht darum, sie unter dem Blickwinkel einer Konzeption zu untersuchen, auf die sich jede dieser Diktaturen auf dem Höhepunkt der Macht stützt, sondern eher darum, ihre Entwicklung und ihre Erfolge nachzuvollziehen, um herauszufinden, was jede von ihnen an Spezifischem und mit der anderen Gemeinsamem hat.«[4]

Diese Ablehnung einer Theorie bedeutet nicht notwendigerweise auch, ihre Stichhaltigkeit insgesamt abzulehnen: Vielleicht geht es darum, im Fortschreiten der historischen Forschung einige ihrer Elemente wieder aufzunehmen. Aber mir scheint, es gehe vor allem auch darum, der Versuchung zu widerstehen, im Totalitarismus das Entstehen einer neuen Gesellschaftsform zu erkennen. In erster Linie soll die Idee einer allfälligen Verwandtschaft der beiden entgegengesetzten Herrschaftsformen nicht dazu verführen, in ihr einen Hinweis auf eine Wendung der Geschichte zu sehen. Erneut beziehe ich mich auf François Furet. Im ersten Kapitel seines Buches zeigt er zunächst die bleibende Anziehungskraft der Anfänge des Kommunismus und erklärt sie daraus, »daß der vielzitierte ›Sinn der Geschichte‹ – ein anderer Ausdruck für die historische Notwendigkeit – bis heute aktuell ist. Dieser Begriff wurde zur Religion all derer, die keine andere haben, und das erklärt, warum es ihnen bis heute schwerfällt, sich davon zu lösen.«[5] Sodann vermerkt der Historiker: »Weder der Faschismus noch der Kommunismus, so gegensätzlich sie auch sind, waren der Menschheit vom Schicksal vorherbestimmt. Es handelt sich um kurze Zwischenspiele, die von dem, was sie zerstören wollten, überlebt wurden. Beide gingen aus der Demokratie hervor und wurden wiederum von ihr besiegt. Sie waren keinesfalls eine Notwendigkeit, und die Geschichte unseres wie des vorhergehenden Jahrhunderts hätte ebensogut anders verlaufen können. Man stelle sich zum Beispiel nur vor, wie Rußland im Jahr 1917 ohne Lenin gewesen wäre, oder Deutschland in der Weimarer Republik ohne Hitler. Das Verständnis unserer Epoche ist nur möglich, wenn wir uns von der Illusion der Notwendigkeit freimachen. Unser Jahrhundert ist – wenn überhaupt – nur dann zu erklären, wenn man ihm seinen unvorhersehbaren Charakter beläßt. Doch genau den haben die Hauptverantwortlichen seiner Tragödie abgeleugnet.«[6] In diesen Sätzen entdeckt man die Wirkung der Kritik am Begriff des Totalitarismus: diesem volle Achtung zu verleihen, würde die Fiktion stärken, die von Kommunisten und Faschisten verbreitet worden ist, während man gleichzeitig ihr Vorhaben verdammt. Um dieser Fiktion zu entgehen, müßte man die Regel beachten, die jedem Historiker auferlegt ist: sich bei der Untersuchung der Ereignisse, die die Entwicklung jeder Herrschaftsform markieren, fragen: *was wäre gewesen, wenn ...?* – wenn nämlich etwas nicht geschehen wäre oder eine andere Wendung genommen hätte. Schon beim Ersten Weltkrieg müssen wir zugeben, daß nichts sein Ausbrechen oder seine unerhörten Ausmaße beweist. So gering war der Vorfall an seinem Beginn und der Streitfall hätte diplomatisch beigelegt werden können. Dieser Krieg jedoch hat die Ausgangsbedingungen der Bewegungen des Bolschewismus und des Nazismus geschaffen. Betrachtet man die russische Revolution, so war ihr Erfolg »unwahrscheinlich«. Er war der Verwegenheit und Geschicklichkeit eines Lenin geschuldet. Wäre er nicht gewesen, das zeigen die zögernden Haltungen seiner Mitkämpfer, hätten die Dinge sich anders wenden können. Man braucht nicht alle Hypothesen aufzulisten, um uns die Augen wieder für die Kontingenz zu öffnen. Eine von ihnen jedenfalls sticht ganz besonders hervor, weil sie die Totalitarismus-Theorie zu ruinieren droht: wären Hitler und Stalin, zwei außergewöhnliche Personen, nicht aufgetaucht, was wäre dann mit dem Nazi-Regime oder mit dem kommunistischen geschehen? Die Eroberungssucht, das sinnlose Abenteuer des Krieges gegen Rußland, die Haßorgie gegen die Juden, sogar das Unternehmen ihrer Vernichtung, tragen sie nicht alle den Ausdruck des Führerwillens – oder besser seiner Paranoia? Ähnlich stürzte sich der Terror unterschiedslos auf gewöhnliche Bürger – so etwa in der Politik der Zwangskollektivierung, der Deportation ganzer Völker auf dem sowjetischen Gebiet, der Abfolge der Säuberungen, welche die Bereiche der Industrie, der Administration und der Armee verwüstet hatten, – erkennt man darin nicht die Handschrift Stalins? Man stelle sich einen Augenblick lang einen Nazismus ohne Hitler vor, einen Kommunismus ohne Stalin; man schneide in Gedanken den einen oder den anderen, oder gleich beide, aus dem sogenannten Lauf der Geschichte heraus, was bleibt dann von der Idee einer totalitären Logik übrig?

Der von mir erwähnte Einwand hat Gewicht. Er wiegt sogar so schwer, daß, würde man ihm stattgeben, die Untersuchung des Historikers immer zur Folge hätte, ein bestimmtes Regime auf eine bloße Anhäufung zufälliger Fakten zurückzuführen, die sich nur insoweit ergibt, als sie nicht unter der Wirkung von Zufällen aufgelöst würde, die sich ihrerseits auch nicht zwingend hätten einstellen können. So denkt Furet indessen nicht: Ein Beweis dafür besteht darin, daß er über Faschismus und Kommunismus sagt, es handle sich dabei »um kurze Zwischenspiele, die von dem, was sie zerstören wollten, überlebt wurden.«[7] Damit räumt er implizit ein, daß ihr Scheitern sich keinem Zufall verdankt. Der Notwendigkeit wird noch ein Platz zugestanden. Trotzdem, könnte man dieser letzten Feststellung, »die Geschichte unseres (...) Jahrhunderts hätte ebensogut anders verlaufen können«[8], nicht widersprechen? Welche Fakten unterstützen diese Hypothese? Wenn man die Niederlage des Nazismus betrachtet, kann man dabei vom Eingreifen

Amerikas in den Krieg und von der Rolle Roosevelts beim Aufgeben einer isolationistischen Politik absehen? Schaut man auf den Verlauf des Kommunismus, kann man dabei die Möglichkeit eines Zwischenfalles ausschließen, der einen weiteren Weltkrieg provoziert hätte? Die Vorstellung des Unvorhersehbaren wird im Nachhinein nie beseitigt. Jedenfalls dann, wenn sie die Fragestellung begleitet, führt sie nicht daran vorbei, zu verstehen, was geschehen ist und in der Welt *Gestalt* angenommen hat. Es bleibt die Forderung, die Natur von Regimen einer neuen Art zu begreifen. Gewiß verkennt der Historiker diese Forderung nicht: Wenn er das Konzept des Totalitarismus ablehnt, so versucht er nicht weniger, die Besonderheit und Neuheit von Kommunismus und Faschismus zu erfassen. Dabei begreift er sie als Produkte der Demokratie, welche »von dem, was sie zerstören wollten, überlebt wurden.« [9] Eigentlich denke ich selbst schon seit langer Zeit, daß Nazismus und Kommunismus zwei Strömungen einer antidemokratischen Revolution bilden. Man muß daher ihre Unternehmungen vor dem Hintergrund dessen interpretieren, was Tocqueville so treffend die »demokratische Revolution« genannt hat, um so den langfristigen Verlauf zum Vorschein zu bringen, statt nur immer die selben großen Ereignisse zu fixieren: die Amerikanische und die Französische Revolution. Wichtig ist auch, sich zu fragen, ob diese »Produkte« nicht etwas anderes als eine Rückweisung der Demokratie signalisieren, die sich aber in deren Rahmen abspielen würde, auch etwas anderes als die Zerstörung eines Regierungssystems, die auf der Grundlage von Prinzipien ausgeführt wird, auf die sie sich beruft: der allgemeine Willen, die Souveränität der Nation, die Gleichheit der Bürger ... – etwas anderes eben: nämlich eine von Grund auf durchgesetzte Umwälzung der modernen Gesellschaft. Die Frage ist zweifach: In der einen Richtung regt sie dazu an, zu überprüfen, was wir mit dem Namen der Demokratie bezeichnen, zu verstehen, wie in ihrem Horizont ein Herrschaftstyp entstehen konnte, der ihre Zerstörung versucht; in einer anderen Richtung fordert sie uns dazu auf, zu denken, was vorher undenkbar war. Es ist die an unser Denken gestellte Herausforderung, die nach dem Fall jener Regime übrigbleibt, die im ersten Abschnitt dieses Jahrhunderts ihren Anfang genommen haben. Im Maßstab der Jahrhunderte mögen sie von kurzer Frist gewesen sein. Als nicht so kurz erscheint sie, – zumal für die siebzig Jahre des Kommunismus – wenn man als Bezugsgröße das Entstehen der Demokratie in Europa nimmt. Keiner kann die Beschleunigung des Wandels verleugnen, und dennoch ist die Spaltung unseres Universums so tief gewesen, daß es unvorsichtig wäre, sie für behoben zu halten.

Verlassen wir den Einwand des Historikers indes nicht, ohne auf das Bild der beiden Personen zurückzukommen, deren Macht so unermeßlich war und deren Wille über Ereignisse verfügt hat, denen man den Charakter einer unabwendbaren Verkettung verliehen hat. Ein erstes Element der Antwort auf diesen Einwand habe ich schon in der Bemerkung gegeben, daß man die Intention des Führers nicht von einer anonymen Intentionalität loslösen kann. Es handelt sich, präziser ausgedrückt, um die Vorstellung – besser um das Trugbild – von einer in all ihren Teilen auf sich selbst bezogenen Gesellschaft. Eine solche Gesellschaft wäre von der durch die Teilung der Interessen und Neigungen bewirkten Trübung befreit und in die Pflicht ihrer Selbst-Herstellung genommen. Sie ist zum Zwecke der Eliminierung aller, die gegen die Volksmacht konspirieren, mobilisiert. Impliziert diese Vorstellung nicht die Stellung dieses *einen*, der sich, alles bewirkend, alles sehend und wissend, von allen abhebt und dank dessen sich *ein* Volk einig glaubt? Bestimmt könnte man aus der Allmacht der beiden »Führer« nicht die persönlichen Charaktere eines Hitler oder Stalins ableiten. Aber kann man außer acht lassen, daß das Abbild eines Menschen, der Gesetzesgehorsam als ein simples Vorurteil betrachtet, der einen eisernen Willen beweist und der sich als vom Schicksal verfügt vorstellt, auch die Verfassung des Regimes erhellt? Wer daran zweifelt, müßte bereits die Rolle Mussolinis, einer exzentrischen Figur, in Erwägung ziehen; man kann sich nur wundern, daß er Italien unterworfen hat. Sein Wahnsinn habe immerhin nicht den Hitlerschen Grad angenommen? Kann sein! Das Beispiel ist zweideutig. Aber man nehme sich dann einige der anderen führenden Kommunisten vor, anstatt auf das Bild des Paares Hitler-Stalin zu starren, Mao Tsetung zum Beispiel, oder Kim Il Sung, Pol Pot, Ceaucescu und Enver Hodscha: sollten sie alle Kinder des Zufalls sein oder besteht nicht irgendeine Logik hinter der Auswahl jener Charaktere, die dazu fähig sind, die Rolle des *Egokraten* (um den Ausdruck Solschenizyns aufzugreifen) zu verkörpern, jenes Mannes nämlich, der die Inkarnation der *gesellschaftlichen Macht* ist. Die einzigartige, mit dem klassischen Tyrannen oder dem modernen Diktator unvergleichbare Stellung des Führers bildet alles andere als einen Mangel des Totalitarismus-Begriffs. Sie ist das Zeichen einer neuen Gesellschaftsformation.

Zum *vierten* und letzten Einwand: Das Konzept des Totalitarismus ist nur dann zutreffend, wenn man es als »Idealtypus« definiert. Dieser Interpretation schließt sich namentlich François Furet an einer Stelle an, wo er über Nationalsozialismus und Bolschewismus folgendes sagt: »Sie sind nicht nur vergleichbar, sondern sie bilden eine Art politischer Kategorie, die seit Hannah Arendt Anwendung findet. Es handelt sich hierbei nicht um eine allgemein anerkannte Kategorie, doch mir ist keine andere Konzeption bekannt, die so treffend wäre für die Definition eines Regimes oder einer atomisierten Gesellschaft, die aus Individuen besteht, denen systematisch jegliche politische Einbeziehung vorenthalten wird und die der ›totalen‹ Herrschaft einer ideologischen Partei und ihres politischen Führers unterstehen. Da es sich um einen *Idealtypus* (Hervorhebung: Claude Lefort) handelt, beinhaltet diese Vorstellung nicht, daß beide Staatsformen identisch oder in jeder Beziehung vergleichbar wären; sie bedeutet auch nicht, daß die untersuchten gemeinsamen Merkmale ihre ganze Geschichte über gleichermaßen ausgeprägt gewesen wären.«[10] Trifft es zu, daß der Hauptcharakter des Systems die Atomisierung darstellt? Muß man an der Definition Arendts festhalten: totale Unterwerfung durch Ideologie und durch Terror? Lassen wir die Frage stehen. Das Urteil des Historikers ist mir wichtig: Es bedeutet, ohne der früheren Empfehlung einer begrenzten Verwendung des Totalitarismus-Begriffes zu widersprechen, einen weiteren Denkschritt, wenn er einräumt, daß der Ausdruck einer neuen »politischen Kategorie« wohlfundiert ist. Was ich selbst sagen will, ist schließlich genau dies. Indessen, darf man sich mit dem Ausdruck des Idealtypus zufrieden geben? Von Max Weber entlehnt, hat er das Verdienst, mit der Naivität einer rein deskriptiven Geschichtsschreibung zu brechen. Der Historiker vermag die Tatsachen nur einsichtig zu machen, wenn er an ihrer Stelle eine Frage formuliert und Hypothesen aufstellt. Ein Untersuchungsgegenstand bestimmt sich erst unter der Bedingung, daß man bestimmte Anzeichen aus der bloßen Verschiedenheit des Wirklichen auswählt: ein vom Interesse geleitetes Verfahren, das der Forscher im Licht seiner eigenen Werte oder jener seiner Zeit und ausgehend von der Annahme, daß diese untereinander verwandt sind, an ihnen findet. Wenn seine Hypothese sich im Verlauf seiner Untersuchung bestätigt sieht, erscheinen Verhältnisse der Kausalität, deren Gültigkeit sich einem jeden auferlegt, welches immer seine eigenen Werte seien – selbst einem Chinesen, wie Weber sagt. Mit anderen Worten erreicht die Wissenschaft universelle Aussagen unter der Voraussetzung, daß sie nicht der Illusion verfällt, die Realität der Geschichte anzutreffen. In sich selbst ist diese stumm. Wer behauptet, in den Dingen die Entstehung ihres Sinns zu entdecken, entweicht in die Philosophie. Zweifellos könnte man beobachten, daß Max Weber die Regeln seiner Methode selbst verletzt, wenn er den Zerfall des protestantischen Ethos und die Versteinerung des kapitalistischen Geistes aufzeigt. So gewissenhaft er die Grenzen seiner Untersuchung zieht und nur streng definierte Fakten verknüpft, er selbst kann nicht vermeiden, daß er vor einer Frage steht, die über die Wissenschaft hinausweist und sich auf die Natur der Zivilisation bezieht. Man würde sich daher täuschen, nähme man an, die Spekulation sei mit der Untersuchung nicht verbunden. Wie auch immer es sich mit den von der Weberschen Methodologie gestellten Problemen verhält, ich vermag nicht zu erkennen, wie man den Totalitarismus auf einen Idealtypus zurückführen könnte. Wenn man von ihm im Sinne einer politischen Kategorie spricht, so verleiht man dem Ausdruck des Politischen eine Reichweite, die er nicht aufweist, wenn man ihn im üblichen Sinn dem Ökonomischen, dem Religiösen oder dem Rechtlichen gegenüberstellt. Diese politische Kategorie stellt sich ähnlich dar wie jene der Demokratie zum Beispiel oder wie jene der aristokratischen Gesellschaft. In all diesen Fällen will man ein System oder eine bestimmte Anzahl von Charakterzügen bezeichnen. Dabei handelt es sich namentlich um die Bestimmung des Bereichs der Macht und um die Legitimität, auf die sich diese beruft, sowie um die Spannweite ihrer Ansprüche; um das Recht, das eine bestimmte Einrichtung der gesellschaftlichen Unterscheidungen aufrechterhält; um die vorherrschenden Glaubensformen und um die Sitten. Ist man etwa der Meinung, daß die Natur der modernen Demokratie sich nicht in den Angelegenheiten abzeichnet, die sie zur Debatte stellt? Daraus zieht man nicht den Schluß, sie sei das Ergebnis einer intellektuellen Konstruktion.

Erinnern wir uns an die Untersuchung von Tocqueville (der sich die Historiker immer noch verpflichtet fühlen): Er setzt alles daran, die Zeichen eines neuen Typus der Gesellschaft zu entziffern, nicht nur auf dem Gebiet der politischen Institutionen, sondern der Umwandlung des Gesellschaftszustandes, der neuen vorherrschenden Präferenzen – jener der Gleichheit, des Wohlstandes und der individuellen Freiheit. Der Anteil der Konstruktion trennt sich nicht von jenem der Forschung. Tocqueville stützt sich also nicht auf eine Theorie der Vernunft, um die Geschichte zu denken. Er verläßt sich auf die Führung durch die Zeichen der Sinnbildung, die er im Zersetzungsprozeß jener gesellschaftlichen Gefäße entdeckt, innerhalb derer die Menschen früher – in Verbindung mit einem Erfahrungsmuster der Zeit, der Natur, der Weltordnung und der Unterscheidung zwischen einem Diesseits und einem Jenseits – ihre Abhängigkeitsverhältnisse gelebt hatten. Im Übergang von einer aristokratischen Gesellschaft des Ancien-Régime zur demokratischen Gesellschaft stellt Tocqueville einen Wandel des symbolischen Gefüges fest. Das heißt etwas anderes als Verkettungen festzustellen, deren Gültigkeit selbst einem Chinesen einleuchten würden, übernähme er bloß die Anfangshypothesen des Autors. Die Interpretation überläßt ihren Autor nicht in einer neutralen Stellung, sondern schreibt ihm vor zu denken, was sich vormals jenseits der Grenzen seines Denkens befand.

Der Alternative zwischen Philosophie und beschreibender Geschichte ist, so glaubt man, mithilfe der Konstruktion eines Idealtypus zu entgehen. Der Preis dafür besteht in der Verwandlung des Historikers in ein Erkenntnissubjekt, das außerhalb der Geschichte steht, in die es sich einfügt und in welcher es sich zu orientieren versucht.

Hannah Arendt zufolge kann – ich habe es erwähnt – das totalitäre Phänomen nur bestimmten Perioden des Nazismus und des Kommunismus zugeschrieben werden. Sie hat eine Theorie ausgearbeitet, auf welche sich die meisten Forscher beziehen, um ihr zu widersprechen oder um ihre Schroffheit zu mildern. Kernstück dieser Theorie ist die totale Herrschaft mittels Ideologie und Terror. Was versteht sie unter totaler Herrschaft? Diese, so betont sie, wird nicht nur vertikal und durch äußere Mittel ausgeübt, sondern setzt sich auch »von innen her« [11] durch. Offensichtlich ist es die Ideologie, die ihr das ermöglicht. Wie aber gewinnt die Ideologie so große Wirksamkeit? Arendt erwähnt die Funktion der Propaganda und schließlich – genauer – jene der *Indoktrination.* Ihr Erfolg scheint sich der Eigenschaft der Doktrin selbst zu verdanken, sofern diese nichts dem Zweifel überläßt. Dürfte man nicht anführen, daß jedes Verneinen der doktrinären Wahrheiten unmöglich gemacht wird? Dann müßte man zugeben, daß ohne den Terror, ohne die Illegalisierung aller Opponenten und ohne die auf möglichen Opponenten lastende Drohung die Indoktrination ein ungenügendes Mittel wäre. Jedenfalls zeigt das Phänomen die Verbreitung der Ideologie innerhalb des Kreises der Militanten auf, der, so weit er sich auch ausdehnt, begrenzt bleibt; es erhellt aber kaum die Unterwerfung der Bevölkerung. Darüber hinaus enthält der Begriff der Indoktrination, die die Wirkung der Träger der Indoktrination auf Subjekte, die sich ihr unterwerfen, impliziert, kaum die Idee einer Unterwerfung von innen. Auf der anderen Seite signalisiert Arendt selbst, daß die Wirksamkeit der Doktrin nicht auf ihrer Neuartigkeit [12] beruht. Im Fall des Stalinismus entstammt sie dem Marxismus, der lehrt, daß die Geschichte die Geschichte des Klassenkampfes ist und daß sie sich mit der Zerstörung der letzten, vom Kapitalismus hervorgebrachten, herrschenden Klasse erfüllen wird. Auf seiner Seite bemächtigt sich der Nazismus der Themen des Rassismus und des Sozialdarwinismus, die bereits vom Pan-Germanismus verbreitet wurden. Das Neue bestünde also in der Intensivierung der Gläubigkeit zur völligen Einseh- und Vorhersehbarkeit des Geschichts- oder des Naturprozesses. Was bereits implizit war, wird dabei expliziert, sobald der Kommunismus oder der Nazismus die Doktrin dem Zweck totaler Unterwerfung unterstellt hätte. Aus der Behauptung einer Elimination der herrschenden Klasse leitete sich, so bemerkt Arendt, nicht der Entschluß ab, alle jene zu vernichten, die der Bewegung der Geschichte im Wege stünden. Ebensowenig folgt aus der rassistischen Theorie der Entschluß, die niederen Rassen und an erster Stelle die Juden zu vernichten. Wenn man sich aber mit dieser Interpretation begnügen würde, liefe man dann nicht Gefahr, die Doktrin in den Rang eines bloßen Kunstgriffes zu versetzen. Hannah Arendt weist uns in eine andere Richtung, wenn sie von einer Unterwerfung von innen spricht. Folgt man ihr, dann impliziert der Übergang von der Doktrin zur totalitären Ideologie, von einer Geschichts- oder Naturanschauung zu einem aus dem Kommando über die Geschichte oder die Natur resultierenden Handeln nämlich, ein so vollkommenes Einzwängen des Denkens in einer logischen Konstruktion, daß die Grenze zwischen Gedanken und Erfahrung – und gleichzeitig jene zwischen Denken und Handeln – zu verschwinden beginnt. Die Notwendigkeit wird also zum Gesetz – nicht eine von außen auferlegte Notwendigkeit, sondern eine, die durch das Subjekt verinnerlicht wird, welches sich einer Verkettung von Ideen ausliefert, so wie sie gewissermaßen in einer einzigen Idee gründen. Arendt, man erinnert sich daran, definiert schließlich die Ideologie als die Logik einer Idee.[13] Aufgrund dieses Charakterzuges würden sich Nazismus und Kommunismus verbinden lassen.

In meinen Augen erreicht sie den wesentlichen Punkt ihrer Analyse, wenn sie zeigt, daß die Idee von einem Gesetz, das die Entwicklung der Geschichte oder der Natur lenkt, mit einer Gesetzes-Anordnung verwechselt wird. Die neuartige Idee vom Gesetz enthüllt für sie die radikale Neuartigkeit des totalitären Regimes und die Funktion des Terrors. Dieses Regime, betont sie, unterscheidet sich von der Tyrannei, welche ein gesetzloses Regime ist. Sie hätte übrigens auch anfügen können, daß es sich nicht weniger auch vom Despotismus unterscheidet, das aus dem Gebieter über alle ein Wesen macht, das mit einer übernatürlichen Macht versehen ist, einen Halbgott nämlich. Ferner unterscheidet es sich ebenso von der modernen Diktatur, die durch die Umstände oder durch den besonderen Charakter eines Gesellschaftstypus gerechtfertigt sein mag. Der Totalitarismus wird in der Tat von einer absoluten Bejahung des Gesetzes begleitet. Er entkleidet alle positiven Gesetze ihrer Funktion und zerstört diesen *consensus juris*, der den Menschen die Gewißheit ihrer Rechte und wechselseitigen Pflichten in einer gemeinsamen Welt gibt. Gleichzeitig findet sich das Subjekt der Fähigkeit beraubt, über sein Verhalten sowie darüber zu entscheiden, sich selbst und gegenüber anderen Rechenschaft abzulegen und dabei den Normen von Recht und Unrecht, Wahrheit und Lüge, Gut und Böse zu folgen. Dort, wo die Transzendenz des Gesetzes gestürzt ist, kommt es in Begriffen Arendts zu einer Identifikation des Menschen mit dem Gesetz. Es tritt eine Menschheit zum Vorschein, die die »wandelnde Verkörperung von Gesetzen«[14] ist. Gewiß läßt sie uns nicht vergessen, daß dieser Wandel die Stellung eines Vermittlers erfordert, jene des Führers, in welchem sich ein unfehlbares Wissen und die Allmächtigkeit konzentrieren. Von ihm sagt sie an einer Stelle, er habe das Wissen monopolisiert, und an einer anderen, sein Wille sei überall und jederzeit am Werk. Dennoch scheint die höchste und bedingungslose Autorität aus der Konzeption des Gesetzes als eines Geschichts- oder Naturgesetzes zu folgen: in beiden Fällen das Bewegungsgesetz einer Bewegung, die dem Subjekt innewohnt. Ohne das Gewicht dieser Gläubigkeit zu verringern, frage ich mich, ob sie nicht die Spur einer Rationalisierung trägt, welche angestrengt wird, um alle Initiativen der Macht und den bedingungslosen Befehlsgehorsam zu rechtfertigen. Ferner stellt sich die Frage erneut: Wie setzt sich der Begriff eines Gesetzes, das die Individuen ihrer Legalitäts- und Moralitätsbezüge enteignet, in die Wirklichkeit um? Diese Frage bringt mich zur bereits angeschnittenen Kritik einer Definition der Ideologie zurück, die dem totalitären Phänomen kaum standhält. Arendt scheint sie noch zu vertreten, wo sie von der Ideologie als der Logik einer Idee spricht und uns dazu ermuntert, in dieser das Reifezeichen einer »Beherrschung von innen her« zu erkennen.

Indessen weist sie in eine andere Richtung, wenn sie das Phänomen der *Organisation* in Betracht zieht. Unglücklicherweise sind ihre Betrachtungen (im ersten Kapitel von *»Totale Herrschaft«*[15]) losgelöst von einer abschließenden Reflexion über den neuartigen Stellenwert des Gesetzes. Eben nachdem sie festgestellt hat, daß die totale Unterwerfung eine Unterwerfung von innen her impliziert, äußert sie, daß es »das praktische Ziel der Bewegungen ist, so viel Menschen wie möglich in die Bewegung hineinzuorganisieren«[16]. Da sie zu übertriebenen Formulierungen neigt, fügt sie hinzu, daß dies keinem politischen Ziel entspreche. Wenn sie später auf dieses Thema zurückkommt, verdeutlicht sie, daß das Ziel der Propaganda nicht im Überzeugen, sondern im Organisieren bestehe. »Für ein solches Vorhaben ist Originalität in der ideologischen Konzeption nur ein Hindernis. Die beiden totalitären Bewegungen, so furchtbar originell sie sich in ihren Herrschaftsmethoden und so überlegen erfinderisch sie sich in ihren Organisationsformen erwiesen, haben niemals den Versuch gemacht, eine neue Doktrin zu predigen oder ihre Ideologien auch nur um ein Stückchen selbst gefundenen Unsinns zu bereichern. Sie wußten, daß die Massen nicht durch die temporären Erfolge einer überzeugenden Demagogie gewonnen werden, sondern nur durch die sichtbare Wirklichkeit und Macht einer ›lebendigen Organisation‹ (Die Terminologie stammt von Hitler.)«[17] Wichtig ist zum Beispiel bei der Fabrikation einer jüdischen Verschwörung die Verbindung von Fiktion und Organisation. So hielt sich die Fiktion noch aufrecht, als die Juden massakriert worden waren. Ebenso konnte die Fiktion des trotzkistischen Komplottes bestehen bleiben, nachdem die Trotzkisten und Trotzki selbst bereits ermordet worden sind. Die Wirksamkeit der Fiktion wird nicht verneint, aber es stellt sich heraus, daß sie mit der Organisation verbunden ist. In meiner eigenen Ausdrucksweise würde ich sagen: Die Ideen erhalten dort Konsistenz, wo die Menschen gemeinsam an sie glauben und sich innerhalb der Organisation gegenseitig anpassen. Über die entwickelte Nazi-Bewegung sagt Arendt, daß die »Rassentheorien (...) jeden Tag innerhalb einer funktionierenden Welt realisiert (wurden), in deren Rahmen es höchst ›unrealistisch‹ gewesen wäre, ihren Realitätswert zu bezweifeln.«[18] (Wir verstehen *irrealistisch* in der Bedeutung des Gegenteils des Realitätssinnes.) Über den ausgereiften Bolschewismus bemerkt sie, er brauche »sich nicht mehr darauf einzulassen, die ausschlaggebende Bedeutung der Klassenkämpfe für die Geschichte oder die unbedingte Abhängigkeit des Wohlergehens des Proletariats vom Wohlergehen der Sowjetunion oder die objektive Überlegenheit der Arbeiterklasse über alle anderen Klassen der Menschheit zu beweisen; die funktionierende Organisation der Komintern ist überzeugender, als ein bloßes Argument oder selbst eine bloße Ideologie es jemals sein könnten.«[19]

Wie ich bereits gezeigt habe, darf man daraus nicht schließen, daß uns die Organisation die Wirklichkeit des Regimes jenseits der Ideen aufdecken ließe. In einem gewissen Sinn stellt sie sicher eine tatsächliche Transformation der gesellschaftlichen Beziehungen dar. Diese manifestiert sich am deutlichsten in der Bildung der bolschewistischen und der nazistischen Partei. Zu einem Teil gleichen sich die eine und die andere den demokratischen Massenparteien an, die bereits dazu tendieren, Sektionen zu vervielfachen, die in den Städten, Dörfern und Landgebieten verwurzelt sind. Aber die totalitäre Partei baut eine Pyramide von Ausschüssen auf, deren Mitglieder, wie Arendt bemerkt, aus der Organisation »ihr Lebenselement« machen. Die Teilung der Funktionen, die Permanenz der Mobilisierung und die gemeinsame, zur Ausführung der Anweisungen des Machtzentrums benötigte Disziplin haben nicht das beschränkte Ziel, in den öffentlichen Entscheidungsorganen, sei es im Staatsapparat, sei es auf regionaler Ebene, den führenden Kreisen der gleichen politischen Zugehörigkeit zum Durchbruch zu verhelfen. Das Ziel besteht vielmehr darin, die Haltungen in allen Bereichen des gesellschaftlichen Lebens, in allen Berufen, aber auch in allen Lagen, in denen sich Menschen jenseits der Institutionen begegnen, zu kontrollieren und zu lenken. Zweifellos in diesem Sinne kann Arendt behaupten, daß es sich dabei nicht um ein »politisches« Ziel handelt: Das Ziel heißt, wie ich meine, *alles organisierbar* –, alles zum Gegenstand der Parteiorganisation zu machen. Ebenfalls nicht verwechseln dürfen wir den alle modernen Gesellschaften kennzeichnenden Prozeß der Bürokratisierung – der trotz seiner Eigendynamik jeweils besonderen technischen Imperativen verschiedener Art unterstellt bleibt – und dem Organisationsprozeß, der darauf ausgerichtet wird, in der gesamten Gesellschaft gemeinsame Normen durchzusetzen. Gewiß beutet die Partei die Bürokratisierung aus, beschleunigt sie gar, aber durch die Vernichtung der Unterscheidung des Politischen vom Nicht-Politischen verändert sie deren Wesen.

Zwar zeichnet sich das Ideal des *Alles-ist-organisierbar* in der Realität ab, dennoch müssen wir erkennen, daß es einem Wahnbild entspricht. Ich habe es bereits angemerkt – darin folge ich der Analyse Arendts: Sowohl die Herrschaft innerhalb der Partei, als auch jene der Partei über die Staatsbürokratie widerspricht dem Bild eines perfekt verwalteten Systems. Unabhängig aber von dieser Beobachtung enthüllt sich das Wahnbild meiner Ansicht nach in der Verdoppelung der Vorstellung des *Alles-ist-organisierbar*. Da ist auf der einen Seite eine vollständig aktive – und auf der anderen Seite eine amorphe Gesellschaft, die daher als Rohmaterial den Baumeistern zur Verfügung steht. Dem entspricht eine Verdoppelung innerhalb der Partei, wo das Mitglied einerseits in einen Aktivisten verwandelt wird, der sich durch seinen Volontarismus auszeichnet und der zum Agenten wird, dessen Energie man ständig mobilisiert, und wo dieser andererseits zum reinen Produkt der Organisation und zum Parteigeschöpf gemacht wird.

Wenn es so entscheidend ist, das kommunistische oder das faschistische Ideal unter die Lupe zu nehmen, wonach die gesellschaftlichen Verhältnisse sowie die Wissens- und Handlungsformen aufeinander aufbauen und aus ein und demselben Prinzip stammen, dann deshalb, weil es das Werk der Herrschaft maskiert, während es gleichzeitig deren Stempel trägt. Die Vision des unfehlbaren Führers und die ihm dargebrachte Untertänigkeit passen zur Vision einer Gesellschaft, die in all ihren Teilen mit sich selbst verbunden ist, deren Gesetz sich jedem gegenüber durchsetzt.

Das Ideal der Organisation liefert daher einen der Schlüssel des Terrors, weil es die Zerstörung des bestehenden gesellschaftlichen Gewebes und all jener Bindungen in sich enthält, die eine spontane Art der Gesellschaftsbildung aufweisen, die aber zuvor nicht nur durch politische, sondern durch bürgerliche und individuelle Rechte garantiert wurden. Ebenso würde man sich täuschen, wollte man den Terror auf die Eliminierung jener reduzieren, die hüben und drüben für das Scheitern der Organisatoren haftbar gemacht werden. In der Feindbestimmung selbst entdeckt man das doppelte Zeichen des totalitären Wahnbildes: Dem Bild des Aktivisten entspricht jenes eines teuflischen Gegners, der überall am Werk ist, des Verschwörers und Agenten einer fremden Organisation oder gar eines Saboteurs in der Produktion. Das beliebig knetbare Rohmaterial entspricht dem Bild vom Abfall, den man während der Verarbeitung abführen muß.

Sich mit dieser Analyse zu begnügen, würde jedenfalls bedeuten, daß man eine andere Besonderheit des Kommunismus und des Faschismus vernachlässigte: die *Inkorporation* der Individuen in ein kollektives Wesen, das Aufsaugen des Vielfachen im Einen. Die Organisation beruht auf einem – allerdings in sein Extrem gesteigerten, technizistischen Projekt des Gesellschaftlichen, das bereits in der modernen Welt vorhanden ist, wo es die Rationalisation der verschiedenen Handlungsgebiete – besonders des Staates, der Wirtschaft und der Religion begleitet; demgegenüber aber beruht die Aufgabe der Inkorporation auf einem substantialistischen Ideal. Einmal mehr ist es mit ihren neuen Merkmalen die Partei, die uns den Sinn der totalitären Dynamik enthüllt. Die Partei wird nicht nur im Sinne der politischen Auffassung des Begriffes als Organisation verstanden, sondern bildet eine »mystische Person«, in welcher ihre Mitglieder verschmelzen, und als solche verkörpert sie das Volk. Das unteilbare Volk findet in der Partei Gestalt und umgekehrt findet die unteilbare Partei im Volk Gestalt. Aufgrund einer Logik der Identifikation, die den einfachen Kämpfer mit dem höchsten Führer verbindet, wird die Hierarchie innerhalb der Partei selbst halbwegs verschleiert. Wenn wir also in einer ersten Sichtung sagen konnten, daß die Partei das Projekt des *Alles-ist-organisierbar* in sich trage, so können wir jetzt ergänzen, daß sie auch dasjenige des *Alles-ist-Inkorporierbar* in sich trägt. Sichtbar wird ihre Anstrengung, in der gesamten Breite der Gesellschaft eine Myriade von Kollektiven zu bilden, die die Eigenschaft haben, jedes in Distanz zum anderen ein Abbild des Körpers vorzustellen: Das sind die Gewerkschaften, die Jugendbewegungen, die Kulturgruppen, die Schriftsteller- und Künstlervereinigungen, die Wissenschaftsakademien, die Verbände der Juristen und der Mediziner usw. Beim Betrachten dieser riesigen Unternehmung, die dem Gesellschaftlichen eine Körperförmigkeit verleihen will, wundere ich mich über die von Hannah Arendt hartnäckig vertretene These von der Atomisierung der totalitären Gesellschaft. So sorgsam Arendt im allgemeinen bemüht ist, vom Verständnis, das der Gemeinsinn von Begriffen hat, nicht abzuheben, im vor-kritischen Gebrauch des Wortes totalitär das Anzeichen eines »Vor-Verständnisses« zu erkennen, so wenig zieht sie die naive, bereits sehr früh gebildete Vision des Kollektivismus in Betracht. Es stimmt, daß dieser Begriff – besonders zur Kennzeichnung des kommunistischen Systems in Gebrauch – oft zum Wortschatz der Rechten gehörte und den Stempel einer Verteidigung des bürgerlichen Individualismus trug. Trotzdem bezeugt er die Wahrnehmung eines neuen Phänomens. Arendt will als totalitäres Projekt nur die Beherrschung einer Bevölkerung festhalten, welche in eine Masse voneinander getrennter Individuen umgeformt wurde, die den Ersatz eines Existenzgefühls nur finden, wenn sie sich – unter dem Druck einer sie unterjochenden Autorität oder unter jenem des Terrors – aneinander festklammern. Bei Hitler sieht sie die Absicht, einen Prozeß der Atomisierung fortzusetzen, der bereits das Deutschland Weimars kennzeichnete. Im Falle von Stalin spricht sie hinsichtlich des Kollektivierungsprogrammes und der Zwangsindustrialisierung von einer Fabrikation der Massen. Sicher läßt sie nicht verkennen, was sie an einer dem Terror gewidmeten Stelle festhält: »Dem Terror gelingt es, Menschen so zu organisieren, als gäbe es sie gar nicht im Plural, sondern nur im Singular.«[20] Im selben Kapitel schreibt sie: »Der totale Terror setzt an die Stelle (...) der Kanäle menschlicher Kommunikation sein eisernes Band, das alle so eng aneinanderschließt, daß (...) es ist, als seien alle zusammengeschmolzen in ein einziges Wesen von gigantischen Ausmaßen.«[21] An einer anderen Stelle erwähnt sie Hitlers Genuß beim Schauspiel Tausender seiner Aktivisten, die für ihn nur eine einzige Person[22] zu bilden scheinen. Dennoch lassen Beobachtungen dieser Art dieses Eine immer nur als Zielsetzung der Beherrschung erscheinen. Wie richtig dieser Gesichtspunkt auch immer sei, er erhellt nicht die Anziehung, die die Zugehörigkeit zu einer aus einem Guß bestehenden Partei, zu einer ebensolchen Gruppe oder zu einem Volk dieser Art auf jene ausübt, die, sich ihr zu unterstellen, angerufen werden; ebensowenig erhellt wird die Befriedigung der vielfachen Machtansprüche, die unter dem Vorwand der Teilnahme an einem gemeinsamen Werk freigesetzt werden. Was mich angeht, so assoziiere ich das Bild des Einen mit dem Bild des Körpers. Dieser Ausdruck ist mit allen Konnotationen behaftet, die mit einer sozialen Ästhetik und Hygiene zusammenhängen. Schönheit, Kraft und Gesundheit sind die Qualitäten des »neuen Menschen« im Gegensatz zum verfallenen und kranken Menschen der demokratischen Welt.

Ich kann im vorliegenden Rahmen nur diesen Hinweis auf die totalitäre Ästhetik geben, die mit gutem Recht die Aufmerksamkeit einiger Historiker gefunden hat. Umgekehrt muß man auch den Bezug unterstreichen, den der Terror zum Bild der zu eliminierenden *Parasiten* herstellt. Die Anziehungskraft des guten Gesellschaftskörpers steht und fällt mit der Abstoßung fremder Elemente. Was den Nazismus betrifft, so ist das Phänomen offensichtlich. Es ist nicht nötig, die Aussagen Hitlers und die noch eloquenteren Himmlers aufzuzählen. Der Feind – vor allem der Jude – gilt soviel wie Läuse oder Wanzen; er steckt das deutsche Volk an. Die antisemitische Propaganda beruht nicht auf der Organisationslogik, die ich erwähnt habe. Der Haß verkehrt sich unter dem Imperativ, aus dem Gesellschaftskörper alles herauszureißen, was als integritätsgefährdend eingestuft wird. In einer anderen Sprache, die nicht die Reinheit der Rasse verherrlicht, beruft sich der Kommunismus nicht weniger auf ein Programm der sozialen Prophylaxe. Man muß sogar anerkennen, daß der Letztere die ersten Anzeichen davon trägt: Lenin ruft schon 1918 dazu auf, die russische Erde von allen schädlichen Insekten zu reinigen. Die Jagd auf die Parasiten entwickelt sich im Stalinismus: Besonders die Trotzkisten sahen sich unablässig als Ungeziefer behandelt. Man erinnere sich etwa an das Vokabular Wyschinskis.

Wie wollte man schließlich am entgegengesetzten Pol der totalitären Wahnvorstellung die Vision des Körpers der beiden »Führer« außer Acht lassen. Im einen wie im anderen sind Lebenskraft, Jugendlichkeit und Unverwundbarkeit konzentriert. Ist diese Vorstellung von einem Führer ein Zufall? Wie sollte man die Gestalten eines Mao, eines Kim Il Sung, Castro oder einiger anderer vergessen? Vergebens würde man versuchen, dies von jenem viel allgemeineren Phänomen der Popularität des Diktators abzulösen. In der sichtbaren Erscheinung des »Egokraten« ist die Projektion des Gemeinschaftskörpers abgebildet.

Warum stellt uns Arendt die totalitäre Gesellschaft als eine Gesellschaft vor, die absichtlich atomisiert wurde, um zum Gegenstand einer totalen Herrschaft zu werden? Der Grund dafür ist, scheint mir, daß sie bereits in der

Demokratie – zumindest in Europa das Entstehen einer Massengesellschaft erkennt, die den Zerfall des Nationalstaates begleitet, aber auch die Zerstörung der Klassenstruktur, die für die Individuen dauerhafte Existenzmuster sicherstellte und sie dazu befähigte, sich in Bezug auf die anderen zur Wahrnehmung gemeinsamer Interessen und Gegensätze zu situieren. So entdeckt sie am Ursprung des Erfolges der nazistischen und kommunistischen Bewegungen das Auftauchen eines neuen, im wörtlichen Sinne *desinteressierten* Menschentyps, der sogar den Sinn der Selbsterhaltung verloren hat. Folgt man ihrem, am Anfang von »*Totale Herrschaft*« vorgebrachten Argument, dann hätten Nazismus und Kommunismus die Wirkungen einer gesellschaftlichen Desintegration ausgebeutet, um Freiheiten zu vernichten, die gar nicht mehr bestanden, weil sie mit dem bürgerlichen Liberalismus und einer auf Wettbewerb gegründeten Wirtschaft verbunden waren.

Eine solche Interpretation – die sich im übrigen auf wenig überzeugende Fakten abstützt, da in Deutschland die Klassenstruktur und das darauf beruhende Gefüge von Parteien und Gewerkschaften unmittelbar vor der Machtübernahme Hitlers nicht erschüttert waren – erlaubt es nicht, den Sinn der beiden »revolutionären« Unternehmungen abzuschätzen, deren Ziel, ausgehend von entgegengesetzten Gesichtspunkten, darin bestand, die konstitutiven Prinzipien der modernen Demokratie zu stürzen; und zwar nicht nur das repräsentative System als rechtlich-politischen Rahmen, sondern auch eine gesellschaftliche Lebensform, in der die Legitimität von Unterschieden der Interessen, Meinungen und Glaubensformen stillschweigend zugelassen wird, die Legitimität auch des Klassenkonfliktes sowie der Aktivitäts-, Wissens- und Ausdrucksformen, die sich nicht auf gemeinsame Normen zurückführen lassen, sondern innerhalb ihrer Grenzen miteinander im Streit liegen, obwohl sie an derselben Welterfahrung teilnehmen.

Die Reduktion des Pluralen auf den Singular, die im totalitären Regime bewerkstelligt wird, können wir nur begreifen, wenn wir die »Vielheit« nicht mit der Menge, das heißt mit einer Masse von ungebundenen Individuen verwechseln, sondern in dieser Vielheit das Merkmal der Entfaltung einer Bürgergesellschaft, ihrer Differenzierung und der diese begleitenden Kreativität erkennen.

Wie Arendt bemerkt, kennt das totalitäre Phänomen keine geschichtliche Präzedenz, aber darob dürfen wir nicht vergessen, daß das demokratische und moderne Phänomen selbst präzedenzlos ist. Die kommunistischen und faschistischen Regime weisen dieselbe Charakteristik auf: eine vollständige Besetzung des Ortes der Macht durch den Inhaber der höchsten Autorität, während gleichzeitig die Macht als gesellschaftliche Macht und der Führende als deren Inkarnation erscheint. Im gleichen Zug wird die

Unterscheidung zwischen den Instanzen der Macht, des Gesetzes und des Wissens vollständig beseitigt. Das läuft darauf hinaus, daß die Begriffe von Recht und Unrecht, wie vom Wahren und Falschen oder Lügenhaften jeder Diskussion entzogen werden, daß sie also von der Stellung desjenigen abgeleitet werden, der gerade die Macht hat, direkt oder auf dem Weg seiner Vertreter, über den Gang der Dinge zu entscheiden.

Die volle Reichweite dieses Phänomens können wir nur unter der Bedingung ermessen, daß wir die Tiefe des Bruchs ausloten, den das Entstehen der Demokratie in der Geschichte Europas bedeutet. An die Feststellung, daß die Macht niemandem gehört, knüpft sich die Idee, daß sie einen nicht besetzbaren und nicht ausfüllbaren Ort darstellt. Jene, die aufgrund des Wahlverfahrens zur Ausübung der öffentlichen Autorität abgeordnet sind, erscheinen als einfache Sterbliche, die durch andere ersetzbar sind. Die Art und Weise ihrer Ernennung und ihr Handeln sind dem Recht unterstellt und ihre Befugnisse überschreiten nicht die Grenzen jener Bereiche, die ausdrücklich als nicht-politisch anerkannt sind. Es handelt sich also dabei nicht bloß um Regeln, die die Bedingungen eines nationalen Zusammenhalts gewährleisten sollen. Der Begriff einer in Grenzen zugewiesenen Macht löst sich von jenem des Gesetzes ab, dessen Begründung dem Zugriff entzogen ist und über welches man zukünftig nur nach Maßgabe der Ansprüche neuer Gruppierungen und der im gesellschaftlichen Leben auftretenden materiellen Veränderungen debattieren kann.

Die demokratischen Prinzipien haben sich in der Gegnerschaft zum Ancien-Régime behauptet, in welchem die Macht in der Person des Souveräns verkörpert war, der – ohne selbst Herr des Gesetzes zu sein – im Zeichen von Gottes Willen oder der Ordnung der Natur handelte und mit einer Legitimität und einer die gewöhnlich Sterblichen überragenden Weisheit ausgestattet erschien. Die neue Unterscheidung zwischen dem Ort der Macht – einem leeren Ort, der gleichzeitig weder angeeignet noch ausgefüllt werden kann und der religiösen Dramatisierung entzogen ist, einem Ort, der rein symbolischer Natur ist – und der Ausübung der Mittel von Entscheidung und Anordnung in der Realität; die Entflechtung der Instanzen der Macht, des Gesetzes und des Wissens; das Zulassen von Teilungen, die die Gesellschaft durchschneiden: Das eben ist es, was das totalitäre Regime zurückweist, zwar bestimmt nicht in der Absicht, eine alte Ordnung wiederzubeleben, sondern um die Fiktion einer mit der Macht substantiell verbundenen Gesellschaft ohne Teilung zu schmieden. Diese Form eines Zusammenschweißens – einerseits von Machthabern und Volk, andrerseits von Macht, Gesetz und Wissen – hat dieselbe Bedeutung wie das Zusammenschweißen der Klassen oder besser gesagt, die Verneinung innergesellschaftlicher Opposition. Dieses Verneinen wird von einer Rückkehr zur rohen Teilung zwischen dem Volk und seinen Feinden begleitet.

Offenbart uns der Totalitarismus einfach ein Herrschaftsprojekt, das sich mit Hilfe einer Ideologie vollenden würde, die die Bewegung der Geschichte oder der Natur zum obersten Gesetz erhebt? Muß man nicht eher von einer neuen symbolischen Konstitution des Gesellschaftlichen ausgehen? Aber ich zögere, diesen Begriff zu verwenden. Er eignet sich dazu, auf eine Verkettung von Bezügen hinzuweisen, die wechselseitig aufeinander verweisen und für eine bestimmte Erfahrung des gesellschaftlichen Lebens konstitutiv sind: Ich spreche ohne Umschweife von einer Logik. In einem anderen Sinn des Ausdrucks indessen müßte man eher von einer Zerstörung des Symbolischen sprechen, von einer Logik also, die vom Verneinen jener Gliederungen des Gesellschaftlichen kommandiert wird, die es einem jeden auf verschiedenen Ebenen seines Lebens ermöglicht, die Wirklichkeit bis zu einem gewissen Grad wahrzunehmen. Mit der Vorstellung einer gleichgerichteten Gesellschaft verbindet sich jene ihrer Einfriedung: die Beseitigung der Rätselhaftigkeit ihrer Gründung und der Unbestimmtheit ihrer Geschichte.

Anmerkungen

1 Franz Neumann, *Behemoth, The Structure and Practice of National-Socialism 1933-1944,* Oxford 1944; dt. *Behemoth, Struktur und Praxis des Nationalsozialismus 1933-1944,* Frankfurt/M. 1977.
2 Raul Hilberg, *Die Vernichtung der europäischen Juden,* Frankfurt/M. 1990.
3 François Furet, *Das Ende der Illusion, Der Kommunismus im 20. Jahrhundert,* München 1996, S.214f.
4 Ebda., S.215
5 Ebda., S.14
6 Ebda.
7 Ebda.
8 Ebda.
9 Ebda.
10 Ebda., S.237f.
11 Hannah Arendt, *Elemente und Ursprünge totaler Herrschaft,* München 1986, S.527. (Im folgenden: *EUT*)
12 *EUT,* S.717, S.721.
13 *EUT,* S.718.
14 *EUT,* S.707.
15 *EUT,* Der Untergang der Klassengesellschaft, Kapitel 10, S.495-545.
16 *EUT,* S.528.
17 *EUT,* S.571f.
18 *EUT,* S.573.
19 *EUT,* ebda.
20 *EUT,* S.714.
21 *EUT,* S.713f.
22 *EUT,* S.646.

Margaret Canovan

Verstehen oder Mißverstehen: Hannah Arendt, Totalitarismus und Politik

1.

Das Thema, das zu behandeln ich gebeten wurde, ist der Stellenwert der Theorie des Totalitarismus im Denken Hannah Arendts und der Stellenwert eben dieser Theorie in einer nach-totalitären Welt. Ich möchte zunächst die wichtigsten Punkte meines Beitrags umreißen.

Als erstes möchte ich auf eine mögliche Konfusionsquelle zu sprechen kommen. In einem gewissen Sinne stimmt es offensichtlich, daß der Zusammenbruch des Kommunismus und das Anbrechen einer sogenannt nachtotalitären Welt Arendts Bedeutung als politische Denkerin gestärkt hat. Die Gründe dafür werde ich anführen. Es kann jedoch in die Irre führen, Arendt in dieser Perspektive zu besprechen, denn Arendt selbst hätte den Kollaps des Sowjetkommunismus nicht als Kollaps des *Totalitarismus* beschrieben. Ihrer Ansicht nach hat die Sowjetunion unmittelbar nach Stalins Tod aufgehört, totalitär zu sein.

Mit anderen Worten, was *Arendt* unter dem »Totalitarismus« verstand, war etwas anderes als das, was beinahe jeder andere damit meinte. Das zentrale Anliegen dieses Referates besteht deshalb darin, in knapper Form eine Erklärung dessen zu versuchen, was sie damit *wirklich* gemeint hat und wie es sich von den gängigeren Begriffen unterscheidet.

Ich denke, daß dies sehr wichtig ist. Es wird mittlerweile weithin anerkannt, daß der Totalitarismus im Zentrum von Arendts politischem Denken steht und daß ihr Verständnis von Politik im Allgemeinen aus ihrem Denken über dieses Phänomen entstanden ist. Daraus ergibt sich aber, daß wir ihr übriges Denken leicht mißverstehen, wenn uns die Besonderheit ihres Denkens auf diesem Zentralgebiet nicht bewußt ist. Deshalb versuche ich darzustellen, wie ihr unübliches Verständnis des Totalitarismus in ihrer gesamten politischen Theorie ein Echo hat. – Abschließend werde ich im Lichte ihrer idiosynkratischen Konzeption des Totalitarismus nach Arendts heutiger Bedeutung fragen.

2.

Lassen Sie mich mit einigen kurzen Bemerkungen über Arendts Stellenwert in der Welt nach dem Totalitarismus beginnen, so wie er gemeinhin verstanden wird: das heißt nach dem Zusammenbruch des Kommunismus, nach den Revolutionen in Osteuropa und nachdem die marxistische Ideologie ihre Autorität eingebüßt hat.

Es kann keinen Zweifel darüber geben, daß die neue Welle des Interesses an Arendt – die unter anderem zu einer bemerkenswerten Zahl ihr gewidmeter Konferenzen geführt hat – sehr viel mit dem Ende des Kommunismus zu tun hat. Meiner Meinung nach gibt es zweierlei Gründe dafür: Daß sie so plötzlich von Bedeutung zu sein scheint, rührt zum Teil daher, daß vieles, was sie über Politik gesagt hat, durch die Ereignisse erhärtet worden ist, zum Teil daher, daß die alten Orthodoxien, die manche daran hinderten, sie ernst zu nehmen, zusammengebrochen sind.

Was dabei die Rolle der Ereignisse anbelangt, so schienen die Revolutionen von 1989 in Osteuropa für viele ihrer Leser eine augenfällige Bestätigung ihres Politikverständnisses zu sein. Hatte sie doch über die menschliche Handlungsfähigkeit und die Fähigkeit, auch unter widrigsten Umständen initiativ zu sein, geschrieben; sie hat erklärt, wie Macht generiert werden konnte, wenn Menschen aus ihrem Privatleben in die Öffentlichkeit treten und in Übereinstimmung handeln; sie gab zu Bedenken, daß in Revolutionen eher ein altes Regime zusammenbreche, als daß die Macht mit Gewalt erobert würde. Die Ereignisse von 1989 schienen das zu bestätigen. In *Über die Revolution* hat sie die Aufmerksamkeit auch auf die Kluft zwischen der überschwenglichen Erfahrung der Befreiung und der soliden Grundlage eines freien Gemeinwesens gelenkt; ebenso hatte sie vor dem möglichen Schiffbruch der Freiheit auf den Klippen von Armut und Not gewarnt. Dies scheint beispielsweise für die Situation im nach-kommunistischen Rußland bezeichnend zu sein.

Andere Eigenschaften dieses Endes des Kommunismus passen indessen nicht so bequem zu Arendts Denken, darunter vor allem die beträchtliche Attraktivität des westlichen Kapitalismus und der parlamentarischen Demokratie. Aber es ist nicht überraschend, daß ihre intellektuelle Wertschätzung im Gefolge der Ereignisse von 1989 gestiegen ist. Unterdessen hinterläßt auch die andere Seite dieses Rehabilitierungsvorganges ihre Wirkung. Die Barrikaden, die so manchen daran gehindert haben, sie zu lesen, sind gefallen: das Engagement vieler Intellektueller für den Sozialismus; die marxistische Orthodoxie, welche die sozioökonomischen Kräfte für primär, die Politik aber nur für sekundär hält; der Glaube an die »große Erzählung« vom Fortschritt und die Hoffnung, das Proletariat oder irgendeine andere Gruppe sei die Avantgarde der Menschheit.

Es gibt ferner keinen Zweifel darüber, daß die Anerkennung der Ideen Arendts in einer nach-kommunistischen Welt leichter fällt. Aber von ihrem Standpunkt aus ist eine nach-*kommunistische* Welt nicht das gleiche wie eine nach-*totalitäre*. Die kommunistischen Regime, an die wir uns seit den 50er Jahren gewöhnt haben und die bis zum Aufstieg Gorbatschows so unbeweglich verankert schienen, waren *nicht* »totalitär« in dem Sinne, wie Arendt das Wort angewendet hat. Das trägt unglücklicherweise eine ganze Menge zur ernsthaften Verwirrung bei, weil sie den Ausdruck anders als alle anderen einsetzte. Obschon *Elemente und Ursprünge totaler Herrschaft* ein so berühmtes Buch ist, vermochte Arendt ihre zentrale Botschaft nicht zu vermitteln oder einem breiten Publikum klarzumachen, was ihrer Ansicht nach der Totalitarismus war. Auf den gewöhnlichen Begriff des »Totalitären« hatte sie keinen großen Einfluß. Tatsächlich folgte der Normalgebrauch — vor allem in der englischsprachigen Welt — der Vorlage von Friedrich und Brzezinski und zählte alle kommunistischen Regime und den Nazismus sowie einige andere rechtsgerichteten Diktaturen zum Totalitarismus.

Im Gegensatz zu diesem üblichen, auf eine recht breite Kategorie von Regimen angewandten Begriff glaubte Arendt, daß es nur wenige Fälle von echtem Totalitarismus gab. Nazismus und Stalinismus waren die einzigen Fälle, über die sie sich sicher war, obwohl sie fragte, ob China während Maos Kulturrevolution zu einem weiteren Fall werden könnte. Mussolinis Faschismus gehörte nicht dazu, obwohl in seinem Zusammenhang der Begriff »totalitär« geprägt worden war; ebensowenig die Sowjetunion nach Stalins Tod oder Fälle wie Castros Kuba. Aber warum nicht? Was war *falsch* — von ihrem Gesichtspunkt aus — an dem üblichen Begriff, nach welchem ein totalitäres Regime einfach eine ideologische Parteidiktatur ist, in der alle Lebensbereiche streng überwacht werden?

3.

Im Vergleich anderer Auffassungen besteht der offenkundigste Unterschied zu Arendts Konzept des Totalitarismus in der Gewichtung des Gebrauchs von Terror, besonders aber der Konzentrations- und Vernichtungslager im Nazismus und Stalinismus. Diese Lager waren, wie sie feststellt, die »zentrale Institution« [1] der totalen Herrschaft und in ihrer Auffassung wirken diese viel prägender als in anderen. Besteht folglich der entscheidende Faktor, an dem der Totalitarismus ausgemacht werden kann, im Grad und Ausmaß der Grausamkeit? Tatsächlich sagte sie, ein voll entfalteter Totalitarismus sei nur dort erreichbar, wo er eine genügend große Bevölkerung vorfindet, um seine Mordmaschine ständig massenhaft füttern zu können. Aber diese Betonung der Tötungsrate kann irreführend sein, denn in Arendts Verständnis implizierte der Totalitarismus noch etwas Erschreckenderes als die systematischen Massaker. An dieser Stelle sei eines ihrer unmißverständlichsten Statements darüber zitiert: »Um diese Transformation [der menschlichen Natur selbst] handelt es sich in den Konzentrationslagern und nicht um das dort verursachte menschliche Leiden, von dem es immer zu viel auf der Erde gegeben hat, und nicht darum, wie viele Menschen dort zugrunde gehen.«[2]

Nun ist diese Feststellung schwierig zu verstehen, besonders da sie selbst in *Vita activa* schreibt, menschliche Wesen könnten keine determinierte Natur *haben.*[3] Aber dies ist nur auf den ersten Blick paradox. Arendt geht es darum, daß es zum Wesen der menschlichen Existenz gehört, ein von anderen unterscheidbares Individuum zu sein, welches in einer Pluralität Personen zu Spontaneität und Initiative fähig ist. Eben deshalb haben die Menschen keine voraussehbare ›Natur‹ in dem Sinne, wie sie Tiere haben. Im Verlauf ihrer Erörterung der Konzentrationslager und deren konzertierter Anstrengung, Menschen zu Tieren zu degradieren, bemerkt sie, daß »die ›Natur‹ [des Menschen] nur insofern ›menschlich‹ ist, als sie es dem Menschen freistellt, etwas höchst Unnatürliches, nämlich ein Mensch zu werden.«[4] Ihre Behauptung über den Totalitarismus – und tatsächlich handelt es sich um eine erstaunliche Behauptung – lautet so: Er stellt einen entschiedenen Angriff gegen jene Merkmale der Menschen dar, die uns von Tieren unterscheiden – die Pluralität und die Spontaneität in Denken und Handeln. Sein nur in den Lagern vollständig entfaltetes Ziel besteht darin, Individualität gänzlich überflüssig zu machen und die Menschen zu identischen, berechenbaren Gattungswesen einer Tierart zu machen. Ein unaufhörlicher willkürlicher Terror unterdrückt die Möglichkeit spontanen Handelns und gleichzeitig behindert die verrückte Logik der Ideologie die Möglichkeit, daß irgendeiner jemals noch einen unabhängigen Gedanken haben kann. Das Ziel totalitärer Systeme besteht in der Degradierung *jedes einzelnen* auf diese Bedingung: halb Tier, halb Roboter und völlig entmenscht.

1951 bemerkte sie in einem Brief an Karl Jaspers, daß an der Wurzel des Totalitarismus die Jagd nach totaler Macht zu finden ist, eine Jagd, die mit der menschlichen Vielfalt unvereinbar sei. Nur *Einer* kann allmächtig sein und im Verfolgen der totalen Macht werden die Menschen zu *Einem* reduziert und als *verschiedene Menschen* überflüssig gemacht.[5] Mit anderen Worten, das entscheidende Element der totalen Herrschaft ist nicht nur die totale Macht über Opfer, eine Macht, die von einer Herrschergruppe ausgeübt wird, deren Mitglieder jedoch selbst freie Individuen bleiben. Arendt geht es vielmehr um das Erlangen von Allmacht mittels Auspressen *aller* Individualität und somit der Reduktion der Menschheit auf eine einzige Einheit.

Diese Einheit kann dann in der Tat allmächtig sein, eben weil sie für Individualität, Spontaneität und Initiative *keinen* Raum läßt. Unter der Voraussetzung, daß sie die Gesetze der Natur oder der Geschichte kennt und Einblick in den unabwendbaren Verlauf des Kampfes hat, kann sie auf dem Rücken dieser zerstörerischen Kräfte zum Triumph reiten. Die Macht stammt aus dem Einklang mit dem Lauf der Natur oder der Geschichte, aber den Preis für diese Identifikation mit dem Gang der Dinge bildet die Unterdrückung der Spontaneität. Mit anderen Worten, die Menschheit vermag allmächtig nur dann zu sein, wenn sie bereit ist, jene Eigenschaften abzustoßen, die uns zu Menschen machen.

Diese Einsicht findet sich auf voll artikulierte Weise in ihrem Essay *»Ideologie und Terror«*, den sie den späteren Ausgaben ihres Buches beigefügt hat. Darin sagt sie: »(...) der totale Terror setzt an die Stelle der Zäune des Gesetzes und der gesetzmäßig etablierten und geregelten Kanäle menschlicher Kommunikation sein eisernes Band, das alle so eng aneinanderschließt, (...) und es ist, als seien alle zusammengeschmolzen in ein einziges Wesen von gigantischen Ausmaßen. (...) Terror (...) fabriziert dieses Einssein von Menschen, indem er den Lebensraum zwischen den Menschen, der der Raum der Freiheit ist, radikal vernichtet.« Dieser inhumane Eine kann dann den alten Traum der Allmacht verwirklichen, indem er sich im vermeintlichen Einklang mit den Kräften der Natur oder der Geschichte fortbewegt. Diesem »eiserne[n] Band des Terrors (...) gelingt es, Menschen so zu organisieren, als gäbe es sie gar nicht im Plural, sondern nur im Singular, als gebe es nur einen gigantischen Menschen auf der Erde, dessen Bewegungen in den Marsch eines automatisch notwendigen Natur- oder Geschichtsprozesses mit absoluter Sicherheit und Berechenbarkeit einfallen. Die an sich notwendig ablaufenden Prozesse will der Terror auf eine Geschwindigkeit, gleichsam auf eine Tourenzahl bringen, die sie ohne die Mithilfe der zu einem Menschen organisierten Menschheit nie erreichen könnten.«[6] In der Praxis wird diese Allmacht durch die gigantische, sinnlose und millionenfache Vernichtung von Menschen ausgeübt, in einem Prozeß ohne natürlichen Abschluß und ohne verständlichen Zweck. Da die Vernichtungsprozesse, mit denen sie sich identifizieren, grenzenlos sind, zielen totalitäre Regime auf die Eroberung der Welt ab. Käme eines dabei zum Erfolg, so könnte tatsächlich die menschliche Pluralität insgesamt ausgelöscht werden.

Nun ist dieses Bild des Totalitarismus nicht nur ungewohnt: es erscheint als entschieden bizarr; zweifellos deshalb haben Arendts Leser oft versucht, es etwas aufzuweichen, so daß es weniger sperrig sei. Sie hingegen beharrte darauf, denn sie glaubte, daß die Phänomene, die sie zu verstehen suchte, wirklich bizarr *waren*, etwas Neues, unheimlich Gefährliches und – im Horizont des Commonsense – geradezu Unverständliches. In ihrem

Sinne ist der Totalitarismus nicht so sehr ein *System*, als vielmehr ein *Alptraum*. In der Tat legt sie großes Gewicht auf das *Fehlen* von System und Struktur in Nazi-Deutschland und in Stalins Sowjetunion. System und Struktur implizieren Stabilität und Grenzen. Ein entscheidendes Merkmal des Totalitarismus aber, wie sie ihn verstand, ist endlose und rasende *Bewegung* mit keiner anderen Begrenzung als der Eroberung der ganzen Erde. Und wenn *Struktur* in der Anwendung auf den Totalitarismus in ihrem Verständnis keine nützliche Kategorie ist, dann ist es auch *Funktion* nicht. Es handelt sich hier nicht um ein Staatswesen mit Funktionen, die ausgeführt werden, und mit Interessen, denen gedient werden muß. Arendt beharrt auf der Sinnlosigkeit der nazistischen und stalinistischen Aktivitäten, dem Fehlen jedes rationalen Kalküls aus politischem Interesse und statt dessen auf der verrückten Logik ideologischer Zerstörung. Das Bild zeigt einen zum Morden programmierten Roboter, einen Alptraum von Bewegung oder einen politischen Wirbelsturm, jedenfalls etwas ganz anderes als die gefrorene Starrheit des nach-stalinistischen bürokratischen Kommunismus.

Was Arendt unter »Totalitarismus« verstand, war daher nicht dasselbe, was andere darunter verstanden oder noch jetzt verstehen, wenn sie den Begriff benützen. Ob ihr Bild eine gelungene Ähnlichkeit mit dem Nazismus oder dem Stalinismus aufweist, ist eine andere Frage, die ich im vorliegenden Zusammenhang zu umgehen trachte. Statt dessen will ich mich den Implikationen zuwenden, die ihr ungewöhnliches Verständnis des Totalitarismus für ihr übriges politisches Denken hat. Es sind, so meine ich, tiefgreifende Implikationen.

4.

In meinem 1992 erschienen Buch über Arendt habe ich versucht, die Verbindungen zwischen *Vita activa* und *Elemente und Ursprünge totaler Herrschaft* aufzuzeigen, indem ich der Spur nachging, auf der – zum Beispiel – ihr Denken über Arbeiten, Herstellen und Handeln direkt aus ihren Überlegungen über den Totalitarismus hervorgetreten ist. Natürlich kann ich das hier nicht noch einmal in ganzer Breite darstellen. Zum Zwecke dieses Beitrages will ich einfach unterstellen, daß ihr Nachdenken über den Totalitarismus das Herz ihrer allgemeineren politischen Theorie bildet. Ausgehend vom zentralen Stellenwert des Totalitarismus in ihrem Denken aber, ist es offensichtlich von Belang, daß sie diesen anders als andere Leute verstand. Deshalb will ich einige der Kernpunkte herausgreifen, in denen von hoher Wirkung ist, daß sie den Totalitarismus eher als einen Hurrikan, denn als einen Gletscher auffaßte.

Ich benütze diese Metaphern – Hurrikan versus Gletscher – weil einige wichtige Implikationen ihrer besonderen Sichtweise des Totalitarismus mit Bewegung und Unbeweglichkeit zu tun haben. Knapp ausgedrückt: Eben weil sie den Totalitarismus als Hurrikan und nicht als Gletscher ansehen konnte, war sie viel stärker um Stabilität und Grenzen in der Politik besorgt, als gemeinhin angenommen wird. In gewissem Sinne – wie ich an einer anderen Stelle sage – war sie eher eine »Konservative«[7]. Aber ich räume ein, daß diese Markierung irreführend sein kann.

Betrachten wir zum Beispiel ihre Theorie des Handelns. Wir sind uns zweifellos alle darüber einig, daß die von ihr auf das Handeln gelegte Emphase auf ihr Denken über den Totalitarismus bezogen war. Nehmen wir – um die Sache zu vereinfachen – an, daß sie damit auf die eingefrorene Starrheit der kommunistischen Parteidisziplin reagierte. Dann werden wir natürlich dazu neigen, ihren Enthusiasmus für das Handeln als ein Anfangen in einem so hohen Grade zu betonen, daß sie dabei zur romantischen Aktivistin gerät, so eine Art Bakunin des zwanzigsten Jahrhunderts, der herumgeht und die Leute auf die Barrikaden treiben will. Nun will ich nicht behaupten, dieses Bild entbehre jeder Grundlage. Bestimmt trifft es ein Element ihres Denkens, welches tatsächlich für viele in Osteuropa wichtig war, als der nach-stalinistische Kommunismus sich wirklich in tiefgefrorener Erstarrung verfestigt hatte. Adam Michnik hat dies neulich in bewegender Weise anläßlich einer Arendt-Konferenz (Rom 1995) bezeugt.

Dennoch: Wenn wir wirklich zur Kenntnis nehmen, daß sie den Totalitarismus nicht als Gletscher, sondern als Hurrikan verstand, dann fangen wir an, jenen Zügen ihres Denkens mehr Aufmerksamkeit zu widmen, die von den aktivistischen weit entfernt sind. In steigendem Maße merken wir dann, wie nachdrücklich sie auf *Stabilität*, auf *Gründung* und auf *Grenzen* setzte. Ich möchte hier auf drei Formen hinweisen, in denen ihr Denken über das Handeln mit dem *Anhalten* von Bewegung ebenso sehr befaßt ist wie mit deren Anfangen.

Erstens: Man beachte die Betonung der *Gründung* in *Über die Revolution.* In ihren Überlegungen über das Scheitern der Revolution in Frankreich und deren verhältnismäßigen Erfolg in Amerika besteht eine ihrer wichtigsten Einsichten darin, daß das anfängliche Wunder spontaner Befreiung nicht ausreicht. Revolutionäres Handeln ist zumindest ebensosehr eine Angelegenheit des Handelns, um in Übereinstimmung ein freies Gemeinwesen zu gründen, um – wie sie es nennt – »der Freiheit selbst eine neue Stätte zu gründen.«[8] Das bedeutet, eine Verfassung einzurichten, welche die Autorität hat, ihre Väter zu überdauern, und welche die Aktivitäten zukünftiger Generationen einhegt, beschützt, sie aber auch *begrenzt.* Auf ähnliche Weise äußert sie sich gegen Ende des Buches, wo sie sich zwar in scheinbar anarchischem Enthusiasmus für direkte Beteiligung an der Politik ausspricht. In Wirklichkeit aber handelt es sich dabei um eine Forderung nach neuen demokratischen *Institutionen.*

Zweitens: Arendt setzt gerade deshalb den Akzent auf Gründung, Stabilität, Institutionen und Grenzen, weil sie die *Gefahren* des Handelns erkennt, die Tatsache nämlich, daß es Prozesse auslösen kann, die nicht vorhersehbar sind und nicht so leicht kontrolliert werden können. Unserer Fähigkeit zu unterbrechendem Handeln wegen brauchen wir Gesetze, die uns einhegen und uns in Schranken weisen. In *»Ideologie und Terror«* schreibt sie: »Alle Gesetze im Sinne des positiven Rechts sind stabilisierende Faktoren für die ewig sich ändernden Umstände, für die notwendige Unbeständigkeit menschlicher Angelegenheiten ...«[9] Handeln ist wegen der von ihm ausgelösten Prozesse immer gefährlich. Als ganz besonders gefährlich hat es sich in der modernen Welt erwiesen, beginnt es doch technologische Prozesse, die sogar die Welt bedrohen können, und versetzt im Wirtschaftswachstum sämtliche menschlichen Belange in Bewegung. Aus ihrer Sicht entsprang der Totalitarismus genau dort, wo die Menschen im Banne solcher Prozesse und der von ihnen übertragenen Macht den humanen Stellenwert des In-Grenzen-Setzens durch »Gesetze, die er [der Mensch] selbst gemacht«[10] hat, *zurückwiesen.* Statt dessen mißbrauchten sie ihre Handlungsfähigkeit, um sich und alle anderen im Dienst dieser gigantischen Prozesse zu versklaven. Dabei verwandelten sie die Gesetze in Bewegungs-Gesetze anstelle der für eine humane Welt notwendigen stabilisierenden Schranken.

Drittens: Wenn der Totalitarismus wie das Handeln selbst mit Bewegung zu tun hat, warum erwartet Arendt vom Handeln dann eine Heilkraft gegen den Totalitarismus? Weil das Handeln Prozesse *unterbrechen* kann. In *Vita activa* beobachtet sie, daß Handeln, das einen neuen Anfang schafft, immer und in jedem Fall die natürlichen Prozesse des Niedergangs und Zerfalls *unterbricht.* »Ohne diese Fähigkeiten des Neubeginnens, des Anhaltens und des Eingreifens wäre ein Leben, das, wie das menschliche Leben, von Geburt an dem Tode ›zueilt‹, dazu verurteilt, alles spezifisch Menschliche immer wieder in seinen Untergang zu reißen und zu verderben.«[11] Mit anderen Worten: Die Dinge sind beim Ausbleiben von Handeln nicht dieselben, sondern treiben weiterhin auf ihren Ruin zu. Aber das Handeln selbst setzt Prozesse frei, und jene – uns und die Welt in der modernen Zeit in Richtung Ruin tragenden Prozesse, sind noch ein ganzes Stück schneller und bedrohlicher als die schiere Sterblichkeit. Arendt pries die Veranlagung zum Handeln ihrer Besonderheit wegen, die sie ein »Wunder« nannte, »das sich in allen politischen Vorgängen ereignen kann, solange die Freiheit des Menschen, seine Gabe, den Ruin zu *unterbrechen,* intakt geblieben ist.«[12] (Hervorhebung: Margaret Canovan) Über den Totalitarismus nachdenkend und – ziemlich sicher auch – über die Aussicht auf die nukleare Waffentechnik, erklärte sie: »Von der Freiheit der Menschen; von ihrer Fähigkeit, das Unheil zu wenden, das immer automatisch verläuft und daher stets unabwendbar scheint, (...) mag diesmal mehr abhängen als je zuvor, nämlich die Fortexistenz der Menschen auf der Erde.«[13]

Diesen Abschnitt fasse ich in folgender Weise zusammen: Wenn wir begreifen, daß der Totalitarismus in ihren Augen – kurz und bündig gesagt – eher ein Hurrikan als ein Gletscher ist, dann fällt es uns leichter anzuerkennen, daß es beim politischen Handeln nach ihrem Verständnis nicht einfach darum geht, das Eis zu brechen und die Dinge in Bewegung zu bringen, sondern ebenfalls um ein Handeln in Übereinstimmung mit anderen, um Vernichtungsprozesse zu *stoppen*, eine Stätte zu bauen, wo Freiheit wohnen kann, und gegen Hurrikane Windschutz zu bieten. Handeln ist indes beileibe nicht ihre einzige Denkrichtung, die verständlicher wird, wenn man sie vor dem Hintergrund ihres Totalitarismus-Konzeptes betrachtet. Was sie zum Beispiel über die Pluralität zu sagen hat und über den öffentlichen Raum, erhält klarere Konturen im Kontrast zum alptraumhaften Bild vom »Eisernen Band des Terrors«, in dessen Umklammerung die Pluralität aus den Menschen herausgepreßt und diese zu einem einzigen Riesenroboter verwandelt werden.

5.

Jetzt möchte ich zur Frage von Arendts Bedeutung oder Bedeutungsschwund in einer nach-totalitären Welt zurückkehren – einer Frage, die jetzt etwas anders aussieht. Denn zum einen brauchen wir über ihre Ansicht über eine solche Welt nicht mehr länger zu spekulieren, hat sie selbst doch geglaubt, bereits darin zu leben: Die Niederlage des Nazismus und der Tod Stalins *hatten* den Alptraum des Totalitarismus zumindest vorläufig vertrieben. Im *Vorwort* einer spätereren Ausgabe von *Totale Herrschaft* aus dem Jahre 1966 schaute sie auf die Evidenz des Wandels in der Sowjetunion zurück. Die meisten Konzentrationslager und die Polizeiherrschaft waren aufgelöst; Säuberungen gegen ›objektive Feinde‹ hörten auf; den in Ungnade gefallenen Führungskadern wurden keine ›Geständnisse‹ mehr abgepreßt; dissidenten Intellektuellen wurde neuerdings der Prozeß gemacht, anstatt sie im »Abgrund des Vergessens«[14] zu versenken; schließlich war – was sehr bedeutsam ist – die Ungarische Revolution zwar mit Gewalt niedergeworfen worden, aber die Bevölkerung ist nicht massenweise deportiert oder absichtlich ausgehungert worden. Mit anderen Worten – und sie selbst hat den Wandel so zusammengefaßt: »Auf dem sowjetischen Volk lastet heute nicht mehr der Alptraum eines totalitären Regimes, es leidet nur noch unter den vielfältigen Unterdrückungen, Gefahren und Ungerechtigkeiten, die eine Einparteiendiktatur mit sich bringt«[15]: Darüber konnte man sich gewiß nicht freuen. Aber das Übel hatte schon einen ganz anderen Grad als im Totalitarismus.

Der Grund, weshalb sie auf der Unterscheidung zwischen den seltenen Fällen des Totalitarismus und den häufigeren Beispielen der Einparteiherrschaft beharrte, war praktischer Natur. Es ging dabei um die politische Strategie gegenüber diesen Regimen. Es gibt eine große Menge Unrechts-Regime und es hat sie immer gegeben. Mit ihnen müssen freie Regierungsformen koexisitieren: Unter normalen Bedingungen ist die Verachtung dafür, wie ein Regime seine Untertanen behandelt, kein ausreichender Grund, diesem den Krieg zu erklären. Aber die globale Bedrohung, die der voll-ausgebildete Totalitarismus gegen die gesamte Menschheit richtete, schien diesen für Arendt in eine ganz andere Kategorie zu rücken. »Totale Herrschaft ist die einzige Staatsform, mit der es keine Koexistenz geben kann. Wir haben daher allen Grund, mit dem Wort ›totalitär‹ sparsam und vorsichtig umzugehen.«[16]

Der Totalitarismus war demnach eine Klasse mit nur zwei Varianten. Nach Arendts Ansicht stellten nicht einmal diese beiden selbst voll entwikkelte Exemplare dar. Bereits in den *»Concluding Remarks«* der Erstausgabe ihres Buches, als die Version Stalins sich noch in vollem Schwung befand, hatte sie in der Richtung spekuliert, daß das volle Potential dieses Genre wohl nie realisiert *würde*, weil dies nur geschehen könne, wenn ein einziges totalitäres Regime die ganze Erde erobern würde und vor der totalen Herrschaft kein Fluchtort mehr offen stünde. Aufgrund der Eigenschaft, ihre Gegner gegen sich zu vereinen, war es immerhin unwahrscheinlich, daß ein solcher Sieg jemals erreicht werden konnte. Daher sollten es die Konzentrationslager sein, in denen das Experiment, Menschen zu Tieren zu erniedrigen, in letzter Konsequenz ausgeführt wurde.

Einer Prognose weiterer Fälle hat sie sich eher enthalten. Sie mag gespürt haben, daß sie schon in einer nach-totalitären Welt lebte. Es wäre aber falsch, sie deswegen zu einer frühen Verfechterin der These vom »Ende der Geschichte« zu machen, oder sich vorzustellen, daß sie – wäre sie noch am Leben – im Chor derjenigen zu finden wäre, die den Triumph der freien Unternehmerschaft und der freien Politik feiern. Wenn wir über ihre Bedeutung in einer nach-totalitären Welt im Sinne des Nach-*Kommunismus* nachdenken, müssen wir doch berücksichtigen, daß ihre Feindschaft nicht nur dem Kommunismus, sondern auch dem Kapitalismus galt. Ihr Loblied auf das Handeln und die Pluralität hatte nichts mit freier Marktwirtschaft zu tun und es ist von hoher Bedeutung, daß sie, nach den Vorläufern des Totalitarismus suchend, viele von ihnen im Kapitalismus und seinen Implikationen fand. Ein großer Teil von *Elemente und Ursprünge totaler Herrschaft* ist der Erzählung gewidmet, wie die kapitalistische Jagd nach endlosem Wachstum rund um den Globus einen Expansionsprozeß in Gang setzte, der die Stabilität zerstörte, die politischen und gesetzlichen Schranken niederriß, die Menschen enteignete und sie als bloßen Rohstoff für den Wirtschaftsprozeß behandelte. Der Imperialismus, in dem Arendt den nächsten Prototyp des Totalitarismus sieht, überführte den wahnsinnigen Wachstumshunger in politische und militärische Dimensionen.

Der Imperialismus des 19. Jahrhunderts scheint sogar deutlich weiter zurück zu liegen als der Totalitarismus dieses Jahrhunderts; aber der Kapitalismus ist doch bei uns nicht zu übersehen. Ja, er geht natürlich aus den jüngsten Ereignissen gestärkt hervor. Mit dem Zusammenbruch des Kommunismus hat die Entwicklung von tatsächlich globalen Märkten jetzt kein größeres Hindernis mehr. Arendt hätte diesen Umstand kaum als beruhigend empfunden. Im Fortgang ihrer eben erwähnten *»Concluding Remarks«*, nach ihrer Mutmaßung über ein mögliches Verschwinden des Totalitarismus, gab sie zu Bedenken, daß der Versuch, ihn zu verstehen, eine dringliche Angelegenheit bleiben müsse: »Der Totalitarismus wurde zum Fluch des Jahrhunderts nur, weil er sich so erschreckend dessen Probleme angenommen hatte.«[17]

Das von ihr hervorgehobene Problem bestand in der massenhaften Erfahrung, keinen Platz und keinen Wert zu haben, somit überflüssig zu sein. Sie schreibt, »der Versuch des Totalitarismus, Menschen überflüssig zu machen, gibt die Erfahrung moderner Massen wieder, auf einer übervölkerten Erde überflüssig zu sein,«[18] wo »sich politische, soziale und ökonomische Ereignisse in einer stillen Konspiration mit den totalitären Instrumenten befinden, Menschen überflüssig zu machen.«[19] Seitdem sie dies geschrieben hat, ist fast ein halbes Jahrhundert vergangen. Die Erfahrung, überflüssig zu sein, scheint weiter denn je verbreitet zu sein. Ein Bürgerkrieg nach dem andren hat rund um die Welt volle Flüchtlingslager hinterlassen; die Überbevölkerung belastet die Ressourcen und bedroht die Umwelt; dieweil vernichtet der globale Markt die traditionellen Wirtschaftsweisen und beschleunigt jenen technologischen Wandel, der mehr und mehr Arbeiter überflüssig macht. In dieser Sicht könnte der Zusammenbruch des Kommunismus – der im übrigen die Menge derjenigen, die der Erfahrung, überflüssig zu werden, unterworfen sind, gewiß noch vergrößert hat – nicht als Ende des Totalitarismus gesehen werden, sondern als etwas, was die Wiederkehr dieser Gefahr wahrscheinlicher macht.

Ich glaube, es lohnt sich schon festzuhalten, wie sehr sich Arendts Analyse vom konventionellen Bild absetzt. Wir sind an eine Totalitarismus-Auffassung gewöhnt, die ihn mit der tiefgefrorenen Erstarrung eines Kommunismus in den letzten Tagen identifiziert. In diesem vertrauten Bild war die freie Marktwirtschaft des Kapitalismus einer der wichtigsten Eisbrecher, die das Ende des Totalitarismus herbeigeführt haben. Im Einklang mit diesem Bild soll es wieder derselbe freie Markt sein, der mithilfe des von ihm produzierten Wirtschaftswachstums die politische Freiheit befestigt und jedes Wiederauftauchen des Totalitarismus verhindert; wir müssen auf Bewegung setzen und Stillstand fürchten. Arendts Ansicht nach ist es umgekehrt Stabilität, was wir in unserer Welt brauchen; Bewegung ist das, was wir fürchten sollen. Wie wir gesehen haben, stellt sie den Totalitarismus als einen politischen Hurrikan dar, der für jede Stabilität zerstörerisch ist und zum Teil zurückgeht auf die kapitalistische Schubkraft in Richtung endloser Wirtschaftsexpansion, die einen globalen Markt errichtet, die Menschen entwurzelt und in Bewegung gebracht hat. In *Vita Activa* beschreibt sie die ökonomische Modernisierung als einen »Prozeß (...), in dessen Ablauf das Eigentum durch Aneignung vernichtet, die Gegenstände durch den Produktionsprozeß verschlungen, und die Stabilität der Welt durch das, was diese Jahrhunderte den Fortschritt nannten, unterminiert wurde.«[20] In dieser Hinsicht besteht eine Rettung nicht darin, mit dem Wandlungsstrom zu schwimmen, schon gar nicht darin, die Wucht des Wirtschaftswachstums zu beschleunigen, sondern in einem politischen Handeln, welches Grundlagen und Bollwerke einrichtet, um diese globalen Fluten zu kontrollieren und feste politische Räume zu schützen.

Wir können nicht wissen, wie ihre Beurteilung aussähe, würde sie heute über die Politik nachdenken. Aufgrund ihrer Veranlagung, mit ihrer Originalität und Unvorhersehbarkeit ihrer Überlegungen sogar ihre Freunde zu überraschen, mag es vollkommen müßig sein, darüber Mutmaßungen anzustellen. Aber vielleicht vermag es Denkanstöße zu vermitteln, wenn ich dennoch mit einigen sehr knappen Optionen möglicher Arendtscher Ansichten zur europäischen Politik abschließe. Dabei folge ich der hier untersuchten Stoßrichtung von Aspekten ihres Denkens.

In der Rückschau auf ein Europa, wie Arendt es in der Jahrhundertmitte erlebte, als ein von totalitären Strömungen überflutetes, verwüstetes Schlachtfeld, erscheint der Aufbau der Europäischen Union wie ein Triumph des von ihr beschriebenen politischen Handelns, welches mutige Initiativen ergriff, Vernichtungsprozesse unterbrach und der Freiheit eine feste Stätte schuf. Zudem verhalf ihre verständliche Verdächtigung des deutschen Nationalismus dazu, sie für die europäische Sache zu gewinnen. Trotzdem enthält das gelegentlich so genannte »europäische Ideal« manche Zweideutigkeit. Lebte Arendt heute noch, würden ihre Ansichten vermutlich nicht mit dem übereinstimmen, was einige ihrer Leser sich wünschen.

Weil die Nationalisten die EU nicht mögen, wird sie von den Anti-Nationalisten oft unterstützt. Das geht so weit, daß Europa in bestimmten Gruppierungen als eine wesentlich *kosmopolitische* Sache betrachtet wird: »Europa« steht für die weiteren Menschheitsinteressen und gegen die eng-definierten Interessen des Nationalstaates. Wir könnten zur Annahme geneigt sein, Arendt reihe sich in diesem Lager ein. Findet man doch in *Elemente und Ursprünge der totalen Herrschaft* eine packende Schilderung des Elends von Flüchtlingen, deren Menschenrechte von keinem Nationalstaat verteidigt werden. Ich meine aber, man könnte ein Arendtsches Plädoyer für etwas weniger kosmopolitisches formulieren und statt dessen eher für etwas eintreten, das eine »Festung Europa« darstellt. Wenn der Globus von Strömungen des Wirtschaftswandels überflutet wird, die in ihrem Lauf Zerstörung hinterlassen, mehr und mehr Menschen überflüssig machen und sie in Bewegung bringen, dann könnte eine von Arendts Totalitarismus-Auffassung inspirierte Analyse vorschlagen, daß politisch Handelnde in unterschiedlicher Weise antworten können. Sie können nach der Macht streben, indem sie mit dem Strom schwimmen und versuchen, den globalen Strömungen aufzusitzen, welche alle menschlichen Schranken des blinden wirtschaftlichen Wachstumsprozesses wegfegen; oder aber sie können zuerst weltliche Prioritäten setzen und versuchen, ein Staatswesen aufzubauen, das genügend stark und stabil ist, diesen globalen Strömungen zu widerstehen und die gemeinsame Welt für ihre Bewohner in Schutz zu nehmen.

Ob oder ob nicht eine solche Strategie erfolgreich sein kann, bleibt abzuwarten. Sicher ist aber, daß die Idee der Festung Europa zwar in gewisser Hinsicht anti-national, gleichzeitig aber auch anti-kosmopolitisch ist: Sie hängt zum Beispiel von der Fähigkeit ab, ihre Mauern gegen die Flut jener verzweifelten Migranten zu festigen, die vom globalen Wandel in Bewegung gesetzt wurden. Es ist interessant zu rätseln, welchen Standtpunkt Arendt in dieser Sache eingenommen hätte. Ihrer eigenen Erfahrung nach hatte sie beste Gründe dafür, humanitäre Forderungen nach offenen Grenzen zu unterstützen. Andererseits war sie für ihre Unsentimentalität berühmt und machte sich in liberalen Kreisen regelmäßig unbeliebt mit ihrer Bereitschaft, sich damit zu konfrontieren, was sie einmal die »schrecklichen Wahrheiten« über die Kontingenz der Zivilisation nannte und die Kosten zur Verteidigung so kleiner Nischen der Freiheit, die bereits erworben worden sind.

Im beschränkten Rahmen dieses Beitrages ist es nicht möglich, diese Ideen weiter zu entwickeln. Ich habe sie nur angeführt, um damit die Tatsache hervorzuheben, daß Arendts Analyse für uns noch immer eine Menge Bedeutung besitzt, unabhängig davon, ob die Geschichte des Totalitarismus wirklich ihr letztes Wort gesprochen hat oder nicht.

Anmerkungen

1 *Elemente und Ursprünge totaler Herrschaft (EUT),* München, 1995^4, S.676.
2 *EUT,* S.701.
3 *Vita activa oder Vom tätigen Leben (VA),* München, 1985^4, S.17.
4 *EUT,* S.696.
5 Hannah Arendt/Karl Jaspers: *Briefwechsel 1926-1969,* München 1985, (4.3.1951) S. 202.
6 *EUT,* S.713f.
7 Hannah Arendt as a Conservative Thinker, in: L. May. und J. Kohn, (Hg.), *Hannah Arendt: Twenty Years Later,* Cambridge MA., 1996, S.28.
8 *Über die Revolution (ÜR),* München 1963, S.42.
9 *EUT,* S.707.
10 *EUT,* S.356.
11 *VA,* S.242.
12 Freiheit und Politik (FuP), in: *Zwischen Vergangenheit und Zukunft,* München 1994, S.224.
13 FuP, S.226.
14 *EUT,* S.491.
15 *EUT,* ebda.
16 *EUT,* S.479.
17 *The Origins of Totalitarianism (OT),* Erstausgabe, New York 1951, S.430 (Übersetzung: Herausgeber).
18 *OT,* ebda.
19 *OT,* S.433.
20 *VA,* S. 247.

Urs Marti

Totaler Herrschaftsanspruch und Entpolitisierung

Hannah Arendt und die »kapitalistische Genealogie« des Totalitarismus

Wie fest die Überzeugung, in einem nach-totalitären Zeitalter zu leben, im Bewußtsein der Zeitgenossinnen und Zeitgenossen verankert ist, läßt sich wohl nur schwer ermessen. Wer die politische Rhetorik zum Maßstab nimmt, gewinnt zuweilen den Eindruck, Menschen seien im Bemühen, den Gegner zu diskreditieren, auch heute noch rasch bereit, ihm den Willen zur totalen Herrschaft zu unterstellen. Ein Blick auf einige der zur Zeit entscheidenden ideologischen Konflikte bestätigt diesen Eindruck. Bezieht der triumphierende Wirtschaftsliberalismus seine Legitimation zumindest partiell aus dem Verdacht, jedes Projekt einer Überwindung der herrschenden Wirtschafts- und Gesellschaftsordnung führe unweigerlich ins totalitäre Verderben, so sucht mittlerweile die Linke ihre Daseinsberechtigung mit der Frage in Erinnerung zu rufen, ob nicht der global dominierende kapitalistische Markt totalitäre Züge aufweise.

Die sogenannten Sachzwänge, die dieses System ausübt, sowie die daraus abgeleiteten Verhaltensregeln und Werte werden heute weltweit als Bedrohung von Freiheit und Selbstbestimmung erlebt und lassen die Politik zunehmend zu einer ohnmächtigen Veranstaltung werden. Angesichts solcher Erfahrungen ist zu verstehen, weshalb in polemischer Absicht vom Totalitarismus der Märkte gesprochen wird. In analytischer Hinsicht ist der Begriff jedoch fragwürdig. Die klassischen Totalitarismuskonzepte sind in der Forschung nach wie vor umstritten; kritische Stimmen warnen davor, unterschiedliche Herrschaftstypen gleichzusetzen und die jeweiligen Eigenarten zu vernachlässigen.[1] Schon allein deshalb ist eine allzu beliebige Verwendung des Begriffs nicht ratsam. Wer dennoch verstehen will, aufgrund welcher Kriterien der ökonomische Liberalismus mit einem totalitären Projekt verglichen wird, ist gut beraten, erneut das Werk von Hannah Arendt zu konsultieren, war sie es doch, die in ihrer Auseinandersetzung mit dem Phänomen totaler Herrschaft die Aufmerksamkeit auf die Geschichte des Kapitalismus gelenkt hat.

Der französische Historiker François Furet hat jüngst ein recht zweideutiges Urteil über Arendts Analyse des Totalitarismus gefällt. Ihr Buch *Elemente und Ursprünge totaler Herrschaft* ist in seiner Sicht schlecht aufgebaut, verworren und widersprüchlich. Ihm mißfällt der antiliberale, antibürgerliche, antikapitalistische Grundton, der das Werk prägt und den er auf den marxistischen Einfluß zurückführt.[2] Tatsächlich ist dieser Ton in Arendts frühen Texten unüberhörbar. Besonders deutlich kommt er in der folgenden Stelle zum Ausdruck, die ich zur Einstimmung zitiere: »Die Bourgeoisie, die ihren Aufstieg nur dem Druck verdankte, den wirtschaftliche Bedingungen auf eine sich auflösende Gesellschaft ausübten, und die politische Macht durch ökonomische Erpressung politischer Institutionen zu erwerben pflegte, war immer der Meinung gewesen, daß die öffentlichen und sichtbaren Träger der Macht im Staate in Wahrheit abhingen und geleitet wurden von ihren eigenen, nichtöffentlichen Klasseninteressen und von persönlicher Beeinflussung. Die politischen Überzeugungen der Bourgeoisie waren in diesem Sinne immer ›totalitär‹ gewesen, das heißt hatten die Identität von Politik, Wirtschaft und Gesellschaft vorausgesetzt, wobei die politisch-staatlichen Institutionen als bloße Fassade für Privatinteressen angesehen wurden.«[3] Anzumerken ist hier zunächst einmal, daß ein solches Urteil nicht in der Tradition der Marxschen Kritik steht. Es geht darin nicht um Realitäten, sondern um Meinungen, genauer: um Fehleinschätzungen, die Marx laut Arendt von der Bourgeoisie übernommen hat. Seine Ideologienlehre wird denn auch ohne weitere Begründung als bloße Radikalisierung der bourgeoisen Weltanschauung abgetan.

In der Mythologie der modernen Welt sei der Bourgeois der wichtigste Protagonist, so hat es der US-amerikanische Soziologe Immanuel Wallerstein einmal formuliert.[4] Gustave Flaubert, um ein Beispiel unter vielen zu nennen, hat den Bourgeois gleichgesetzt mit einem Menschen von gemeiner Denkungsart. Für marxistisch orientierte Wissenschafter wie Wallerstein ist die Bourgeoisie als Klasse interessant, weil sie im Prozeß der ökonomischen Modernisierung eine führende Rolle spielt. In der Sicht von Arendt hingegen scheint sie verantwortlich zu sein für alle Übel der modernen Welt, für sozialen Zerfall und moralische Verderbtheit. Entsprechende Schuldzuweisungen lassen weit eher an Wertungen der konservativ-romantischen Modernitäts-Kritik denken denn an die Marxsche Konzeption des Klassenkampfs. Tatsächlich sind Affinitäten zwischen Arendts Bild der bürgerlichen Welt und bestimmten Tendenzen des Antiliberalismus nicht zu übersehen, ebensowenig freilich tiefgreifende Unterschiede.

Aufschluß gibt Arendts eigenwillige Hobbes-Interpretation[5], derzufolge die zentralen Axiome der Hobbesschen Philosophie das politische Selbstverständnis der Bourgeoisie antizipieren. Dieses Selbstverständnis beruht auf folgenden Annahmen: Der Wert eines Menschen ist sein Preis. Macht ist akkumulierte Herrschaft über die öffentliche Meinung und steht im

Dienst des Profitstrebens. Die dem staatlichen Machtmonopol unterworfenen Menschen wenden sich privaten Interessen zu. Ihre Beziehungen reduzieren sich auf aggressive Konkurrenz. Diese führt zum Ausschluß der Erfolglosen, die – gleichsam in den Naturzustand zurückversetzt – den Krieg aller gegen alle wieder aufnehmen. Auch der Staat, der sich nur dank steter Machtakkumulation stabil erhalten kann, befindet sich gegenüber den anderen Staaten im Natur-, d.h. im Kriegszustand. Gleiches gilt für eine Ökonomie, deren Zweck die grenzenlose Anhäufung von Kapital ist.

Soweit Arendts Hobbes-Deutung. Auch konservative Autoren haben in den 30er Jahren Hobbes die geistige Urheberschaft für verhängnisvolle Entwicklungen der Moderne zugeschrieben. Als Verhängnis galten ihnen damals freilich nicht primär totalitäre Regimes, sondern Liberalismus und Sozialismus, Demokratie und soziale Nivellierung, kurz: die Heraufkunft der sogenannten Massengesellschaft, deren Bestand sich nicht Traditionen und Verpflichtungen, sondern einzig egoistischen Interessen verdankt. Leo Strauss schreibt 1936 in seinem Buch über Hobbes' politische Wissenschaft, das für die bürgerlich-kapitalistische Entwicklung wie für die sozialistische Bewegung maßgebliche moderne Zivilisationsideal sei von Hobbes in nie wieder erreichter Tiefe, Klarheit und Aufrichtigkeit dargelegt und begründet worden. Der moderne Mensch ist für Strauss jener Mensch, der die Grenzen seiner Macht beliebig ausdehnen kann, und er hat, wie schon bei Hegel, einen Namen: es ist der Bourgeois.[6] 1938 bezeichnet Carl Schmitt in seinem Hobbes-Essay[7] den Leviathan als das erste Produkt des technischen Zeitalters. Im von Hobbes antizipierten technisch-neutralen Staatsverständnis treffen sich, so Schmitt, die westliche Liberaldemokratie und der bolschewistische Marxismus.

Arendts Anliegen läßt sich selbstverständlich nicht auf den Antimodernismus reduzieren, den Autoren wie Strauss und Schmitt vertreten. Doch man muß solche Affinitäten zur Kenntnis nehmen. Entsprechendes gilt natürlich auch für die Nähe zur Marxschen Kritik. Ähnlich wie der junge Marx betont Arendt den Gegensatz zwischen bourgeois und citoyen, zwischen Konformismus und revolutionärem Republikanismus. In der Pariser Commune von 1871 erkennt sie den letzten Aufstand des *citoyen* gegen den *bourgeois*.[8] Die Frage nach Arendts Verhältnis zum Marxismus sei, so mag man einwenden, längst geklärt. Doch gerade im Hinblick auf den neuerdings sich artikulierenden Verdacht, dem totalen Herrschaftsanspruch lägen ökonomische Profit-Motive zugrunde, könnte es sich als hilfreich erweisen, die Frage präziser zu beantworten. Dazu ist zunächst einmal nötig, Begriffe wie antibürgerlich, antiliberal und antikapitalistisch, die meist kurzerhand gleichgesetzt werden, zu unterscheiden.

Eine systematische Kritik des Liberalismus sucht man in Arendts Texten vergeblich. Sie definiert diese Doktrin als politische Sprache der vorimperialistischen Bourgeoisie und versteht darunter die Umdeutung privater Verhaltensweisen zum ökonomischen Gesetz sowie die »angeborene Feindschaft« der bürgerlichen Klasse gegen politisches Handeln.[9] Wichtiger als die Analyse des Liberalismus ist für Arendt der Versuch, den Bourgeois als psychologisch-moralischen Typus zu begreifen. Der Bourgeois bzw. der von Hobbes antizipierte macht- und profitgierige Mensch der Moderne steht am Anfang einer Genealogie, an deren Ende die Führer und Ausführungsgehilfen totalitärer Regimes stehen. Der typische Nazi, der Anstifter oder Komplize des Völkermords, ist in Arendts Augen ein bloßer Spießer, der wiederum nichts anderes als das »entartete Produkt der Bourgeoisie« und ihres Glaubens an das absolute Primat ökonomischer Interessen. Der Spießer hat die Trennung von privat und politisch »so weit getrieben, daß er noch nicht einmal in seiner eigenen identischen Person eine Verbindung zwischen beiden entdecken kann«.[10]

Was an diesen Typologien und Genealogien auffällt, ist die seltsame Vermischung von Motiven der konservativen und der marxistischen Kritik, und zwar besonders dort, wo die historische Rolle hervorgehoben wird, die die soziale Schicht des Mob in der Entstehungsgeschichte totalitärer Bewegungen gespielt hat. In der Definition des Begriffs »Mob« stützt sich Arendt wörtlich, wenn auch ohne Quellenangabe, auf die Marxsche Charakterisierung des Lumpenproletariats. Doch merkwürdigerweise verschweigt sie den Einfluß beharrlich und schreibt die Einsicht in die historische Bedeutung des Mobs konservativen Autoren wie Burckhardt und Spengler zu, denen sie allerdings die Verwechslung von Volk und Mob vorwirft.[11]

Solche Details wären nicht weiter zu beachten, wären sie nicht Indizien für grundlegende methodologische Schwierigkeiten. Ökonomie und Soziologie, jene Wissenschaften also, die den modernen Kapitalismus als Realität akzeptieren und analysieren, finden in Arendts Forschungen keinen Platz. Doch auch sie kommt nicht darum herum, sich mit dieser Realität auseinanderzusetzen. Wenn sie es tut, erliegt sie oft der Versuchung, in der Sprache des historischen Pessimismus den Prozeß der Modernisierung und damit die Vorgeschichte des Totalitarismus als sittlichen Verfall zu erklären, obgleich sie durchaus weiß, wie fragwürdig solche Erklärungen sind. Diese Verlegenheit zeigen exemplarisch die Ausführungen zum Phänomen der Massengesellschaft.

Totalitäre Bewegungen, so führt Arendt aus, »sind überall da möglich, wo Massen existieren, die (...) nach politischer Organisation verlangen«. Doch was sind Massen? Es sind Gruppen, die sich, weil sie zu zahlreich oder politisch zu apathisch sind, in keinen Organisationen strukturieren lassen, die den Namen politisch verdienen. Die Massengesellschaft entsteht, so betont Arendt überdies, im Zuge des Zusammenbruchs der Klassengesellschaft. Genauere begriffliche Klärungen sucht man in ihrem Text vergeblich. Statt dessen stößt man häufig auf Leitmotive der konservativen Kulturkritik. Die Massen erscheinen als Resultat einer gesellschaftlichen Zersetzung und Atomisierung, die offenbar die Bourgeoisie mitzuverantworten hat; sie pervertieren die moralischen Normen des Volkes; die Individuen, aus denen sie sich zusammensetzen, sind beherrscht vom Ressentiment. Zuweilen ist der Verdacht kaum von der Hand zu weisen, mit »Klassengesellschaft« sei bei Arendt das vormoderne Ideal der hierarchischen Ständegesellschaft gemeint.[12]

Als hätte sie Angst, als bloße Adeptin von Massenverächtern wie Burckhardt und Nietzsche mißverstanden zu werden, hält sie dann allerdings fest, die Massen seien nicht das Resultat der »Nivellierung«, der wachsenden sozialen Gleichheit.[13] In der Richtigstellung verrät sich der Einfluß Tocquevilles. Er hat das Phänomen der Demokratisierung am Beispiel der amerikanischen Gesellschaft studiert. Den Demokratisierungsprozeß hat er als unausweichlich akzeptiert und zugleich vor der drohenden politischen Selbstentmächtigung demokratischer Gesellschaften gewarnt. Angesprochen ist die Bereitschaft der Menschen, dem Streben nach materiellem Reichtum die politischen Freiheiten zu opfern und jede staatliche Führung zu unterstützen, die Ruhe und Ordnung verspricht. Tocquevilles Einfluß auf Arendt ist noch dort zu ermessen, wo sie die Frage diskutiert, ob nicht jener Konformismus, der sich in den USA unter dem Vorwand des Antikommunismus ausgebreitet hat, totalitäre Elemente enthalte.[14]

1954 bezeichnet Arendt die politische Organisation von Massengesellschaften und die politische Integration technischer Macht als die zentralen Probleme der Welt. Die von ihr vorgeschlagenen Lösungen sind oft als weltfremd bemängelt worden. Ob die »wahrhaft revolutionäre Hoffnung« der Völker der Erde tatsächlich in der Räterepublik liegt, weil nur sie es in der modernen Massengesellschaft jedem Menschen erlaubt, an den öffentlichen Angelegenheiten teilzunehmen, wie sie später schreiben wird[15], ist hier nicht zu erörtern. Ebensowenig die Frage, ob das Konzept genügend durchdacht ist, um die politische Integration technischer wie auch administrativer und ökonomischer Macht zu gewährleisten. Bemerkenswert ist immerhin, daß Arendt mit ihrem enthusiastischen Plädoyer für Räterepublik und politische Spontaneität eine kaum verhüllte Geringschätzung für jene Institutionen an den Tag legt, die im liberal-demokratischen Selbstverständnis als Bollwerk gegen den Totalitarismus gelten.

Doch auch diese Geringschätzung ist es nicht, die Arendt mit dem Marxismus verbindet. Marxistisch im strengen Wortsinn ist in der Totalitarismus-Analyse nur eine These; diese übernimmt Arendt von Rosa Luxemburg und greift dabei auf Marxsche Begriffe und Argumente zurück. Als Versuch – so die These –, mittels politischer Eingriffe den drohenden Zusammenbruch der kapitalistischen Wirtschaft abzuwenden, stelle der Imperialismus die Wiederholung der ursprünglichen Akkumulation dar; er ziele auf die gewaltsame Aneignung der nichtkapitalistischen Welt. Arendt meint nun, Luxemburg verdanke diese Einsicht gerade dem Bruch mit dem marxistischen Dogma. Sie habe sich allerdings nicht eingestehen wollen, »daß es eine von der Politik schlechthin unabhängige, ihren eigenen Gesetzen gehorchende, kapitalistische Entwicklung nicht geben kann und nie gegeben hat«[16]. Daß dieser angeblich antimarxistische Gedanke im ersten Band des »Kapital« von Karl Marx zu finden ist, im Kapitel über die ursprüngliche Akkumulation[17], sei hier nur nebenbei erwähnt.

Was Arendt dem Marxismus etwas voreilig vorwirft, ist der Glaube an die Naturgesetzlichkeit der Ökonomie. Ebendies wirft sie auch dem Liberalismus vor. Wie schwer der Vorwurf wiegt, läßt sich ermessen, wenn man daran erinnert, daß – immer laut Arendt – auch totalitäre Regimes ihre Legitimität aus der Berufung auf die Gesetze der Natur und der Geschichte herzuleiten suchen.[18] Nun sind Kapitalismus und Sozialismus selbstverständlich nicht aufgrund des Vertrauens in ökonomische und historische Gesetzmäßigkeiten totalitäre Systeme. Arendts Argument ist komplizierter. In Sachen der Freiheit, so hält sie 1963 fest, sei auf ein wie immer geartetes Wirtschaftssystem kein Verlaß.[19] Die Geringschätzung der Ökonomie, die aus dem Urteil spricht, mag ein Zeugnis jenes Antimodernismus sein, den man Arendt häufig vorwirft. Ihr gesamtes Werk ist geprägt von einem tiefen Mißtrauen gegenüber den Wirtschafts- und Sozialwissenschaften.[20] Diese Theorien erheben, wie sie meint, völlig zu Unrecht einen Wahrheitsanspruch, der dem politischen Handeln als Maßstab zu dienen hätte.

Arendts offensichtliches Desinteresse für wirtschaftliche Belange hat dazu geführt, daß ihre Kapitalismus-Kritik kaum zur Kenntnis genommen wird. Der Kapitalismus läßt sich ihr zufolge allerdings gerade nicht auf evolutionäre bzw. ökonomische Gesetzmäßigkeiten zurückführen, vielmehr muß er als Herrschaftsform begriffen werden. Im Hinblick auf dieses Problem steht Arendt nun aber dem Marxschen Verständnis keineswegs so fern, wie sie gerne unterstellt. In der wirklichen Geschichte, so hat Marx geschrieben, spielen »Eroberung, Unterjochung, Raubmord, kurz Gewalt die große Rolle.« Arendt erkennt den Ursprung des Kapitalismus in jener Gewalt, die »gewisse Bevölkerungsschichten ihres Platzes in der Welt beraubt und dem Kampf um das nackte Leben ausgesetzt« hat.[21] Es liegt mithin in seinem Wesen, Menschen zu enteignen.[22] Unter Eigentum ist ein Gut zu verstehen, das keinen Tauschwert, sondern nur einen Gebrauchswert hat; ein Gut, das für die Menschen lebensnotwendig ist und zugleich unverzichtbar für ihre Präsenz in der Welt, für ihr Vermögen, zu handeln. Der Akkumulationsprozeß des Kapitals beruht auf der permanenten Zerstörung dieser privaten Sphäre. Nicht die Abschaffung des Privatbesitzes, wie sie der Sozialismus fordert, stellt für Arendt das Verhängnis dar, sondern »jene Enteignung, die den Menschen von dem immer begrenzten, dafür aber greifbaren und handhabbaren Stück Welt trennt, das er sein eigen nennt, weil es dem, was ihm eigen ist, allein dient«.[23]

Die in *Vita activa* diagnostizierte Weltentfremdung ist derart auch eine gewaltsame Weltenteignung, und der Politikverlust, der laut Arendt die modernen Gesellschaften charakterisiert, deren Resultat. Wenn der kapitalistische Enteignungsmechanismus die lebensnotwendigen Dinge in wirtschaftliche Güter verwandelt[24], dann ist eine Folge davon die Verbannung von Menschen aus der Öffentlichkeit; diese werden ihrer Stimme in der gemeinsamen Welt beraubt. Die dadurch bewirkte Entpolitisierung kann das Entstehen totalitärer Bewegungen begünstigen. Tatsächlich hat Arendt nicht nur – wie Furet formuliert – die »kapitalistische Genealogie des Faschismus« verfolgt, sie hat auch die Anfälligkeit des Kapitalismus für totalitäre Versuchungen zur Sprache gebracht.

Ein zentrales Motiv von Arendts politischem Denken war der Versuch, jenen Herrschaftstypus zu begreifen, der den »Verwaltungsmassenmord« am jüdischen Volk und an anderen Völkern vorbereitet und durchgeführt hatte. Dem Totalitarismus schrieb sie eine unheimliche Erfindung zu; sie sprach von einem System, in dem Menschen überflüssig werden, dachte dabei aber offenbar auch an Systeme, die die »Überflüssigen« vernichten. Diese »zentrale Institution der totalen Herrschaft« kann sich, so glaubte sie, auch außerhalb totalitärer Regimes behaupten. Sie hat in den 50er und 60er Jahren verschiedentlich ihrer Befürchtung Ausdruck gegeben, politische, soziale, ökonomische und technische Entwicklungen könnten weltweit dazu führen, Massen von Menschen zu überflüssigen und nutzlosen Wesen zu degradieren. Konkret dachte sie dabei an das Geschick der Staatenlosen und Flüchtlinge sowie an das zweifelhafte Verdienst des Kapitalismus, Menschen als Arbeitskräfte überflüssig zu machen.[25]

Die entscheidende Frage, mit der uns Arendts Werk konfrontiert, lautet, wie jenen Gewalten zu widerstehen ist, in deren Macht es steht, Menschen überflüssig zu machen oder für überflüssig zu erklären. Zu ihnen gehören unbestreitbar die transnationale Marktwirtschaft und der Prozeß der technisch-industriellen Innovationen; dazu gehören aber auch jene Ideologien und Regime, die im Namen traditioneller, religiöser oder rassistischer Kriterien die Menschheit in höher- und minderwertige Gruppen aufteilen. Um diesen Gewalten zu widerstehen, so ist zu hören, sei eine Rückkehr oder eine Neuerfindung des Politischen nötig. Doch über die Bedeutung der Begriffe »Politik« und »Politisch« besteht kein Konsens. Eine Welt, in der sich Menschen gegenseitig vorwiegend als Überflüssige, als Fremde, als zu vernichtende Feinde wahrnehmen, müßte jenen als in hohem Masse politisiert erscheinen, die sich an Carl Schmitts Definition halten. Ihr zufolge kann von Politik erst gesprochen werden, wenn in Freund-Feind-Konflikten die eigene Existenz auf dem Spiel steht.

Die Forderung nach der Politisierung der Verhältnisse ist dann sinnvoll, wenn sie sich von einem Grundsatz Kants leiten läßt. Er besagt, das Recht müsse nie der Politik, wohl aber die Politik jederzeit dem Recht angepaßt werden.[26] Als eine Sache des Verhandelns und Diskutierens ist Politik, wie Agnes Heller gezeigt hat, auf eine gemeinsame Sprache angewiesen, nämlich auf die Sprache der Rechte.[27] Unter dem Ansturm der Rechte, so hat Claude Lefort einmal geschrieben, habe sich das Raster der politischen Gesellschaft verändert und erscheine immer mehr als veränderbar.[28] Politisierend wirken mithin öffentliche Debatten um Rechtsansprüche, und unter Politik wäre deren institutionelle Absicherung zu verstehen. Im Hinblick auf den gegenüber der kapitalistischen Marktwirtschaft geäußerten Totalitarismusverdacht wäre dann zu fragen, ob eine Ideologie, die der Politik das Recht und die Kompetenz abspricht, über die Gestaltung der ökonomischen Ordnung zu entscheiden, zur Legitimation neuer, umfassender Herrschaftsansprüche werden kann.

Ohne staatsbürgerliche Rechte, das ist von Arendt zu lernen[29], bieten Menschenrechte keinen effektiven Schutz, man könnte auch sagen: keinen »Platz in der Welt«. Menschenrechts-Deklarationen sind schließlich Ausdruck der Überzeugung, allen Menschen stehe – ungeachtet ihrer Herkunft, ihrer Zugehörigkeit, ihres Status oder ihres sogenannten wirtschaftlichen Nutzens – dieser Platz zu. Solche Rechtsansprüche können freilich nur durchgesetzt werden, wenn politische Institutionen und Regulierungen existieren, die stark genug sind, sie sowohl gegen totale Herrschaftsansprüche wie gegen die im Namen des Wettbewerbs und der Effizienz geforderten Deregulierungen zu schützen. So schließt sich der Kreis.

Anmerkungen

1 Einen knappen Überblick über die wichtigsten Positionen in der Totalitarismusforschung gibt der von Wolfgang Wippermann verfaßte Artikel »Totalitarismus/Totalitarismustheorie«, in: Dieter Nohlen, Rainer-Olaf Schultze (Hg.): *Lexikon der Politik*, Bd. 1, Politische Theorien. München 1992.
2 François Furet: *Das Ende der Illusion. Der Kommunismus im 20. Jahrhundert.* München 1996, 541-548.
3 Hannah Arendt: *Elemente und Ursprünge totaler Herrschaft.* Zitiert nach der Ausgabe München, Zürich 1986, 540f.
4 Immanuel Wallerstein: »The Bourgeois(ie) as Concept and Reality«. In: *New Left Review* January/February 1988. In einem Brief an George Sand schreibt Flaubert 1867, der Haß auf den Bourgeois sei die erste Voraussetzung der Tugend; Gustave Flaubert: *Œuvres complètes.* Correspondance 5. Paris 1929, 300.
5 Hannah Arendt: *Die verborgene Tradition.* Frankfurt/M. 1976, 19-23. Beim Aufsatz »Über den Imperialismus« (1946) handelt es sich um eine Vorarbeit zur Totalitarismus-Studie; vgl. *Elemente und Ursprünge*, 241-252.
6 Leo Strauss: *Hobbes politische Wissenschaft* (1936). Neuwied, Berlin 1965.
7 Carl Schmitt: *Der Leviathan in der Staatslehre des Thomas Hobbes.* Hamburg 1938.
8 Vgl. *Die verborgene Tradition*, 25ff.
9 *Elemente und Ursprünge*, 251; vgl. 506f.
10 *Die verborgene Tradition*, 42f; vgl. *Elemente und Ursprünge*, 543.
11 *Elemente und Ursprünge*, 264; vgl. *Marx-Engels-Werke, 8,* 160f (Der achtzehnte Brumaire des Louis Bonaparte).
12 *Elemente und Ursprünge*, 502-515.
13 *Elemente und Ursprünge, 512.*
14 Hannah Arendt: *Zur Zeit. Politische Essays.* Berlin 1986, 88-93. (Europa und Amerika. Die Bedrohung durch den Konformismus).
15 Hannah Arendt: *Über die Revolution.* Zitiert nach der Ausgabe München, Zürich 1986, 341.
16 *Elemente und Ursprünge*, 254.
17 *Marx-Engels-Werke 23,* 742; 765.
18 *Elemente und Ursprünge*, 705f.
19 *Über die Revolution*, 280.
20 Vgl. etwa Hannah Arendt: *Vita activa oder Vom tätigen Leben.* Zitiert nach der Ausgabe München, Zürich 1985, 45f.
21 *Vita activa*, 249.
22 Hannah Arendt: *Macht und Gewalt.* Zitiert nach der Ausgabe München, Zürich 1987, 118f.
23 *Vita activa*, 67.
24 Die Aktualität dieser Kritik wird besonders deutlich angesichts der Definition der Regeln eines »freien« Welthandels. Es geht dabei unter anderem um die privatrechtliche Aneignung lebendiger Systeme, speziell die Patentierung und damit Monopolisierung von Saatgut.
25 Elemente und Ursprünge, 701f; vgl. auch Hannah Arendt: *Eichmann in Jerusalem. Ein Bericht von der Banalität des Bösen.* Zitiert nach der Ausgabe München, Zürich 1986, 322f.
26 Kant: *Über ein vermeintes Recht aus Menschenliebe zu lügen.* A 312.
27 Agnes Heller: Die Rechte, die Moderne und die Demokratie. In: *Ist die Moderne lebensfähig?* Frankfurt, New York 1995.

28 Claude Lefort: Droits de l'homme et politique. In: *L'invention démocratique.* Paris 1981. Deutsch in Ulrich Rödel (Hg.): *Autonome Gesellschaft und libertäre Demokratie.* Frankfurt/M. 1990.

29 Vgl. dazu das Kapitel über die »Aporien der Menschenrechte« in: *Elemente und Ursprünge,* 452-470.

Ingeborg Nordmann

Traditionsbruch und Montage

Hannah Arendts Totalitarismusbegriff im Kontext von Benjamin und Kafka

Hannah Arendts Begriff des Totalitarismus steht im Zeichen des Traditionsbruchs. Der Totalitarismus bricht mit allen Traditionen, auch mit denen, die seine Entstehung begünstigt haben. Er verkörpert einen völlig neuen Typ der Willkürherrschaft, der mit den aus der politischen Tradition überkommenen Begriffen der Diktatur oder Tyrannei nur völlig unangemessen bezeichnet werden kann. Um das Neue totalitärer Herrschaft herausarbeiten und verstehen zu können, setzt Hannah Arendt einen radikalen Einschnitt. Dieser Einschnitt wiederum ist Gegenstand einer Kontroverse mit dem politischen Philosophen Eric Voegelin, der an ihrem Buch *Elemente und Ursprünge totaler Herrschaft* kritisiert, sie habe die Kontinuitäten vernachlässigt, die der Totalitarismus mit extremen ideologischen Strömungen der Vergangenheit unterhält.[1]

Mit diesem Einschnitt grenzt sich Hannah Arendt nicht nur gegen alle Versuche ab, den Totalitarismus mithilfe von Affinitäten zu bestimmten Traditionen der europäischen Geschichte zu erklären; sie alle – so Hannah Arendt – verfehlen »to point out the distinct quality of what was actually happening. The phenomenal differences, far from obscuring some essential sameness, are those phenomena which make totalitarianism totalitarian, which distinguish this one form of government and movement from all others and therefore can alone help us in finding its essence. What is unprecedented in totalitarianism is not primarly its ideological content, but the event of totalitarian domination itself.«[2]

Nicht die Ideologie, sondern das Ereignis des Totalitarismus ist Gegenstand ihrer Analyse. Es wäre jedoch verfehlt, ihr zu unterstellen, sie würde mit dieser strengen Ein- und Abgrenzung ihres Gegenstandes einem Naturalismus der rohen Erfahrung das Wort reden und das Ereignis pur rekonstruieren zu wollen, losgelöst von allen historischen Rahmenbedingungen und symbolischen Ordnungen. Anzuerkennen, daß der Totalitarismus in gewisser Hinsicht ein kontingentes Ereignis ist, bedeutet weder den Verzicht auf Erklärung noch den auf die Herstellung von Kontexten. Vielmehr glaubt Hannah Arendt, dem, was sie für historisch gegeben hält, nämlich daß der Totalitarismus einen unumkehrbaren Bruch zu seiner Vorgeschichte darstellt, am besten zu entsprechen, wenn sie sich in der theoretischen Rekonstruktion konsequent von dem historisierenden Muster der Erklärung und Entwicklung abwendet. Dabei geht sie keinesfalls davon aus, das Ereignis des Totalitarismus wie auch seine Darstellung seien beliebig oder als einfache empirische Wahrheit greifbar. Das Ereignis des Totalitarismus ist nicht verborgen, aber es ist auch nicht unmittelbar sichtbar. Es bleibt sogar verborgen, wenn man nicht zu der Bedingung vordringt, unter der es zutage tritt. Es scheint methodisch besonders schwierig zu sein, diese Bedingung zu rekonstruieren, ohne in den Fehler zu verfallen, aus ihr zwangsläufig alles weitere folgen zu lassen. Die Bedingung enthält nicht das Bedingte, sondern sie schafft einen Raum, in dem es sich ausbreiten kann. Hannah Arendts Aufgabe bestand also bei jedem Schritt der Darstellung darin, der Versuchung des Historismus zu widerstehen und in der Aufmerksamkeit für die Frage nicht nachzulassen, »how to write historically about something — totalitarianism — which I did not want to conserve but on the contrary felt engaged to destroy.«[3] Im Kontext dieses paradoxen Vorhabens wird für sie Benjamins Auseinandersetzung mit dem Historismus wichtig. Wie allgemein bekannt, übergab Benjamin Hannah Arendt in Paris seine Geschichtsphilosophischen Thesen, die sie in die USA mitnahm und in die Landschaft ihres Denkens einfügte.

Benjamins Kritik zielt auf die historistischen Begriffe Entwicklung, Kausalität und Kontinuität. Sie werden ersetzt durch die Begriffe Konstruktion, Kristallisation und Diskontinuität. Der Bruch hat für Benjamin wie für Hannah Arendt den Stellenwert einer Befreiung von dem Zwang, die Sprache der Sieger zu sprechen und nur das als Wirklichkeit zu akzeptieren, was sich durchgesetzt hat. Die Geschichte soll gegen den Strich gebürstet werden, und das bedeutet die Aufmerksamkeit auf die Dinge zu richten, die zwischen die Trümmer der Geschichte fielen und erst wieder entdeckt werden müssen. Die Geschichte gegen den Strich bürsten, heißt aber auch, alle Ideologien und Mythen, die mit dem Strom schwimmen, zu destruieren. Doch für die Arbeit der Destruktion lassen sich keine Definitionen, Regeln oder Gesetze formulieren. Die Subjektivität der theoretischen Methode wird einsehbar gemacht und durch keine geschichtsphilosophische Metatheorie kaschiert.

In der Frage nun, wie eine nicht historistisch verfahrende Geschichtsdarstellung zu fassen sei, gehen Benjamin und Hannah Arendt unterschiedliche Wege. Benjamins Absage an die Sprache der Sieger bezieht sich auch auf das »epische Moment«: »Geschichte zerfällt in Bilder nicht in Geschichten.« Sein Geschichtsbegriff knüpft an die Veränderungen der

Wahrnehmung im 20. Jahrhundert an, deren konstituierende Elemente die Masse in den Großstädten und die Entwicklung des Kinematographen sind. Die Masse nähert sich dem Denken nicht durch intellektuelle Transparenz, sondern durch die schockhafte Wahrnehmung von Bildern: »Die Masse kann Wissen nur mit dem kleinen Chock in sich aufnehmen, der das Erlebte im Innern festnagelt. Ihre Bildung ist eine Folge von Katastrophen.«[4] Die schockhafte Wissensaufnahme der Masse entspricht dem schnellen Bild des Films. Durch die abrupte Folge von Zeitlupe und Zeitraffer wird der Schein, den die unbeeinflußbaren Gesetze der Kontinuität und des Fortschritts über die Dinge gebreitet haben, zerrissen. Geschichte ist damit nicht mehr Gegenstand individuellen Nachdenkens, sondern der geistesgegenwärtigen Aktualisierung des Bruchs mit dem Kontinuum. Das Subjekt dieses Bruchs ist die proletarische Klasse. Benjamins Anleihe beim Marxismus ist keineswegs äußerlich. Wenn auch der Bruch unverfügbares Ereignis bleibt, so ist unverkennbar in der Konfiguration von proletarischem Subjekt und moderner Technik die Marxsche Dialektik wiederzuerkennen, die im Gegensatz zum evolutionären Modell eine katastrophische Variante darstellt. Der apokalyptische Charakter des Bruchs ist jedoch nicht nur der jüdischen messianischen Tradition geschuldet. Apokalyptische Züge hat der Bruch auch deshalb, weil Benjamin bestimmte Elemente der marxistischen Geschichtskonzeption affirmiert. Es handelt sich um Marx' Konstruktion des antagonistischen Gegensatzes, die mit Benjamins Logik der Extreme korrespondiert. Das Proletariat ist wie bei Marx deshalb revolutionäres Subjekt, weil es im Gegensatz zum ökonomischen und symbolischen Reichtum des Bürgertums die absolute Armut verkörpert, folglich nicht mehr Teil der Gesellschaft ist und deshalb der Gesellschaft als ganzer gegenübertreten kann. Die absolute Leere schlägt um in Neubeginn. Nur ist das Proletariat in Benjamins Konzeption nicht mehr Erbe der bürgerlichen Kultur, sondern deren Zerstörer. Es findet in der Technik, nach Marx der zweite Totengräber der bürgerlichen Gesellschaft, den adäquaten Bündnispartner, weil Technik nüchterne »Sparsamkeit« ist und damit alle durch Bildung und Einfühlung hervorgerufenen Fetischisierungen auflöst. Indem Benjamin die Gedankenfigur, daß Nichts in Alles umschlägt, als eine immanente historische Figur konzipiert, gerät er in den Bann einer absoluten Situation, in der alle konkreten Widersprüche dem *einen* Gegensatz geopfert werden müssen, der das alte Gehäuse der bürgerlichen Gesellschaft in die Luft sprengt. Damit ist der Bruch nicht mehr Bruch*stück*, sondern Ausnahmezustand. Dem falschen Ausnahmezustand, der Erfüllung der Technik im Krieg, kontrastiert Benjamin den richtigen Ausnahmezustand in den Kategorien der Eschatologie, die nicht als die Erwartung der Erlösung am Ende der Geschichte aufgefaßt wird, sondern als die in jedem Augenblick eintretende Möglichkeit, etwas radikal Neues zu beginnen. Jacques Derrida hat folgerichtig Benjamins Konzeption des Bruchs als eine Synthese von jüdischem Messianismus und Sorelschem Marxismus bezeichnet.[5]

Die Frage, um die es zwischen Benjamin und Hannah Arendt geht, betrifft die *Modalität* des Bruchs. Hannah Arendt faßt den Bruch radikaler: er durchbricht alle Verbindungen zum Zustand davor und er ist endlich, ein tatsächliches Phänomen und kein Einbruch einer mythischen oder göttlichen Gewalt. Als endliches verkörpert das Ereignis nicht den Ausnahmezustand, sondern Differenz und Kontingenz. Es ist immer partiell und niemals global. Weil das Ereignis kontingent ist, kann die Darstellung nur als Wahl begriffen werden. So ist Hannah Arendts Entscheidung für die Erzählung nicht altmodische Attitüde, sondern Ausdruck davon, daß kein historisches Phänomen oder Gesetz, weder der Stand der Technik noch der Kultur, mehr einen absoluten Maßstab abgeben kann. Die Methode ist ein Akt der Entscheidung und nicht Quintessenz eines deterministischen Zusammenhangs. Ihre Wahrheitsfähigkeit existiert nicht in einer Metageschichte über den Geschichten, sondern vor allem in dem Echo, das sie in den Geschichten anderer findet. Insofern setzt sich eine Übereinstimmung über den Sinn, den der Historiker dem Ereignis verleiht, eher wie eine Meinung durch als wie eine Regel, die aufgestellt wird. Was in Benjamins Konzeption des Bruchs verloren ging und bei Hannah Arendt eine konstitutive Rolle spielt, ist das Bewußtsein der Grenze. Wie ein Phänomen in seiner Besonderheit nur herauspräpariert werden kann, wenn es begrenzt wird, ebenso bedarf es vieler Brüche, um eine Gesellschaft umzustrukturieren.

In diesem Sinne eröffnet Kafka an dem Punkt, wo Benjamin die messianische Perspektive wählt, eine für Hannah Arendts Gedankenexperiment entscheidende andere Richtung.

Was Kafkas Darstellungsweise für Hannah Arendt interessant macht, ist, daß er alle psychologischen und sozialen Prozesse, die zu dem beschriebenen Zustand geführt haben und ihn erklären könnten, ausgeblendet hat: »Kafka stellt uns sofort vor das Ergebnis einer solchen Entwicklung, denn nur das Ergebnis gilt. Umfassende Tüchtigkeit ist der Motor der Maschine, in der sich Kafkas Helden verfangen, einer Maschine, die in sich selber sinnlos und zerstörerisch ist, die aber reibungslos arbeitet.«[6] Kafka erfindet eine völlig neue Komplexität, weil er das Muster evolutionärer Zuordnung und die ihr entsprechenden Kategorien verwirft. In der Welt, die er beschreibt, herrscht die Notwendigkeit uneingeschänkt, und nur indem Kafka diese Uneingeschränktheit inszeniert, gelingt ihm der Aufriß einer Welt der schrecklichen Verkehrung, in der alles normal funktioniert. In dieser Welt tauchen alle Werte, Maßstäbe und Metaphern unserer gewohnten Ordnung auf, nur haben sie keinen festen Platz und keine feste Bedeutung mehr. Sie funktionieren als austauschbare Wechselmarken. Vertraute Einteilungen und Grenzen wie privat und öffentlich, Täter und Opfer, Schuld und Unschuld, Recht und Unrecht haben jede Beziehung zu einem strukturierten gesellschaftlichen Zusammenhang verloren, sie sind unabhängig von Erfahrung und Realität geworden. An die Stelle von Differenz, Erfahrung, Handeln und Urteilenkönnen tritt die Präparierung der Menschen nach Maßgabe der Notwendigkeit, eine Präparierung, die den einzelnen gleichermaßen für die Rolle des Täters oder Opfers vorbereitet.

Es erscheint nun folgerichtig, die Bilder Kafkas von einer Gesellschaft, die durch den Zwang übermenschlicher Gesetze verregelt ist und in der die Menschen austauschbar sind, als hellsichtige Vorwegnahmen dessen zu begreifen, was tatsächlich im Totalitarismus eingetreten ist. Aber diese – viel zu einfach gedachte Übertragung – ist es nicht, die Hannah Arendts Interesse an der Darstellung Kafkas hervorruft. Kafka ist für sie kein Visionär, sondern der beste Entdecker und Konstrukteur vielfältiger Kombinationen, Verdichtungen und Auffaltungen von Bildern und Gedankenbruchstücken. Seine Erfindungsgabe entzündet sich nicht an der Konstruktion von Zusammenhängen, sondern an deren Zerstörung. Kafka entwickelt eine ungewöhnliche Phantasie für die Momente, an denen Brüche zu setzen sind, und für die Montage von Dingen, die eigentlich nicht zusammengehören. Hannah Arendt lernt von Kafka, wie Verkehrung *innerhalb* der Normalität funktioniert, wenn sie nicht als eine evolutionäre Figur betrachtet wird. Die Verkehrung entstammt keiner allmählichen Transformation, die plötzlich ihr wahres Wesen offenbart. Die Demokratie trägt ihre virtuelle Negation nicht *in sich*, der Totalitarismus ist nicht die »Kehrseite oder der untrennbare Doppelgänger« der Demokratie (Marcel Gauchet). Der Totalitarismus existiert erst, wenn die zwischenmenschlichen Beziehungen, von Hannah Arendt Welt genannt, zerstört sind: »It does not exist before it has not come into being.« Um diese uneingeschränkte Tatsächlichkeit in Szene setzen zu können, trennt Hannah Arendt *einen* Bereich aus dem gesellschaftlichen Ganzen heraus, an dem exemplarisch und zwar nicht im Sinne eines Modells, sondern als existierende Faktizität, also nicht typologisch, sondern topologisch, das Wesen totalitärer Herrschaft gezeigt werden kann: die Konzentrations- und Vernichtungslager. In den Vernichtungslagern, die gegen die Welt aller anderen hermetisch abgedichtet waren, waren alle Hindernisse beseitigt, die dem reibungslosen Funktionieren totalitärer Herrschaft entgegenstehen konnten. Sie sind die Laboratorien totalitärer Herrschaft. Indem Hannah Arendt diese Uneingeschränktheit in den Blick nimmt, kann sie das Spezifische des Totalitarismus hervortreten lassen. Es besteht nicht darin, daß Gesetze und moralische Werte willkürlich außerkraft gesetzt, sondern daß sie in eine unaufhaltsame Bewegung hineingezogen werden, in der sie jede feste Bedeutung verlieren und als austauschbare Elemente eines »gigantisch übermenschlichen Prozesses von Natur und Geschichte« funktionieren. Was den totalitären »Mahlstrom« von anderen tiefgreifenden Krisen und extremen Grausamkeiten in der abendländischen Geschichte unterscheidet, ist die prinzipielle Eliminierung jeder Schranke und Grenze. Die entscheidende Differenz totalitärer Herrschaft besteht nicht in dem »Alles ist erlaubt«, sondern in dem »Alles ist möglich«. Daß damit Tradition im Sinne eines verbindlichen Rahmens, der sich sowohl in der Anerkennung als auch in der Kritik durchhält und erneuert, gegenstandslos wird, konkretisiert Hannah Arendt am Begriff des Gesetzes. Totalitäre Herrschaft ist gesetzlos, da sie jedes positive Recht verletzt, gleichgültig ob es sich dabei um überkommene oder selbstgeschaffene handelt. Diese Willkür, die in der Negation auf das positive Recht bezogen bleibt, ist aber noch nicht das Entscheidende. Denn hinter dieser Willkür steht der totalitäre Anspruch auf eine höhere »Gesetzestreue«, die zu den Quellen der Autorität zurückzukehren behauptet und die unabhängig vom Handeln der Menschen existiert: »In der Verachtung der totalitären Gewalthaber für positives Recht spricht sich eine unmenschliche Gesetzestreue aus, für welche Menschen nur das Material sind, an dem die übermenschlichen Gesetze von Natur und Geschichte vollzogen und das heißt hier im furchbarsten Sinne des Wortes exekutiert werden.«[7]

Durch die Außerkraftsetzung jeder Schranke wird das Leben einer Gewalt ohnegleichen ausgesetzt, die sich in banalen und profanen Formen vollzieht. Denn das Spezifische dieser Gewalt besteht darin, Menschen so zu behandeln, als wenn es sie nie gegeben habe. Sie waren von »der Welt der Lebenden wirksamer abgeschnitten, als wenn sie gestorben wären, weil der Terror Vergessen erzwingt.« Es war, als hätte man eine Möglichkeit erfunden, »das Sterben permanent zu machen, einen Zustand zu erzwingen, in dem Tod wie Leben gleich wirksam verhindert werden.« In diesem Niemandsland der lebenden Leichname haben die Kriterien und Maßstäbe der Welt sowenig Geltung mehr, daß die Berichte der Überlebenden uns in das »gleiche apathische Nicht-mehr-begreifen versetzen, in dem sich der Berichterstatter bewegt.«

Der Extremismus des Totalitarismus zielte nicht darauf, »ein despotisches System über Menschen zu errichten, sondern ein System, durch das Menschen überflüssig gemacht werden«, sie im »wörtlichsten Sinne verschwinden zu lassen«. Das Gesetz des Tötens, nach dem der Totalitarismus angetreten war, funktionierte ohne Beziehung zu einem strukturierten Zusammenhang, als reines Bewegungsgesetz, nach dem »die permanente Ausscheidung des Überflüssigen und Schädlichen nun gleichsam automatisch vor sich geht.«

Diese von Hannah Arendt thematisierte neue Souveränität, welche die Regelung und Transformation der *conditio humana* zum Gegenstand hat,

hat Michel Foucault als Bio-Macht charakterisiert. Im Gegensatz zur Disziplinarmacht, die sich auf den einzelnen Körper und das Individuum bezieht, richtet sich die Bio-Macht auf den Volkskörper, den Körper mit unzähligen Köpfen. Es ist das Auftreten der Bio-Macht, welche den Rassismus in die Mechanismen des Staates einschreibt und erst als Rassismus kommt die Bio-Macht zu der ihr gemäßen Funktionsweise: Je mehr minderwertige Rassen und anomale Individuen eliminiert werden, desto stärker, gesünder und reiner ist das Leben.

Michel Foucault hat den Begriff der Bio-Macht geprägt, aber es ist das Verdienst Hannah Arendts, Struktur und Funktionsweise eines durch das *nackte* Leben definierten Staatskörpers herauspräpariert zu haben. Diese gewaltsame Transformation der menschlichen Natur zum nackten Leben analysiert Hannah Arendt auf drei Ebenen: der Zerstörung der juristischen, der moralischen Person und der spezifisch menschlichen Individualität durch die berechnende Ausbeutung der unendlichen Leidensmöglichkeiten des Körpers. Giorgio Agamben hat darauf aufmerksam gemacht, daß nach Hannah Arendts Analyse eine Rückkehr zu Hobbes' *bellum omnium contra omnes*, um die Funktionsweise totalitärer Gewalt zu erklären, als unverantwortliche Blindheit bezeichnet werden muß. Es handelt sich bei den totalitären Auflösungserscheinungen der Staatlichkeit nicht um das Wiederaufleben eines Naturzustandes des Kampfes aller gegen alle, dem Gesellschaftsvertrag und Nationalstaatsbildung folgen würden, sondern um die Vorahnung eines neuen *nomos* der Welt, um ein Grundmuster der Entwurzelung und Auflösung juristisch-politischer Bindungen, das in der bisherigen Geschichte ohne Beispiel ist.[8]

Anmerkungen

1 A Reply. Kontroverse mit Eric Voegelin. In: *The Review of Politics*, No.1, 15. Jan. 1953.
2 Ebda., S.80.
3 Ebda., S.77.
4 Walter Benjamin, *Gesammelte Schriften IV*, S.528.
5 Jacques Derrida, *Gesetzeskraft. Der mystische Grund der Autorität*, Frankfurt/M. 1991, S.67.
6 Hannah Arendt, Franz Kafka, von neuem gewürdigt. In: *Die Wandlung*, 1. Jg., 1945/46, Ht.12, S.1057.
7 Hannah Arendt, *Elemente und Ursprünge totaler Herrschaft*, Bd.3, 1975, S.240.
8 Giorgio Agamben, *Homo sacer*, Turin 1995.

Heinz Kleger

Totalitäre Erfahrung und politische Theorie

In diesem Beitrag will ich über eine Schlüsselerfahrung sprechen: die *totalitäre Erfahrung*. Zwei Grundbegriffe – *Demokratie und Totalitarismus* – schließen daran an und eine Grundfrage, die Frage nach der *Bürgergesellschaft*. Ferner soll von einem Schlüsselkapitel in Arendts Analyse der totalen Herrschaft die Rede sein, nämlich vom Kapitel über die *Massen*. Schließlich formuliere ich zwei thesenartige Antworten auf die posttotalitäre Frage nach der Bürgergesellschaft.

1. Nach dem Totalitarismus?

Ich verstehe die Chiffre *Nach dem Totalitarismus* so, daß es am Ende des 20. Jahrhunderts nun um Interpretationen dieses Jahrhunderts bzw. eines neuen politischen Zyklus in seinen Konsequenzen für Politik und politische Theorie geht. Das besondere Kennzeichen *dieses* Jahrhunderts ist der Totalitarismus (und nicht die Demokratie, die wir in den USA und der Schweiz schon im 19. Jahrhundert finden), obwohl es auch gegenläufige Bewegungen gab, die mit der Weiterentwicklung von Bürgerrechten in politischer wie sozialer Hinsicht zu tun haben. Es gehört aber beides zum europäischen Erbe: Demokratie *und* Totalitarismus. Das heißt gleichzeitig, daß beide etwas miteinander zu tun haben: Demokratien sind nicht frei von totalitären Versuchungen und schon gar nicht von autoritären Sicherheitsversprechen, die möglicherweise totalitäre Bewegungen neuer Art auslösen können. Dieser Umstand wirft die Frage auf, ob *nach dem Totalitarismus* auch bedeutet, daß es nach 1989 respektive 1991 nun künftig keinen Totalitarismus mehr geben wird, daß also ein politischer Zyklus mit den Extremen des Faschismus und Kommunismus abgeschloßen ist? Die Sorge, posttotalitäre »Totalitarismen«, genauer gesagt: neue autoritäre Regime, könnten uns auch im »Europäischen Haus« bevorstehen, ist nicht unbegründet. Hannah Arendt jedenfalls sah die von ihr voller Stolz neu entdeckte »Staatsform« der totalitären Herrschaft, welche über die herkömmliche Tyrannis hinausging, als eine »immer gegenwärtige Gefahr«, die »uns von nun ab in der Geschichte begleiten wird«.[1] Ich befürchte sie in neuer Gestalt, nicht mehr klassisch: als Bündnis zwischen sogenannt depolitisierten Massen (gewalttätiger Mob) mit einer totalitären Führerschaft (Elite), sondern eher in der Allianz – etwa über einen religiösen Nationalismus – neu politisierter »Bürgerbewegungen von rechts« mit nicht-liberal und nur zum Schein demokratisch gesinnten, aber dezisionsstarken Eliten, welche Probleme lösen, indem sie sie vernichten. Dies gilt für neue nationale Allianzen in Weissrußland und Rußland ebenso wie in Italien, Frankreich und anderswo.

Die totalitäre Erfahrung ist ohne Zweifel – historisch-politisch gesehen – *die* Schlüsselerfahrung dieses Jahrhunderts. Sie vermittelt Anstöße zu einer *verbindlichen politischen Theorie*, in deren Zentrum der *antitotalitäre Konsens* und die *Frage nach der Bürgergesellschaft* stehen. Der Ausdruck »totalitäre Erfahrung« im Titel verweist zunächst auf aktuelle Totalitarismusdiskussionen in Osteuropa, die in Rußland erst mit der Glasnost-Politik so richtig begonnen haben. Sie stehen also zum größten Teil erst noch bevor. Arendt ist beispielsweise noch nicht ins Russische übersetzt, obwohl sie sich ja mit Rußland beschäftigt hatte; und die historisch-politische Rußlandforschung steht, nachdem sich erst seit kurzem die Archive, zum Beispiel die der Kommunistischen Internationale, geöffnet haben, am Anfang. Der Arbeitstitel »totalitäre Erfahrung und politische Theorie«, der konstruktiv gemeint ist, verweist aber auch (und immer noch) auf den Nationalsozialismus und seine Folgen, wozu ja auch der antifaschistische Kommunismus gehört. Das Interessante an der Geschichte ist freilich nicht das Vergangene, sondern das, was in die Gegenwart hineinreicht. »Totalitäre Erfahrung und politische Theorie« meint deshalb in erster Linie ein permanentes Forschungs- und Lernprogramm, welches historisch vergleichend verschiedene Etappen in der Geschichte dieses Jahrhunderts, die ehemals realsozialistischen Länder einbezogen, unter die Lupe nimmt – mit mehr Distanz als bisher möglich war.[2] Mit dem Datum 1989 hat für diese Forschung wiederum ein neuer Zeitabschnitt begonnen, der das Thema »totalitäre Erfahrung und politische Theorie« noch aktueller werden läßt und neues Licht auf alte Debatten wirft. Die beiden Schlüsselbegriffe lauten: Demokratie und Totalitarismus. Beide sind umstritten. Arendt verwendet den Ausdruck »totalitär« bekanntlich historisch eng begrenzt, zum Beispiel nicht bezogen auf die ganze Zeit des Kommunismus. Ebenso unterscheidet sie scharf zwischen »autoritär« und »totalitär«: autoritär grenzt Freiheit lediglich ein, während Totalitarismus die menschliche Spontaneität überhaupt zu eliminieren trachtet.[3] Insofern ist der heuristische Gebrauch von totalitärer Erfahrung in Anwendung auf die Sowjetunion nach Stalins Tod oder die ehemalige DDR großzügiger angesetzt, aber vertretbar, wenn man sich seiner Problematik bewußt bleibt. Die *nachtotalitäre*

Schlüsselfrage indessen ist für mich eindeutig die Frage nach der Bürgergesellschaft. Bürgergesellschaft wird hier nicht so verstanden, als ob unter den heutigen Bedingungen schon klar feststände, was das heißt und wie es zu entwickeln bzw. zu stabilisieren ist. Deshalb sage ich: *Frage* nach der Bürgergesellschaft. Bürgergesellschaft ist keine Idylle, sondern eher ein Monstrum, aber immerhin diejenige Gesellschaft, die besser sein *kann*, als sie ist. Die Frage heute lautet: Wie können wir Politikwissenschaft, politisches Denken und Handeln in einer politischen Theorie der Bürgergesellschaft so aufeinander beziehen, daß ein politisches Gemeinwesen sich wenigstens *in Beziehung* setzen kann zu fast übermächtigen Tendenzen der modernen Gesellschaft – zu Städten beispielsweise, die wie von selber wachsen und immer stärker Siedlungen ohne Solidarzusammenhang gleichen? Wie ist dann das Politische zu denken?

Das Politische mit seiner Eigenkomplexität ist für mich zentriert im Gedanken einer Bürgergesellschaft als tragender und aktiver Mitte. Was heißt das? Dazu will ich im folgenden *zwei Thesen* formulieren, die Anstöße von Hannah Arendt aufnehmen, aber auch wieder von ihr wegführen. Eine bessere Begründung politischer Theorie (nicht: Neugründung) kann meines Erachtens nicht mit Arendt allein erfolgen, denn dazu ist die Politik, modernitätsabhängig, zu kompliziert geworden. Zudem ist *unsere* Zeit die Gegenwart *nach* 1989. Gegenwärtige politische Theorie kann und muß indes von der Geschichte lernen. Begriffene Geschichte gehört zu den Rationen, die sie mit in die unsichere Zukunft nimmt. Die folgenden Überlegungen sind Kondensate solcher Geschichte; sie sind nicht beliebig oder heterogen, sondern bauen – in der Reihenfolge ihrer Wichtigkeit – aufeinander auf. In ihrer Verklammerung machen sie deutlich, daß Bürgergesellschaft und Politik *selber* komplexe historische Begriffe in konstruktiver Absicht sind.

2. Antithese zur Kriegsgesellschaft

Bürgergesellschaft bedeutet in erster Linie Frieden statt Krieg: politischer Frieden anstelle der Drohung mit Bürgerkrieg, wirtschaftlicher Frieden einer zivilen Ökonomie und nicht zuletzt sozialer Frieden trotz gesellschaftlicher Konflikte. Von Hobbes, dessen Lösung eines Staatsabsolutismus wir unter modernen demokratischen Bedingungen nicht teilen können – in Rußland dagegen ist der nationale Leviathan aktuell –, stammt nichtsdestoweniger im *Leviathan* (1651) eine tiefgründige Erläuterung der Begriffe Krieg und Frieden: »Krieg besteht nicht nur in Schlachten oder Kampfhandlungen, sondern in einem Zeitraum, in dem der Wille zum Kampf genügend bekannt ist. Und deshalb gehört zum Wesen des Krieges der Begriff Zeit, wie zum Wesen des Wetters. Denn wie das Wesen des schlechten

Wetters nicht in ein oder zwei Regenschauern liegt, sondern in einer Neigung hierzu während mehrerer Tage, so besteht das Wesen des Krieges nicht in tatsächlichen Kampfhandlungen, sondern in der bekannten Bereitschaft dazu während der ganzen Zeit, in der man sich des Gegenteils nicht sicher sein kann. Jede andere Zeit ist Frieden.« Demokratie benötigt viel Zeit und Stabilität; neben allen Regeln, die sie kennt, beruht sie letztlich auf einer *Kultur der Verständigung*.

Der geistige und soziale Ursprung des modernen Totalitarismus liegt dagegen im *Krieg*, genauer gesagt: in der Urkatastrophe der Moderne, im Ersten Weltkrieg. Totalitäre Bewegungen reagieren auf diese Katastrophe und behalten als »Mobilisierungsgesellschaften« Momente des Krieges bei. Es geht ihnen um totale Kontrolle durch Dauermobilisierung, Verunsicherung und nicht zuletzt durch Organisation. Der Krieg hatte die Menschen zugänglicher dafür gemacht, »gleich zu fühlen und gleich zu handeln«. »Der Krieg hat auf seine Art das alte Europa demokratisiert. (...) Die Beteiligung der Massen an der modernen Politik (...) vollzieht sich im Nachkriegseuropa nicht durch ihre Einbindung in demokratische Parteien, sondern zu den neu ertönenden revolutionären Klängen. In dieser Hinsicht spielte die russische Oktoberrevolution (...) eine sehr wichtige Rolle.«[4] Bolschewismus und Faschismus sind aus derselben Geschichte des Krieges hervorgegangen. Nach dem Ersten Weltkrieg beginnt die Ära der Massen. »Doch diese neue Epoche wird nicht durch eine progressive und natürliche Entwicklung der Demokratie eingeläutet.«[5] Die vielen aktiven Bürger werden nicht durch die Erziehung in die Politik integriert, sondern durch die Erinnerungen an das geteilte Leid des militärischen Elends eines Krieges, dessen Folgen niemand unter Kontrolle hat. Diese Bürger »verstehen besser die Sprache der brüderlichen Kampfgemeinschaft als die des zivilisierten Ringens um die Macht. Diese Haltung wird von der Rechten als eine Verbeugung vor der Tradition, doch auch von der Linken als ein Zukunftsversprechen bejubelt. Und nach Kriegsende dauert es nicht lange bis das Wort »Sozialismus«, das diesmal von der Rechten ins Spiel gebracht wird, seinen Siegeszug unter dem Banner des Faschismus antritt.«[6] Das faschistische Konzept schöpft seine Kraft aus derselben Quelle wie der Bolschewismus: »aus dem Krieg. Wie der Bolschewismus vermag es die modernen revolutionären Leidenschaften zu mobilisieren: Brüderlichkeit der Kämpfenden, Haß auf das Bürgertum und das Geld, Gleichheit der Menschen und Streben nach einer neuen Welt. Doch hier wird ein anderer Weg gewiesen als die Diktatur des Proletariats, nämlich der des nationalen Gemeinschaftsstaates. Dieses Konzept ist der zweite große politische Mythos des Jahrhunderts.«[7]

Der Totalitarismus beruht dabei auf einer *neuartigen* Ideologie, welche das politische Handeln vorschreibt, jedoch ohne göttlichen Einfluß. Statt in

Freiheit politisch handeln zu können, werden Massen mobilisiert. Führer und Massen benötigen einander: »Ohne den Führer sind die Massen ein Haufen, ohne die Massen ist der Führer ein Nichts«[8]. Die Massen sind eine Reaktion auf die Initiative von Führern, aber – wohlgemerkt – solche Führer gibt es nur auf Massenbasis; und diese Basis wiederum bilden die einzelnen Menschen oder besser: politisch heimatlos gewordene Gruppen. Trifft die gesellschaftliche Anomie nicht nur den einzelnen, sondern ganze Gruppen, dann wird es gefährlich. Dann stellt sich nämlich die Frage, über welche Formeln der Integration von Gruppen die Gesellschaft noch verfügt.

Hannah Arendt schrieb in ihrem großen Buch über die »totale Herrschaft« ein kleines, aber umso wichtigeres Kapitel über die Massen – die Massen im Plural. Ihre Beschreibung des Phänomens weist nicht nur eine direkte Linie zum Erfolg totalitärer Bewegungen auf, sondern stellt auch die Frage nach den Urteils- und Handlungsmöglichkeiten des einzelnen Menschen in modernen Gesellschaften, die sie als Massengesellschaften beschreibt. Das Kapitel über die Massen ist deshalb ein Schlüsselkapitel für Arendts gesamte politische Theorie oder eine politische Theorie, die Anstöße von ihr aufnehmen möchte. Arendt beschränkt sich dabei vor allem auf eine Beschreibung des Phänomens: »Massen werden nicht von gemeinsamen Interessen zusammengehalten, und ihnen fehlt jedes spezifische Klassenbewußtsein, das sich bestimmte, begrenzte und erreichbare Ziele setzt. Der Ausdruck »Masse« ist überall da zutreffend, und nur da, wo wir es mit Gruppen zu tun haben, die sich, entweder weil sie zu zahlreich oder weil sie zu gleichgültig für öffentliche Angelegenheiten sind, in keiner Organisation strukturieren lassen, die auf gemeinsamen Interessen an einer gemeinsam erfahrenen und verwalteten Welt beruht, also in keinen Parteien, keinen Interessenverbänden, keinen lokalen Selbstverwaltungen, keinen Gewerkschaften, keinen Berufsvereinen.«[9] Es geht mithin um Massen in demokratischen Ländern, die nun von totalitären Bewegungen agitiert (Massenagitation), organisiert (Massenorganisationen) und schließlich zufriedengestellt werden (Massentourismus[10] u. a.m.): »Potentiell existieren sie in jedem Lande und zu jeder Zeit; sie bilden sogar zumeist die *Mehrheit der Bevölkerung auch sehr zivilisierter Länder*, nur daß sie eben in normalen Zeiten politisch neutral bleiben und sich damit begnügen, ihre Stimmen nicht abzugeben und den Parteien nicht beizutreten«[11]. Dies ist für eine bürgergesellschaftliche Massen-Demokratie ein prekärer Zustand. Der Erfolg totalitärer Bewegungen in Europa verdeutlicht, »daß politisch neutrale und indifferente Massen die Mehrheit der Bevölkerung auch in einer Demokratie bilden können und daß es also demokratisch regierte Staaten gibt, die zwar im Sinne des Mehrheitsprinzips funktionieren, in denen aber dennoch nur eine Minderheit herrscht oder überhaupt politisch repräsentiert ist.«[12] Die so kaschierten apolitischen, apathischen Mehrheiten verwandeln sich nach dem Zusammenbruch der Klassengesellschaft »in eine unorganisierte, unstrukturierte Masse verzweifelter und haßerfüllter Individuen.«[13] Diese in der Verzweiflung begründete negative Solidarität, die leicht diszipliniert und organisiert werden kann, schafft sich Sündenböcke, die dem Standgericht ausgeliefert werden. Da der ökonomisch motivierte Konkurrenzindividualismus, der *»alteingewöhnte Individualismus«*, weiterhin besteht, verfallen die wirtschaftlich gescheiterten Existenzen in eine »egozentrische Bitterkeit«[14]. Soziale Sicherheit gibt es nicht. Die Egozentrismen können von sich aus etwas politisch Gemeinsames nicht hervorbringen, werden aber, in ihrer Furcht vor der Freiheit, bedient von der totalitären Weltanschauung. Diese verbitterten Egoismen haben individuelle Selbstlosigkeit im Sinne von Überflüssigkeit – und nicht von moralischer Güte – zur Folge. Diese *eigentümliche Selbstlosigkeit* der Massen frappiert Arendt und *nicht* die Massen als solche. Das Problem der *Verlassenheit* tritt erst in dem Augenblick als *Massenphänomen* auf, in dem die Klassenzugehörigkeit als letzte Heimat des Individuums entfällt. »Das Hauptmerkmal der Individuen in einer Massengesellschaft ist nicht Brutalität oder Dummheit oder Unbildung, sondern Kontaktlosigkeit und Entwurzeltsein.«[15] Arendts Massenbegriff ist mithin keineswegs so elitär-abwertend gemeint, wie ihr oft unterstellt wird. Ich verstehe den *Massenbegriff* vielmehr so (den ich derart auch von der problematischen These der Massen*gesellschaft*[16] absetzen würde), daß er nicht der eigenen Selbsterhöhung dient, sondern insoweit der Selbsterkenntnis, *als wir*, potentiell zumindest, unter bestimmten Aspekten zu den Massen gehören, wie sie Arendt *beschreibt*. Die Grunderfahrung menschlichen Zusammenseins in der totalen Herrschaft ist für Arendt die Erfahrung der Verlassenheit, die sie von der Einsamkeit unterscheidet, die noch eine gemeinsame Welt kennt. Das Gegenstück zur Verlassenheit ist die Republik – denn: »Die Grunderfahrung der Republik ist das Zusammensein mit gleichstarken Mitbürgern. Die republikanische Tugend ist die Freude, nicht allein zu sein.«[17] Diese Möglichkeit zumindest gewährt die bürgergesellschaftliche Demokratie, bei der Republik im Sinne eines Minimalrepublikanismus immer mitgemeint ist, die aber im strikten Sinne keine Gemeinschaft bildet, sondern vielmehr ein politisches Gemeinwesen, das demokratisch errungen und bekräftigt werden muß – *Demokratie als Prozeß*. Im Deutschen hat man dagegen schnell das Bedürfnis, von Gemeinschaft zu sprechen und dann mit ihr zuviel zu versprechen. Dem kann indessen gerade eine demokratische politische Theorie nicht entsprechen, da sie eine entzauberte Version von Demokratie vertritt, die versucht, mit ihren Gegensätzen und Widersprüchen pragmatisch umzugehen.

Die Annahme wäre nun allerdings verfehlt, daß die Erfahrung der Verlassenheit lediglich unter totaler Herrschaft realisiert wird. Vielmehr ist der moderne Mensch als solcher *tendenziell* ein Verlassener, so daß es oftmals scheint, er sei primär allein. Der Existentialismus, der nicht zufällig als eine spezifisch moderne Philosophie nach dem Krieg auftritt, hat diesen Sachverhalt auf eine Weise thematisiert, die gesellschaftlich breit diffundiert ist. Damit sind auch Wir-Menschen-einer-Demokratie angesprochen. Das bürgergesellschaftliche Wir bleibt mithin eine *Aufgabe*, vor der ein politisch gewendeter Existentialismus allerdings versagen muß, denn die Oberfläche, welche Arendt die Welt nennt, ist für ihn nichtig; zudem ist er am »Citizen« nicht interessiert. Gegen die Verlassenheit steht der Mut, sich zu versammeln, um politisch etwas zu tun. Dieser Mut gehört zur philosophisch-politischen Elementarfigur des Bürgers und der Bürgerin. Im Zustand der Verlassenheit scheint hingegen das Selbst gar nicht mehr zu existieren. Die Bedingung dieser Selbstverlassenheit liegt darin begründet, daß der Raum zwischen den Menschen, der den Bereich des Handelns darstellt, verschwindet. Dies hat zur Folge, daß kaum noch Dialoge zustandekommen oder erstrebenswert erscheinen, die mit Selbsterkenntnis, welche an Gegenüberstellungen wächst, gleichzusetzen wären. Gerade in gesellschaftlichen Krisenkontexten wird aber das Gespräch und der verbindliche Dialog – das gilt gesellschaftsweit – zur einzigen Möglichkeit, noch einen nicht-totalitären oder nicht-autoritären Krisenausgang zu finden, der wieder zu neuem Regelvertrauen [18] führt, ohne das Wirtschaft und Politik über längere Zeit schlechterdings nicht existieren können. Diesen Sachverhalt spricht neuerdings selbst Luhmann als »Politik der Verständigungen« – oder vielmehr: als nichtüberzeugte Verständigung – an [19], obwohl sie in der funktionalen Systemtheorie mit ihren autopoietischen Systemen keinen Platz hat.

Es ist mithin nicht primär die Massenhaftigkeit selbst, welche die Verhältnisse in der Massengesellschaft schwer erträglich werden läßt, sondern der Umstand, »daß in ihr *die* Welt die Kraft verloren hat, zu versammeln, das heißt, zu trennen *und* zu verbinden« [20]. Genau diese Kraft muß es aber geben können, soll es *Politik als massenbürgerliche Demokratie* geben, die zudem *Inklusion* in die moderne Gesellschaft voraussetzt. Geht diese Kraft verloren, und werden Menschen in den großen Städten »überflüssig« oder empfinden so – erst dann liegt in den Massen ein gewalttätiges Gefahrenpotential. Ich komme damit zu einer *zweiten* elementaren Bedingung von Bürgergesellschaften, die der totalitären Versuchung widerstehen. Sie baut historisch wie systematisch auf der ersten auf.

3. Politische und soziale Demokratie

Bürgergesellschaft bedeutet nämlich zweitens politische *und* soziale Demokratie. Politische Demokratie in einem liberalen Sinne bezieht sich makroskopisch auf die *ganze* Gesellschaft. Liberale Demokratie ist vor allem verfahrensorientiert. In Rußland herrscht heute dagegen, um wieder dieses Beispiel heranzuziehen, da von seinem europäischen Potential viel abhängen wird, weiterhin ein die Willkür des starken Staates und nicht die Freiheitsrechte der Gesellschaft beförderndes Demokratieverständnis vor. Auf diesem Hintergrund werden Exzesse der exekutiven Staatsmacht wie die faktische Entmachtung des Parlamentes oder die Intervention in Tschetschenien, die zugleich ein Krieg gegen die Zivilbevölkerung ist, verständlich. Der Staat und seine Militärs dürfen die Verfassung, die an sich eine gute Verfassung ist, ungestraft brechen, sofern dies nur dem von ihnen *selbst* interpretierten Gemeinwohl entspricht. Ein ziviler und reflexiver Verfassungspatriotismus kann unter solchen Umständen nicht gedeihen.[21] Es bleibt beim pseudodemokratischen Staatsabsolutismus und einer nicht-zivilen Ökonomie »mit Pistole«. Bürgergleichheit und soziale Ungleichheit müssen sich in einer Bürgergesellschaft jedoch *prinzipiell* vertragen können. Die *Schwachstelle* einer jeden Bürgergesellschaft ist indessen die soziale Ungleichheit. Gehen die sozialen Ungleichheiten zu weit, so wird die formale Gleichheit der Bürger untergraben, und es grassiert die Korruption in der Gesellschaft. Die Folge davon ist, daß dunkle Mächte anstelle der Demokratie regieren. Zur politischen Demokratie einer funktionierenden Bürgergesellschaft gehören deshalb generell *Elemente* sozialer Demokratie. Diese Elemente können zwar unterschiedlich verstanden werden und haben historisch auch zu verschiedenen Ausformungen des Wohlfahrts- respektive Sozialstaates in den Ländern geführt, wo man dem Totalitarismus entgehen konnte. Eine Bürgergesellschaft weist jedenfalls unweigerlich eine soziale Dimension auf. Als moderne Bürgergesellschaft ist sie *auch* eine Sozialstaatsgesellschaft, aber nicht nur, denn traditionelle Elemente wie Subsidiarität und Solidarität spielen ebenso eine Rolle, um das *Ganze in seiner Vielfalt* zusammenzuhalten. Das Insgesamt einer modernen Bürgergesellschaft ist deshalb ebensowohl eine *verrechtlichte* Sozialstaatsgesellschaft wie eine *freiwillige* Sozialgesellschaft. So wichtig der moderne Wohlfahrtsstaat für die soziale Sicherheit ist, so wichtig für den Fortbestand einer Bürgergesellschaft ist eben auch, daß ihre Bürger *nicht bloß* passive Wohlfahrtsstaatsbürger bleiben. Selbsthilfe und Subsidiarität benötigen indessen eine *aktive* Solidarität im kleinen wie im großen. Dabei bedeutet Solidarität, die gemeinsame Ziele und eine moralisch-politische Symmetrie voraussetzt, Vorleistungen zu erbringen, die ihren eigenen *Wert* haben. Obwohl politische Demokratie und soziale Demokratie zu unterscheiden sind, ergänzen sie einander. Diese Erfahrung, die in der historischen Krise des Liberalismus gesammelt worden ist, wird heute oftmals vergessen.

Bürgergesellschaftlicher Demokratie entspricht damit ein Politikverständnis, das einer politischen Religion, die meint, Geschichte »machen«, ja gleichsam fabrizieren zu können – worin Arendt das »eigentlich Totalitäre« erblickt – konträr entgegensteht. Es läßt sich am ehesten und im besten Sinne als konstruktiver Pragmatismus mit Visionen umschreiben, worin eine entzauberte Version von Demokratie mitschwingt. Diese Politik ist damit eher einem Gegensteuern von akzeptierten als einem Steuern von nichtakzeptierten Realitäten oder gar Generieren von Neuem verwandt. Der Realismus tritt dabei in der politischen Theorie vor die Kritik, was *fällige* Kritik nicht ausschließt, sondern im Gegenteil treffsicherer macht. Die Beziehung zur Wirklichkeit kann jedoch nicht stark genug sein; sie stärkt den Commonsense, ohne den Demokratie der Vielen nicht praktiziert werden kann. Die Brücke zur empirischen Sozialwissenschaft sowie die Details einer annähernd begriffenen Geschichte sind dabei für die politische Theorie besonders wichtig. Im unpolitischen Denken herrscht demgegenüber ein überaus scharfer Konflikt zwischen voluntaristischem Weltbild und Realitätsprinzip; das voluntaristische Weltbild soll verwirklicht werden. Dies funktioniert aber deshalb nicht, weil es mit dem Realitätsprinzip auf Kriegsfuß steht. Daraus erklärt sich die Beziehung zwischen permanenter Revolution und permanentem Notstand im Totalitarismus. Die Verwirklichung der Synthese von Vergangenheit und Zukunft, von überlieferter Sozialstruktur und moderner Industriegesellschaft, gelingt dem totalitären Regime nicht. Unter den mißlingenden Versuchen der Synthese einer modernen Bürgergesellschaft nimmt die Phase totalitärer Regime eine besondere Stellung ein. Das rabiate Element, das sie kennzeichnet, ist die Folge eines disziplinierten Voluntarismus der Gestaltung, der sich den Realitäten der »faits sociaux« nicht unterwirft. Im Gegenteil: Je massiver die Widerstände, desto intensiver der Wille, der sich dagegen aufbäumt – der erschreckend totalitäre Wille, der *alles* – auch die Vernichtung der Zivilisation – möglich machen soll. Gelingende Modernisierungsprozesse *mit der Moderne* setzen dagegen erfolgreiche Formeln der politischen Gruppen-Integration voraus. Moderne Solidarität[22], die mit der Industriegesellschaft entsteht und nicht einfach mit Gemeinschaft verwechselt werden darf, bildet dafür die durchaus – extensiv wie intensiv – erweiterungsfähige Allerweltsformel. Der von mir so genannte Minimalrepublikanismus bezieht sich auf diese moderne Solidarität. Um sie ranken sich daher auch die verschiedenen republikanischen Konsolidierungsversuche nach den gewalttätigen Erfahrungen mit Revolution und Restauration. Im Osten hat man zwar immer viel von Solidarität gesprochen, jetzt muß man aber noch lernen, was sie bedeutet, wenn sie nicht mehr im Kontext eines Obrigkeitsstaates mit disziplinierender Wirkung nach innen funktioniert. Im Westen ist überdies die bekannte republikanische Solidarität der heimlichen wie unheimlichen Patrioten zu erneuern, zunächst auf der Ebene von Nationen als zivilen Projekten – etwa über gerechtes Sparen –, um sodann auch als Transnationen in einer interdependent gewordenen Problem-Welt solidarisch aktiv werden zu können. Wichtig ist zu erkennen, daß der Liberalismus des 19. Jahrhunderts, wo er erfolgreich war, es vermochte, eine Werte-Synthese zustande zu bringen, die einen utilitaristischen Kern enthielt und anschlußfähig nach vielen Seiten war, da es um das Glück der großen Zahl ging. Die moderne Industriegesellschaft bedurfte dieser Synthese, welche der Liberalismus alleine nicht zu leisten imstande war. Die radikale Rückbesinnung auf den Liberalismus bei von Hayek[23] und seinen Schülern[24] verkennt heute, daß staatlicher Interventionismus und der Ausbau des Sozialstaates nicht den Weg in die Knechtschaft bedeutete, sondern eine erneute und sehr erfolgreiche Werte-Synthese, welche die »langen 50er Jahre« mit ermöglicht hat. Wir haben ferner konzeptuell davon auszugehen, daß mehrere Paradigmen von Politik zu einer modernen Bürgergesellchaft gehören, das heißt zumindest: verrechtlichte Politik als Signum der Moderne, gesellschaftliche Politik der großen Organisationen und die Politik der zivilgesellschaftlichen Akteure im engeren Sinne.[25] Hannah Arendt hat vor allem die Erfahrung der letzteren bis hin zum zivilen Ungehorsam groß und stark gemacht. Politische Theorie, wie ich sie verstehe, versucht darüberhinaus, die verschiedenen Paradigmen der Politik in ihrem spannungsreichen Verhältnis aufeinander zu beziehen. Dazu gehört zunächst und vor allem die Stärkung des vorgestellten komplexen Konzepts von Bürgergesellschaft *selber.* Dieses Konzept umfaßt zwei Ebenen: eine *abstrahierte* der politischen Ideen und Begriffe sowie eine *konkret-pragmatische,* auf der es um das Problem der demokratischen Mehrheitsbildung geht. Die grundlegenden Konzepte, welche die Bürgergesellschaft tragen, lauten: Antithese zur Kriegsgesellschaft, d.h. politischer, wirtschaftlicher und sozialer Frieden als normale Situation einer modernen Wohlstandsgesellschaft, die Inklusion anstrebt; politische und soziale Demokratie; moderne Solidarität und Minimalrepublikanismus. Konkret kommt man heute in der Politik nicht daran vorbei, sich an der für die Mehrheit auschlaggebenden Wählerschaft der Mitte zu orientieren; sie ist zu bewegen, wenn sich etwas bewegen soll. Die Zeit der plebiszitären Mehrheit, mit der charismatische Politiker wie de Gaulle oder Adenauer noch regieren konnten, scheint vorbei zu sein. Die Sachprobleme, welche die Demokratien belasten, sind überall dieselben: ethnisches statt ziviles Projekt der Nation, hohe Arbeitslosigkeit, leere öffentliche Kassen, Entropie des Sozialstaates, Überlastung des Rechtsstaates, Krise der Parteien, Reform der Sozialdemokratie, wirkungslose oder gar korrupte Verwaltung. Daraus ergibt sich – ob links – oder rechtsliberal eingefärbt –, was als Wichtigstes zu tun ist. Hier nimmt dann das Wort »politisch« wieder einen polemischen und überaus konkreten Sinn an.

Innerhalb des übergreifend-überlappenden Konzepts der Bürgergesellschaft werden die verschiedenen Handlungsmöglichkeiten und politischen Wege durch einen antiautoritären Konsens zusammengehalten. Es brauchte viel in der politischen Theorie dieses Jahrhunderts zu diesem unbezweifelbaren *Schlußpunkt* zu kommen. Der antitotalitäre Konsens sollte deshalb nunmehr als neuer *Ausgangspunkt* genommen werden, um die politische Theorie, der Bürgergesellschaft abstrahierend wie historisch-konkret auszubuchstabieren.

4. Schluß: Antitotalitärer Konsens

Der Zusammenhang von totalitärer Erfahrung und politischer Theorie ist zum einen ein historisches Thema, das sich in unterschiedlichen nationalen politischen Kulturen unterschiedlich stellt. Zum anderen eignet diesem Zusammenhang aber auch ein konstruktives Moment. Daraus gehen Deutungsangebote und ein Minimum an verbindlicher Orientierung hervor. Ein Minimum an Orientierung deshalb, weil die totalitäre Erfahrung auf der Ebene politischer Phänomenologie als eine »absolute Erfahrung« bezeichnet werden kann.[26] Das heißt: es handelt sich dabei um eine Erfahrung, die so prägend ist, daß man sich nicht mehr beliebig zu ihr verhalten kann. Auf einer grundlegenden Ebene vermischen sich daher totalitäre Erfahrung und Philosophie, was für die politische Theorie fruchtbare Konsequenzen hat. Sie findet so in der geschichtlichen Erfahrung dieses Jahrhunderts selber Bezugspunkte für ein ethisches Minimum vor. Bei aller Ausweitung intellektueller Kritikmöglichkeiten geht es dann nicht mehr nur um ein philosophisch beliebiges Spiel. Es wird vielmehr ein historisch-konzeptioneller Ausgangspunkt gesetzt, um die Bürgergesellschaft in ihren komplexen Voraussetzungen thematisieren zu können, d.h. zugleich die Demokratie, das Politische und den Staat so zu denken, daß Wichtiges geprüft, Gutes behalten und Besseres hinzugefügt werden kann. Diese *aufgeklärte und verständigungsorientierte Eklektik* zeichnet eine demokratische politische Theorie aus. Sie ist gleichermaßen integrierend wie dezidiert, was ihre Ausgangs- und Zielpunkte betrifft. Was aber ist heute die angemessene Beschreibung der modernen Gesellschaft, und welche praktische politische Theorie im Wandlungssinne folgt daraus? In Bezug auf beides gibt es Streit, und beides ist selbstverständlich ineinander verzahnt, denn wir sind immer Zuschauer, Handelnde und Funktionierende zugleich. Die entscheidende Schwierigkeit besteht darin, empirische Beobachtungen und eine entsprechend intelligente Semantik in Handeln, das Lücken findet, umsetzen zu können. Intellektuell leben wir dabei in keiner Zeit der großen Parolen mehr. Aufklärung hat vielmehr sokratisch – mühsam und bescheiden – immer wieder neu anzusetzen. Politische Theorie, die einer aufgeklärten Eklektik folgt, bemüht sich dabei um Handlungskorrespondenzen. Im Unterschied zu großen Teilen der stattgefundenen historischen Aufklärung leben diese Denk- und Handlungsprozesse nicht mehr von geschichtsphilosophischen Überbietungs- oder zivilisationskritischen Verelendungsthesen, die gegenüber der Gegenwart blind machen. Die Gegenwart wird rehabilitiert, aber aufgrund der Zivilisationsdynamik schrumpft sie als Orientierungsgröße.[27] Viele wissen, was möglich ist, aber niemand ist in der Lage, das Nötige auch zu bewirken. Die Aufklärung ist zwar nicht am Ende, wohl aber ist sie in einer auch für das politische Denken schwierigen Praxiskrise, denn Aufklärungsprozesse müssen notwendigerweise an *Realität wie an Aktualität* anknüpfen können. Dafür benötigen sie gewissermaßen einen »weichen« Handlungsbegriff, der sich mit Realität konfrontiert *und* gleichzeitig hindurchfindet, und nicht einfach Aktion, Geste oder Attitüde ist. Politische Theorie der Bürgergesellschaft, welche eine kritische Totalitarismustheorie einbegreift, ist eine hartnäckig handlungsorientierte Aufklärung über wirkliche Möglichkeiten und mögliche Wirklichkeiten. Sie hat freilich die gesellschaftstheoretische Nachaufklärungs-Aufklärung der Gegenwart ernstzunehmen, die unsere Verhältnisse manchmal bis zur Kenntlichkeit verfremdet und andere Verhältnisse ihrer eigenen Unordnung überläßt. Gesellschaftstheorie und politische Theorie gehen so eine Synthese ein. Wissenschaftler, die Bilder von der Gesellschaft erzeugen oder verstärken, müssen sich dabei ihrer politischen Verantwortung bewußt bleiben.

Anmerkungen

1 Hannah Arendt, Gestern waren sie noch Kommunisten (...), 1953. Wieder abgedruckt in *Freitag*, 28.6.1996.
2 Vgl. dazu Kurt Imhof, Heinz Kleger, Gaetano Romano (Hg.), *Zwischen Konflikt und Konkordanz*, Zürich 1993; dies. (Hg.), *Konkordanz und Kalter Krieg*, Zürich 1996.
3 Vgl. Hannah Arendt, *Elemente und Ursprünge totaler Herrschaft*, München 1986, S.629.
4 Vgl. François Furet, *Das Ende der Illusion*, a. a. O., S.48.
5 A.a.O., S.219.
6 A.a.O., S.218.
7 A.a.O., S.219.
8 Hannah Arendt, a. a. O., S.527.
9 Hannah Arendt, a. a. O., S.502.
10 Das Recht auf Urlaub, das auch ein Programmpunkt der französischen Volksfront war, konnten die Gewerkschaften in der Weimarer Republik tarifvertraglich durchsetzen. Die Weltwirtschaftskrise machte indessen die Hoffnung auf seine Realisierung bald wieder zunichte. Die massive Unzufriedenheit darüber bei Arbeitern und Angestellten wußte die NSDAP auszunutzen. 1935 gab es wieder, freilich straff organisierten, Massentourismus, z. B. »Kraft durch Freude«. Dies alles wurde als »verwirklichter Sozialismus« angepriesen. (Vgl. dazu die Ausstellung im »Haus der Geschichte«, Bonn 1996)
11 Hannah Arendt, a. a. O., S.502. (Hervorhebung: Heinz Kleger)
12 Hannah Arendt, a. a. O., S.504.
13 A.a. O., S.509.
14 A.a. O., S.510.
15 A.a. O., S.513.
16 Historisch-soziologisch gesehen läßt sich bestreiten, daß Deutschland und Rußland typische moderne Massengesellschaften waren. Dies trifft eher auf die USA zu, die indessen gerade nicht totalitarismusanfällig waren. Wenn schon Massengesellschaft, dann war sie Produkt und nicht Voraussetzung totalitärer Herrschaft (vgl. Lord Dahrendorf, *Der moderne soziale Konflikt*, Stuttgart 1992, S.126). Heute spricht man trotz Massenmedien, Massenkultur und dem trostlosen Massenproblem der Arbeitslosigkeit vor allem von der Auflösung der Massengesellschaft durch Pluralisierung und Individualisierung. Man muß sich allerdings bewußt bleiben, daß dies nur für unsere Gesellschaften gilt, die vom Desiderat der vollen Inklusion (Parsons) beherrscht sind. Auf der Ebene der realen Weltgesellschaft existiert dagegen massenhafte Ausschließung aus der Gesellschaft durch massenhaftes Elend. Das Problem der Masse bleibt mithin in verschiedenen Hinsichten politisch virulent.
17 Hannah Arendt, *Elemente und Ursprünge totaler Herrschaft*, a. a. O., S.747. Arendt drückt dies an anderer Stelle so aus: »Wo immer wir können, müssen wir Freundschaft schließen, und dies gilt für ehemalige Nazis und Faschisten genauso wie für ehemalige Kommunisten.« (Hannah Arendt, Gestern waren sie noch Kommunisten (...), 1953, wiederabgedruckt in *Freitag*, 28.6.1996, S.11f.)
18 Vgl. Hansjörg Siegenthaler, *Regelvertrauen, Prosperität und Krisen*, Tübingen 1993.
19 Vgl. Niklas Luhmann, *Beobachtungen der Moderne*, Opladen 1992, S.139; vgl. auch Pietro Morandi, *Krise und Verständigung*, Zürich 1995.
20 Hannah Arendt, *Vita activa*, a. a. O., S.52. Hervorheb.: H. K., Die Welt – das ist bei Arendt der öffentliche Raum, ich würde an dieser Stelle sagen: das »bürgergesellschaftliche Wir«. Hier kommt es wieder auf das »und« an: trennen *und* verbinden.

21 Vgl. dazu Sergej Henke, Rußland: Altlasten und Visionen, in: Roland Erne u.a. (Hg.), *Transnationale Demokratie,* Zürich 1995, S.366ff.

22 Vgl. Heinz Kleger, Was ist und vermag Solidarität? In: *Widerspruch* H.27/ Zürich 1994, S.103-114.

23 Friedrich von Hayek, *Wege in die Knechtschaft,* Erlenbach-Zürich 1945.

24 Vgl. z.B. Manfred E. Streit, *Freiburger Beiträge zur Ordnungsökonomik,* Tübingen 1995.

25 Vgl. dazu ausführlich Heinz Kleger, Politische Theorie als Frage nach der Bürgergesellschaft, in: *Berliner Debatte* 4/5, 1995, S.155-165.

26 David Bosshart, *Politische Intellektualität und totalitäre Erfahrung,* Berlin 1992, S.59.

27 Das eigentliche Problem der Moderne liegt damit in der Zeitdimension. Es gibt nur noch provisorische Voraussicht, so daß Verhandlungen den Sinn bekommen, »die Unsicherheit aller so zu vergrößern, so daß man sich nur noch verständigen kann.« (Vgl. Niklas Luhmann, *Beobachtungen der Moderne,* a.a.O., S.141; vgl. auch Hermann Lübbe, *Zeit-Erfahrungen,* Stuttgart 1996. Unter anderen Vorzeichen spiegelt die Jugendkultur der 90er Jahre, etwa die Techno-Szene, daß es kein sicheres Morgen, sondern nur noch die Inszenierung des gegenwärtigen Augenblicks gibt: Die Eltern/Älteren reden, die Jugend tanzt. Mit der alten Kultur setzt man sich nicht auseinander, was aber wiederkehrt, ist etwas Uraltes in neuer Gestalt: die Entgrenzung im Stammesritual.

Freiheit und Politik: Anfangen und Handeln

Hans Saner

Die politische Bedeutung der Natalität bei Hannah Arendt

Für Heinz Robert Schlette
zum 65. Geburtstag

Als es 1945 Hannah Arendt zur Gewißheit wurde, daß sie den Holocaust und den Zweiten Weltkrieg zwar im Schutze des Exils, aber letztlich doch zufällig überlebt hatte, war ihr keineswegs, als kehrte sie in die Verläßlichkeit einer altvertrauten Welt zurück. Die Zerstörung Europas, vor allem aber der »entschlossene Versuch der Ausrottung« der Juden, hatte den »Boden der Tatsachen in einen Abgrund verwandelt«[1], in den auch noch hineingezogen wurde, wer versuchte, »den Höllenspektakel«[2] im nachhinein zu verstehen. Dennoch mußte der Versuch zu verstehen unternommen werden; denn er war der einzige Weg zu einer möglichen Versöhnung – nicht etwa mit den Mördern und den Machthabern: hier konnte es keine Versöhnung geben –, sondern mit der Welt, in der das geschehen war, was kaum jemand zuvor für möglich gehalten hatte, aber nun niemand mehr ungeschehen machen konnte. Die Unabänderlichkeit der Ereignisse zerbrach jedes Vertrauen in die Welt, die Hannah Arendt nach den epochalen Katastrophen noch unheimlicher war als ohnehin schon von Jugend auf. Klar war es ihr, daß für dieses Verstehen das Studium der Geschichte nicht ausreichte; denn weder die Geschichte des deutschen noch des jüdischen Volkes konnte Auschwitz »erklären«[3]. Also galt es, das Unverständliche politisch verstehen zu lernen und vielleicht auch philosophisch. Weil aber die neue Wirklichkeit so radikal die Grenzen der Humanität sprengte, daß niemand darauf vorbereitet war, sie zu denken, mußte im Verstehen ein neues Denken geschaffen werden, das ihr gewachsen war. Eben dies war der beharrliche Versuch ihrer künftigen Lebensarbeit, durch den sie – anfänglich »etwas zwischen einem Historiker und einem politischen Publizisten«[4] – zur originellsten politischen Theoretikerin der Nachkriegszeit wurde.

Der ungeheure Schrecken einer abgründigen Realität und in deren Folge die radikale Ungeborgenheit in der Welt waren es also, die Hannah Arendt auf die Suche trieben. Was lag näher, als bei den ehemaligen Lehrern: bei Husserl, Heidegger und Jaspers, und bei deren geistigen Vätern: bei Schelling, Kierkegaard und Nietzsche, zu beginnen? Hatten nicht die Phänomenologen und die Existenzphilosophen durch den Einbruch des Ersten Weltkrieges einen vergleichbaren Schock erlitten? Die Schrift *Was ist Existenz-Philosophie?*[5] von 1946 ist aus dieser Frage entstanden. Sie untersucht das durch die Lehrer Mitbekommene auf sein Krisenbewußtsein hin und auf seine Eignung zu einem Neuansatz des Denkens.

Husserl, für Hannah Arendt ein Denker, der zur modernen Philosophie »nicht eigentlich gehörte«[6], war in ihren Augen gleichsam ein klassizistischer Magier, der zwar etwas von der Fremdheit der Wirklichkeit ahnte, sie aber in den Bewußtseinsakten verschwinden ließ, um so, ähnlich wie Hofmannsthal in den kleinen Dingen, »aus der unheimlich gewordenen Welt wieder eine Heimat herauszuzaubern«[7]. Hannah Arendt räumt ein, daß die phänomenologische Reduktion ein Akt humaner Bescheidenheit sein könnte. Aber er würde exakt dann zur Hybris, wenn er sich selbst mit einer Konstitution verwechselte, durch die der Mensch doch noch zum »Schöpfer der Welt und seiner selbst«[8] wird. Dann wäre nicht allein der Schock über die Wirklichkeit der Welt verflogen, sondern es würde auch jede politische Reflexion gelähmt. Denn wenn jeder der Schöpfer *seiner* Welt und seiner selbst ist, gibt es über die gemeinsame Welt und ihre Veränderung nichts mehr zu reden, weil sie ja gar nicht gegeben ist.

Gemessen an Husserl war Heidegger für Hannah Arendt immer ein nicht-epigonaler Denker, der in die Moderne gehörte. Er wußte zweifellos etwas über die Unheimlichkeit der Welt und der Gegenstände in ihr. Aber im Hinblick auf ein politisches Denken war er gleichsam ein verkehrter Wegweiser. Er sprach nie vom Menschen, sondern ausschließlich vom Dasein, und er reduzierte über diese Reduktion alles Menschliche auf Daseinsmodi, die phänomenologisch nachweisbar sind. Damit entfallen alle jene Qualitäten des Menschen, »die Kant als Freiheit, Menschenwürde und Vernunft vorläufig skizziert hatte«[9], Qualitäten, die aus »Spontaneität« und nicht aus »Funktionen des Seins« entspringen. An ihrer Stelle bleibt bloß noch das Nichts als »eigentlich freie Domäne des Menschen«[10]. Dasein wird nun ausschließlich rückbezüglich. »selbstisch«, wie Hannah Arendt sagt, und diese »hybride Leidenschaft«[11] der absoluten »Selbstischkeit«[12], in der es sich abtrennt »von allen, die seinesgleichen sind«[13], wird fixiert durch das Existential des Vorlaufs zum Tode, das Heideggers eigentliches *»principium individuationis«*[14] ist. – All das bedeutet: Heideggers Analytik des Daseins verstellt jeden Zugang zur politischen Reflexion. Sie erstickt das Bewußtsein der Spontaneität in einem realistischen Funktionalismus, durchschneidet die mit-menschlichen Relationen und treibt das Individuum unaufhörlich in die Richtung der Jemeinigkeit des Todes und in die Weltlosigkeit des Alleinseins: Je selbstischer, desto eigentlicher; je gemeinsamer, um so verfallener an das Man. Daß all dies, politisch bedacht, eine schon groteske Verkehrung sein muß, hat sich für Hannah Arendt in Heideggers Rektoratszeit offenbart. »Heidegger (...) hat in seiner politischen Handlungsweise alles dazu getan, uns davor zu warnen, ihn ernst zu nehmen.«[15] Ihre eigene politische Theorie wird geradezu die Revolution, d.h. die Umkehrung, all dieser Verhältnisse sein.

Jaspers' Denken schließlich schien Hannah Arendt »sehr viel moderner«[16] zu sein als das neusachliche und methodisch schulmäßige von Heideggers *»Sein und Zeit«*. »Modern« aber bedeutete ihr lediglich, »daß für das gegenwärtige philosophische Denken sich unmittelbare Anhaltspunkte ergeben«[17], und zwar schon in der 1919 erschienenen *»Psychologie der Weltanschauungen«*, dem ersten großen Werk der deutschen Existenzphilosophie. Die Sprengung aller weltanschaulich mythologisierenden Gehäuse, welche Fluchtnischen vor der Wirklichkeit sind; die Verwandlung der Philosophie in den Plural der Philosophien, der statischen Standpunkte in die Verschieblichkeit der Multiaspektivität; die Rückstellung aller Resultate in eine offene Schwebe, die Umschmelzung des belehrend Normativen in das bewegend Appellative und die Öffnung des Denkens im Raum der Möglichkeiten bis an die Grenze eines Wirklichen, das nicht mehr bloß Möglichkeit sein kann – all das gab seinem Philosophieren eine Weite des Experimentierens, die niemanden zur Zustimmung zwang. Hier war der ontologische Wahn nicht bloß der Erschaffung, sondern auch der Erkenntnis des Seins radikal abgelegt. Eben deshalb konnte die Zerrissenheit des Seins, dieses Grundmerkmal der Moderne, gesehen werden. Die Fremdheit und die antinomische Struktur der Welt mußten nicht geleugnet werden, aber auch nicht der Wille zu einer Menschenwelt, »die Heimat werden konnte«[18]. Die Chance dafür lag in der Kommunikation, jenem kämpfenden Miteinanderreden der Philosophierenden, in dem Existenz sich verwirklicht – aber nun gerade nicht in der Selbstischkeit oder sonst in einem Modus des Alleinseins, »sondern umgekehrt nur in dem Zusammen der Menschen in der gemeinsam gegebenen Welt«[19]. Eben deshalb hielt er als einziger an den Kantischen Qualitäten von »Freiheit und Würde«[20] fest. In all dem war wenigstens der Versuch gemacht, »eine neue Art Philosophie überhaupt zu begründen«[21]. Deshalb sagte Hannah Arendt später gelegentlich, sie sei durch Jaspers' Denken, »trotz meiner Ahnungslosigkeit«[22], für die Politik vorbereitet worden. – Aber auch ihn traf das Verdikt gegen alle Existenzphilosophie: Ihre Auslegung des existentiellen, des eigentlichen Menschseins war an Kierkegaards Kategorie der »Ausnahme«[23] orientiert, und das war kein gutes Erbe für die politische Reflexion – wie es die Philosophie, gerade als reines Denken, insgesamt nicht war.

Schon aus diesen Kritiken und Zustimmungen ließe sich Hannah Arendts politische Theorie in Umrissen entwerfen. Aber man würde sich mit einer solchen Rekonstruktion etwas vormachen: man würde die Schwierigkeiten der ursprünglichen Konstruktion zum Verschwinden bringen, die weit eher einer erlebten Geschichte gleicht als einer logischen Herleitung. Diese Schwierigkeiten waren dadurch gegeben, daß sich die ganze Tradition des abendländischen Denkens darauf verschworen zu haben schien, die politische Reflexion aus der Welt zu schaffen. Das galt gleichermaßen von der großen Philosophie, von den modernen Wissenschaften und von der jüdisch-christlichen Theologie. Sie sprachen immer von dem Menschen, als ob es nur einen gäbe oder als ob alle Menschen gleiche Exemplare derselben Gattung wären. Die Philosophen wurden dazu verführt durch die Platonische Metaphysik und die Ontologie, der auch noch Heidegger verfallen war, die Wissenschaftler dazu gezwungen, weil das Besondere nicht der Gegenstand ihrer Theorie sein konnte, und die Theologen wurden dazu genötigt, weil es der Schöpfungsmythos so vorgab. Keine Disziplin hatte eine »gültige Antwort auf die Frage: Was ist Politik? gefunden«[24].

Mehr als jede andere Wissenschaft hatte die große Philosophie diese Frage verfehlt. In ihr erreichte die Politik »nie die gleiche Tiefe« wie die metaphysische Spekulation, selbst nicht bei Plato. »Der fehlende Tiefsinn ist ja nichts anderes als der fehlende Sinn für die Tiefe, in der Politik verankert ist.«[25] Wo die tiefe Verankerung der Politik aber versucht wurde, wie bei Aristoteles, wurde sie falsch geortet, nämlich im *Zoon politikon*, als ob es in *dem* Menschen eine »politische Substanz«[26] gäbe. Hannah Arendt opponiert dagegen entschieden: »*der* Mensch ist a-politisch«[27]. Der Ort des Politischen ist nicht ein essentielles Innen, sondern das *»Zwischen-den-*Menschen«[28]. Dieses Inter-esse spielt bei ihr in mehrfacher Hinsicht eine entscheidende Rolle: In ihm sind die Relationen zu Hause, die Sprache und auch die öffentliche Freiheit, ja das politische Leben insgesamt: »inter homines esse«, so schreibt sie öfters, hieß für die Römer »leben« und »desinere inter homines esse« hieß »sterben«[29]. – Auch schien den »professionellen Denkern«[30] die Freiheit als Sinn der Politik nicht »zu passen«. Denn die Freiheit oder die Spontaneität des Menschen muß man mit der Zufälligkeit, der Kontingenz, all dessen bezahlen, was der Mensch aus Freiheit tut, und das bedeutet nichts anderes, als daß wir aus Freiheit immer nur das tun, »was auch ungetan bleiben könnte«[31]. Die Philosophen haben deshalb in der Regel – Kant ist die große Ausnahme – die Freiheit auf das neue Jerusalem vertagt, wo sie sich sofort in ein Reich der Notwendigkeit – nämlich der Unveränderbarkeit – verwandeln mußte, was ihrer Zerstörung wesentlich näher kam als ihrer Aktualisierung. – Schließlich ist das Denken der Philosophie in der Regel ein welt-fremdes Denken, eine innere Zwiesprache des Ich mit dem Selbst, kaum ein öffentliches Gespräch. Diese innere Zwiesprache legte sich in ihrer Tradition so sehr in Fesseln der Selbstkontrolle, eben weil ihr das öffentliche Korrektiv fehlte, daß sie alle Kultur des Experimentierens und des Spielens verloren hat, fast überall an Geländern geht und von der Totenstarre der Logik wie gelähmt ist. Der so erstarrte Diskurs hat nun selber Teil an der Gewalt, gegen die sich ursprünglich Sprache doch wendet. – Gegen Abgleitungen dieser Art müßte die politische Theorie eine Sprache, eine Philosophie zur Grundlage haben, der die Freiheit »paßt«, ohne daß sie selber vom Abgrund der Freiheit verschlungen wird.

Aus Ungenügen an den Theorien suchte sie schließlich bei den Gründungslegenden und den Menschen der Praxis nach neuen Anstößen. Sie hoffte, dort Hinweise auf das Dilemma des Anfangens zu finden: Wie war es überhaupt möglich, daß Katastrophen und Verbrechen solchen Ausmaßes, wie Auschwitz und die totale Herrschaft sie darstellen, nicht in alle Zeiten fortwirken? Wie ist, obwohl sie nicht ungeschehen gemacht werden können, es möglich, politisch einen neuen Anfang zu setzen? Denn *daß* er gesetzt werden mußte, war offensichtlich. Aber *warum* und *wie* er gesetzt werden könnte, lag völlig im Dunkeln.

Aber auch hier ergab sich bald ein ernüchterndes Fazit. In den Gründungslegenden klaffte jeweils ein Hiatus zwischen den Aktionen der Befreiung aus einem unerwünschten Zustand und den Handlungen der eigentlichen Neugründung. Dieser Hiatus wies zwar auf das Problem des Anfangens hin, aber löste es nicht. Die Menschen der Praxis wiederum überbrückten ihre Verlegenheit damit, daß sie das Neue als Neugründung eines Alten ausgaben und es damit legitimierten: die Revolution als Wiederherstellung oder, um es kraß zu sagen, als Restauration.

Um etwa 1950 scheinen derart alle Versuche gescheitert zu sein, in der Geschichte der Theorien und der Praxis einen Ansatz für eine neue politische Theorienbildung zu finden. Das Sonderbare ist nun, daß ausgerechnet eine Interpretation jenes jüdisch-christlichen, monotheistischen Mythos von der Erschaffung des *einen*, ebenbildlichen Menschen, den Hannah Arendt für den Verlust des politischen Bewußtseins mitverantwortlich machte, den Durchbruch zu einem eigenen konsistenten, politischen Denken ermöglicht, weil diese Interpretation (nicht etwa der Mythos selber[32]) die Anfangsfrage löst, dem Menschen die Freiheit zurückgibt und die Politik verläßlich, tief und dennoch in einem alltäglichen, aber basalen Ereignis gründet: im Faktum des Geborenwerdens. Die Rede ist von Augustinus' Interpretation der Erschaffung des Menschen und von ihrer politischen Umdeutung durch Hannah Arendt.

Im 12. Buch der *Civitas Dei* polemisiert Augustinus heftig gegen die griechische und römische »Annahme von Kreisläufen, in denen sich immerfort notwendig dasselbe von Zeit zu Zeit wiederholen soll«[33]. Diese Lehre – sie ist uns vertraut in der Erneuerung durch Nietzsche – sei »für fromme Ohren unerträglich«[34]. Denn sie würde nicht allein bedeuten, daß die grenzenlose Seligkeit der Heiligen mit einer »jammervollen Sterblichkeit«[35] periodisch abwechselt, sondern auch, daß dauerhafte Liebe unter Menschen unmöglich wäre. Wir müßten den Freund, den wir aufrichtig lieben, bald wieder hassen. Nur wenn die Zeit nicht an Kreisläufe gebunden sei, »kann sich Neues zutragen, noch nie Dagewesenes, ohne daß es aus der Ordnung der Dinge herausfällt«[36]. Eben dieses Neue wäre ein Anfang, der in der ewigen Wiederkehr des Gleichen nicht möglich sei. *»(Initium) hoc ergo ut esset, creatus est homo, ante quem nullus fuit.«* »Damit also ein Anfang in der Welt sei, wurde der Mensch erschaffen, vor dem Niemand war.«[37]

Diesen Satz und die vorausgehenden Überlegungen muß Hannah Arendt 1953 als eine Art Offenbarung empfunden haben.[38] Plötzlich meinte sie, »eine ansatzhafte Alternative« zur »gesamten Geschichte des politischen Denkens«[39] entdeckt zu haben, und das bei einem Denker, der selber im Schatten eines »katastrophalen Endes« gelebt hat, »das dem von uns erreichten vergleichbar sein mag«[40]. Eben deshalb ist er für die Gegenwart glaubwürdig. Diese ansatzhafte Alternative galt es nun für das politische Denken systematisch fruchtbar zu machen. Der erste Schritt dazu lag in einer Auslegung des Satzes, welche die Frage des Anfangs befriedigend zu lösen vermochte. Der Interpretationsprozeß erstreckte sich über Jahre und führte insgesamt etwa zur folgenden Auslegung:

Der Mensch hat die Fähigkeit anzufangen, weil er selber als Anfang geschaffen ist. Zwar gab es vor ihm einen Anfang anderer Art, ein absolutes *principium*, aus dem die Welt und mit ihr die naturhafte, zyklische Zeitlichkeit erschaffen wurde. Aber *in* der Welt ist er das *initium*, der relative Anfang, vor dem es anderes, aber nicht Andere gab. In ihm als *initium* liegt indes zugleich das Prinzip des Anfangens überhaupt – und insofern gründet sein komparativer Anfang im absoluten der Erschaffung der Welt. Als *initium* ist er ein Initiator, und im Initiator liegt die Schubkraft der Initiative, die neue Anfänge setzt. Der Sprung aus der zyklischen in die lineare Zeitlichkeit geschah nicht nur einmal, sondern geschieht bei jedem Menschen im Geborenwerden neu, im Eintritt nämlich aus einer naturhaften, geschloßenen Fetalwelt in die gemeinsame, offene Sozialwelt, und dieser Sprung ist der Beginn der Geschichte eines bestimmten und durch seine Geschichten einzigartigen Menschen. Einzigartigkeit und Pluralität aber bedingen sich gegenseitig. Beide sind nur möglich, wenn es Freiheit gibt. Und deshalb tritt mit jedem neuen *homo temporalis* die Gabe der Freiheit in die Welt. Sie ist identisch mit der Fähigkeit, etwas Neues anzufangen.

Die Geburt im Sinn von Gebären – wie übrigens auch das Zeugen – hat noch den naturhaften Charakter des Zyklischen. Von beiden sagt Hannah Arendt, daß sie keineswegs »schöpferisch«[41] seien. Aber das Faktum des Geborenwerdens oder, schärfer, des Geborenwordenseins ist der Anfang des Anfangens, in dem die Politik verankert werden muß. Sie ist gleichsam die zweite Geburt, durch die der Mensch aus der offenen in die *öffentliche* Welt tritt, sich in ihr »einschaltet« und damit die Verantwortung dafür übernimmt, daß er zur Welt gebracht worden ist. Das bleibende Anfangenkönnen schließlich ist die Natalität, ein Existential oder eine Struktur des Menschseins, die Hannah Arendt auch »Gebürtlichkeit« nennt.

So wie die Geschichte eines jeden Menschen als Geschichte in der gemeinsamen Welt mit der Geburt beginnt und mit dem Tod endet, so sind die beiden Grundstrukturen des Menschseins die Natalität und die Mortalität oder eben Gebürtlichkeit und Sterblichkeit, wobei für Hannah Arendt die Natalität die fundamentalere Struktur des Humanen ist. Eben darin ist ihre Philosophie schlechthin revolutionär: Das *»principium individuationis«* der Menschen ist nicht mehr die Sterblichkeit, sondern die Gebürtlichkeit. Das eigentliche Leben ist nicht ein Vorlaufen zum Tod, sondern ein Handeln aus der Freiheit der Natalität. Und die Menschen sind nicht primär »Sterbliche«, sondern »Geborene« oder »Anfänger« oder wie die Griechen von Kleinkindern sagten – »Neue« *(néoi)*.

Diese Auslegung ist handwerklich kühn, um nicht zu sagen halsbrecherisch. Hannah Arendt greift einen Satz auf, der einen *Mythos* interpretiert. Sie macht aus ihm eine *Metaphysik* des Anfangs und des Anfangens. Diese verknüpft sie mit einem *ontischen Geschehen,* dem Geborenwerden, und aus ihm erschließt sie eine *ontologische Struktur,* die Natalität, auf die sie eine *Metapher,* die zweite Geburt als politisches Handeln, pfropft. All dies wird nun zur scheinbar homogenen Grundlage einer neuen politischen Theorie. Die Schritte aber wird sie jeweils in der konkreten Verankerung des Politischen zurückgehen: von der Zufälligkeit des Handelns bis zur Geburt und zur Erschaffung des Menschen. Alles, was in der Schulphilosophie verboten ist, geschieht dabei. Sie denkt in Zirkeln, etwa wenn sie vom Anfang des Anfangens spricht; sie leistet sich Widersprüche zuhauf, und sie geht von einer *metábasis eis állo génos* zur nächsten munter voran. Aber all dies mit Bedacht und mit Bedeutung. Das Vorgehen erwächst nämlich der Einsicht, daß das Problem des Anfangs eine »logisch unlösbare Aufgabe«[42] ist und bleibt. Man könnte zwar schweigen. Aber dann bliebe der existentielle Schock, daß in jedem Anfang der Abgrund der Willkür liegt. Deshalb zieht sie das Reden vor und versucht es eben mit einem logisch fraglichen Sprachspiel, das zeigen möchte, daß der Mensch »gleichsam existentiell vorbestimmt« ist – auch dies ein Widerspruch –, »einen Anfang zu setzen«[43]. Ihre letzte Gründung, nicht etwa Be-Gründung des Politischen, hat selber einen Charakter des *»péithein«,* des politischen Redens, des Überzeugens und Überredens also, das weiß, daß es nicht zwingen kann, und es übrigens auch gar nicht möchte. Aber sie will, so scheint mir, das Erlebnis der Evidenz vermitteln, die in ihr aufgeleuchtet ist, als sie den Satz des Augustinus las.

Diese Funktion der Evidenz-Vermittlung übernehmen mit der Zeit auch eine Reihe anderer Zitate. So etwa eine Stelle aus Platos *Nomoi*: »Denn der

Anfang ist auch ein Gott, und er rettet alle Dinge, solange er unter den Menschen weilt.«[44] Oder der Satz des Polybios »Der Anfang ist nicht nur die Hälfte des Ganzen, sondern reicht bis zum Ende«[45]. Und schließlich zitierte sie fast eben so oft wie die Augustinus-Stelle die 4. Ekloge von Vergil: *»Magnus ab integro saeclorum nascitur ordo.«*[46] »Aufs Neue hebt an die große Ordnung der Zeiten.« Sie hielt diese Ekloge für einen Hymnus auf die Geburt eines »wirklichen Kindes«[47] und kommentierte ihn: »Was in ihm gepriesen wird, ist die Göttlichkeit der Geburt überhaupt, und was er ausspricht, ist, daß die Erlösung der Welt darin beschloßen liegt, daß das Menschengeschlecht sich für immer durch Geburt, durch die Ankunft neuer Geschlechter, erneuert.«[48] Es mutet an, als ob sie die Spuren einer verborgenen Tradition suchte, die übrigens weit zahlreicher sind, als Hannah Arendt dies vermutete, insbesondere in der deutschen Philosophie. So bei Jacob Böhme, der vor ihr als einziger die Geburt »centraliter«[49] dachte, aber auch bei Meister Eckehart[50], Hegel[51] und Fichte, von dem das schöne Wort stammt, mit dem sie ganz einverstanden gewesen wäre: die Geburt sei »die Erscheinung (...) der Genesis der Freiheit«[52]. – Wie soll man es aber deuten, daß Hannah Arendt bei ihrer Spurensuche nie auf Heidegger verweist? Sie war eine exzellente Kennerin von *Sein und Zeit*. Der folgende Passus dürfte ihr nicht unbekannt gewesen sein: »Existential verstanden ist die Geburt nie ein Vergangenes im Sinne des Nichtmehrvorhandenen, so wenig wie dem Tod die Seinsart des noch nicht vorhandenen, aber ankommenden Ausstandes eignet. Das faktische Dasein existiert gebürtig, und gebürtig stirbt es auch schon im Sinne des Seins zum Tode.«[53] Das bedeutet natürlich nichts anderes, als daß schon für Heidegger die Gebürtigkeit ein Existential war, dessen Analyse ihn allerdings, aus welchen Gründen auch immer, nicht interessierte. Aus dem Gedanken der Natalität ergeben sich einige Bestimmungen des Menschen, die Hannah Arendt konsequent für ihr politisches Denken fruchtbar macht:

– Die Menschen sind von Geburt ein *Anfang* und dadurch befähigt zum Anfangen. Politik ist dort und nur dort, wo anfangend ein *Neues* versucht wird.

– Die Menschen werden in eine *gemeinsame Welt* hineingeboren. Politik ist deshalb ausgerichtet auf dieses In-der-Welt-Sein der Weltbewohner und auf die gemeinsame Weltgestaltung durch sie.

– Als Weltbewohner sind die Menschen immer echte Vielheit. Dieses *Faktum der Pluralität* ist die grundsätzliche Bedingung »des Handelns wie des Sprechens«[54]. Das Subjekt der Politik ist deshalb nicht *der* Mensch, sondern sind *die* Bürgerinnen und Bürger.

– Durch die Geburt fängt die *lineare Geschichte* der Menschen an. Politik ist dort und nur dort, wo der zyklische Ablauf der Ereignisse linear aufgebrochen wird.

– Durch ihre Geschichten und ihre Vielheit sind die Menschen nicht bloß verschieden wie alles Lebendige, sondern *einzigartig*. Politik beginnt dort, wo diese Einzigartigen und Vielen zueinander in Relationen treten.
– Der Gegenpol der Einzigartigkeit ist nicht die Gleichheit, sondern die *Gleichartigkeit* aller Geborenen – unabhängig von ihrer individuellen Lebenszeit. Politik beginnt dort, wo die Ungleichen, die dennoch ihresgleichen sind, durch Sprache und Handeln sich in der Öffentlichkeit verständigen.
– Der letzte Grund des anfangenden Handelns ist die *Freiheit*. Politik ist dort und nur dort, wo *aus* Freiheit gehandelt wird und Freiheit der *Sinn* des Handelns bleibt.

Etwa so könnte man nach Hannah Arendt die Maximen einer Politik der Natalität formulieren. Aber sie machen nicht das ganze Fundament ihrer Politik aus. Vielmehr gründet diese auch in einem gewissen Zutrauen zu den Mitgeborenen und in der Liebe zur Welt, ohne die jedes Miteinander zur Qual werden müßte und das Am-Leben-Bleiben nur ein Zeichen unserer Schwäche wäre.

Die Natalität wirkt in der ganzen Breite des Politischen kategorienbildend. Wir wollen dies am politischen Handeln und Reden und an der Bestimmung des Raumes der Politik aufzeigen. Das politische Handeln trennt Hannah Arendt scharf von den übrigen Tätigkeiten: dem Arbeiten und dem Herstellen.

Arbeiten ist für sie ein zyklisches Tun, das sich an biologischen Prozessen orientieren muß, weil es die ebenfalls zyklisch auftretenden Lebensbedürfnisse des menschlichen Körpers mit den lebensnotwendigen Stoffen versorgt, die ihrerseits zyklisch wachsen und reifen oder erzeugt und zubereitet werden. Die Grundbedingung all dieser Prozesse ist das Leben selbst. Arbeiten ist deshalb als Vollzug kein gebürtliches Tun. Es ist in die Notwendigkeit des Lebens als Natur eingebunden und insofern ohne Freiheit. Aber in ihm liegt ein doppeltes Interesse an der Natalität: Es sichert angesichts der Sterblichkeit das Am-Leben-Bleiben der Geborenen und es sorgt prospektiv immer auch für die künftigen »Neuankömmlinge«[55].

Das *Herstellen* dagegen ist eine Antwort des Menschen darauf, daß er in der Natur keine Heimat findet, weil sie von den Prozessen der Sterblichkeit durchherrscht ist. Es produziert gegen die natürliche eine »künstliche Welt der Dinge«[56], die den Naturprozessen in gewissem Grad widerstehen. Diese Dingwelt bietet den Menschen insofern eine Heimat, als sie individuelles menschliches Leben überdauert. Die Grundbedingung des Herstellens ist Weltlichkeit, das Angewiesensein der Menschen auf Artefakte. – Herstellen ist also in gewissem Sinn eine Rebellion gegen die Sterblichkeit. Es offenbart damit ebenfalls ein Interesse an der Natalität. Aber es ist darum noch nicht ein Tun aus Freiheit. Es ist im Vollzug zu zweckgeleitet, zu material- und produkte-orientiert, um im emphatischen Sinn anfangendes Handeln zu sein. Ja es ist die eigentliche Gefahr für das Handeln, weil es so oft dieses ersetzt und dann die Politik buchstäblich in eine Industrie und das Handeln in eine Fertigung verkehrt.

Im Unterschied zum Arbeiten und zum Herstellen ist das *Handeln* weder prozeß- noch gegenstandsorientiert und weder zyklisch in die Natur eingebunden noch in eine materielle Vermittlung überhaupt. Es ist vielmehr die einzige Tätigkeit, die sich »direkt zwischen Menschen abspielt«[57]. Seine Grundbedingung ist die Pluralität. Zwar mag es von einer Einzelinitiative ausgehen; aber auch dann fällt es sogleich in ein »Netz von Bezügen«[58], in dem alles einzeln Intendierte durch Gegen- und Querintentionen und -handlungen wieder aufgehoben und verwandelt wird, so daß niemand weiß, was das Ende der Geschichte bringt. Deshalb ist das Handeln unfähig, »irgendeinen Zweck, so wie er konzipiert ist, je zu verwirklichen«[59]. Somit kann es in ihm keine Souveränität und keine Meisterschaft geben.

Nun ist Handeln zwar auch auf die Sterblichkeit bezogen, so wie Arbeiten und Herstellen auch auf die Natalität bezogen sind. Aber Handeln ist an die Grundbedingung der Natalität, an Anfang und Freiheit, weit enger gebunden als die anderen Tätigkeiten. Handeln ist immer neu, d.h. es ruft »etwas in die Wirklichkeit«, das zuvor »als Gegebenes (...) nicht bekannt«[60] war. Es ist deshalb immer unerwartet, radikal überraschend und »unerrechenbar«[61]. Auch ist es immer »Vollzug« von Freiheit und darin »Freisein«[62], ja es ist, wie Hannah Arendt gelegentlich sagt, im strengen, nämlich im Kantischen Sinn ein säkulares Wunder: die Fähigkeit, eine neue Kausalreihe, die alten durchbrechend, »von selbst anzufangen«[63]. In seinen Produkten ist es bereits geronnenes, also verdinglichtes Handeln. Sowie es aber als lebendiges auf diese stößt, wird es sie in neuen Handlungsvollzügen verändern. Handeln ist so nicht nur am Beginn neu, sondern entweder »dauernd neu«[64] oder überhaupt nicht. Es ist seinem Wesen nach so sehr immer- und unaufhörlich-anfangend, daß es uns in die Verlegenheit bringt, ob es denn wirklich jemals angefangen habe und nicht vielmehr immer schon gewesen sei. Zugleich ist es durch sein Immer-anfangend-Sein in allem Erreichten und durch seine Vernetzung in allem Intendierten extrem vergänglich und flüchtig. Zwar »hinterläßt« es in einem buchstäblichen Sinn Ereignisse, die niemand mehr ungeschehen machen kann und die so die Zähigkeit von Fakten haben; aber es verändert sogleich deren Folgen.

Eben von diesem Handeln in seiner Unvorhersehbarkeit und Unabsehbarkeit, in seiner Flüchtigkeit und Willkür, seiner Zweckverschieblichkeit und strukturalen Wunderhaftigkeit sagt nun Hannah Arendt, daß es »die politische Tätigkeit par excellence«[65] sei. Da es mit der Natalität enger verknüpft ist als jede andere Tätigkeit, ist anzunehmen, daß im Politischen die Natalität »ein so entscheidendes kategorienbildendes Faktum darstellt«[66] wie in früheren Theorien die Sterblichkeit.

Man muß sich klar vergegenwärtigen, wie Hannah Arendt in dieser Handlungs-Theorie vorgeht. Sie strukturiert das Handeln, das sie zur zentralen Tätigkeit der Politik macht, ganz und gar aus dem Grundgedanken der Natalität. Sie entgrenzt es aus allen nur denkbaren vorwegnehmenden Normen. Sie verabsolutiert damit seine Neuheit so radikal, daß es nicht bloß für Überraschungen gut ist, sondern prinzipiell und nur Überraschungen zeitigt. Sie bindet es an keine einzelne Zwecke mehr, sondern nur noch an ein Prinzip, daß das Prinzip der Natalität selber ist: die Freiheit. Von dieser radikal entnormten, geöffneten Freiheit kann niemand mehr wissen, ob sie nicht die Willkür sei. Das aber bedeutet, das das Anfangs-Problem mit Augustinus doch nicht gelöst ist. Beantwortet ist lediglich die Frage, weshalb wir überhaupt anfangen können, aber nicht die Frage, ob im jeweils besonderen Anfang nicht doch der Abgrund der Willkür liege. Diese Frage muß für alles Handeln immer neu im öffentlichen Gespräch erörtert werden. Aber wer und welches Vernunft-Vermögen, welche Instanz also, sollen dafür zuständig sein?

Die erste Frage ist leicht zu beantworten; nicht die Philosophen von Beruf und nicht die Experten der Wissenschaften qua Philosophen und Experten, sondern die Bürgerinnen und Bürger, also die politisch Handelnden insgesamt. Da aber das öffentliche Gespräch selber ein politisches Handeln ist und auch die Philosophen und Experten Bürger sind, ist niemand vom Gespräch ausgeschloßen, der sich nicht selber aus Furcht oder Scheu vor der Öffentlichkeit ausschließt.

Schwieriger ist die Frage nach dem oder den Vermögen der Vernunft oder des Geistes, und sie hat Hannah Arendt bis in die letzte Arbeitszeit bewegt. Gewiß war ihr schon früh: Alles Denken, das auf *eine* Wahrheit ausgeht, kann der Pluralität der Handelnden und des Handelns nicht genügen. Alles Denken, das zwingen *will*, verstößt gegen das Prinzip der Freiheit. Insbesondere können deduktives und induktives Denken dem Handeln, das neu und überraschend ist, nicht gerecht werden, weil das erste ein Allgemeines voraussetzt, das nicht gegeben ist, und das zweite eines zwingend erschließen möchte, was nicht möglich ist. Ebenso ist das genuin philosophische Denken mit seiner Struktur des Zwei-in-einem nicht öffentlich genug. All diese Modi des Denkens dienen Wahrheitsweisen, die es in der Politik nicht gibt, und Wahrheitsansprüchen, die es in ihr nicht geben darf. Also muß man das Denken und Reden öffnen über die Grenzen der herkömmlichen Logik und über die harten Wahrheitsweisen hinaus in die Weite der verstehenden und versuchenden Reflexion. Dabei soll es nur wenig Grenzen geben: eine ist der Respekt vor den Tatsachen, die andere der

Verzicht auf eine nur noch beliebig erfindende Phantasie. Beide Grenzen weisen darauf hin, daß wir in einer gemeinsamen, faktischen Welt leben, in der schon vor uns Menschen lebten und nach uns andere leben werden.

Im Verlauf der Jahre bietet Hannah Arendt eine ganze Reihe von Erkenntnis-Vermögen, Reflexionsfähigkeiten und Erkenntnis-Instanzen auf, die dem Politischen besser entsprechen als der reine Verstand oder die reine Vernunft der Philosophie. Zu Beginn ist es das Vermögen der *Einbildungskraft* mit der Instanz des »verstehenden Herzens«, das – »von Sentimentalität gleich weit entfernt wie von allem Papiernen«[67] – uns eigentlich alles verstehen läßt. Es antwortet auf das doppelte Faktum, daß uns manche Ereignisse zu nahe sind und zu nahe gehen, andere aber zu ferne bleiben und gleichgültig lassen. Die Einbildungskraft ist nun das Vermögen, durch Vorstellung sich andere Standorte in der Welt zu geben, so daß wir einerseits vom zu Nahen in die richtige Distanz rücken und andrerseits »die Abgründe der Ferne«[68] überbrücken. Nun werden wir fähig, beides: Nahes und Fernes, zu verstehen und uns mit ihm zu versöhnen. Das weite und verstehende Herz wiederum macht es uns erträglich, mit immer fremden Menschen in der gemeinsamen Welt zu leben.

Nach dem Verstehen sind es einige Formen der *Urteilskraft*, die Hannah Arendt für das politische Denken fruchtbar macht. Der *spiritus rector* ist nun nicht mehr Augustinus, sondern Kant. Kant sagt in der *»Kritik der reinen Vernunft«*[69], daß die allgemeine Logik »gar keine Vorschriften für die Urteilskraft« enthalten könne. Denn diese sei »ein besonderes Talent, welches gar nicht belehrt, sondern nur geübt sein will. Daher ist dieses auch das Specifische des sogenannten Mutterwitzes, dessen Mangel keine Schule ersetzen kann (...).« Dieser Mangel aber »ist eigentlich das, was man Dummheit nennt«[70]. So wie die Augustinus-Stelle die Frage löste, warum wir anfangen können, so löst diese Stelle die Frage, ob es ein von der Logik unabhängiges Reflexionsvermögen gibt. Es liegt in einem durch Geburt mitbekommenen Talent, das man im Vollzug, in der Übung, entfaltet. Eben dadurch haben Anfangen-Können und Urteilen-Können denselben geburtlichen Ursprung.

Hannah Arendt orientiert sich an drei Momenten der Urteilskraft, die alle in der dritten Kritik von Kant analysiert werden: Die »reflektierende Urteilskraft« vermag das Besondere zu denken und zu würdigen, ohne daß es voreilig unter ein Allgemeines zu subsumieren. Sie kann damit dem je Besonderen des Handelns gerecht werden. Die »erweiterte Denkungsart«[71] reflektiert immer auch an Stelle jedes anderen, so daß die Pluralität in allem Denken gesichert ist. Hier wechselt die Einbildungskraft nicht mehr die Standorte in der Welt, sondern die Standpunkte im Denken. Schließlich vereinigt Hannah Arendt die ästhetische Urteilskraft geradezu mit der politischen. Der *sensus communis* hat die Fähigkeit, von jedem subjektiven Interesse abzusehen und sich dennoch für etwas zu interessieren, das der Möglichkeit nach allen gefällt. Instanz ist nun der Geschmack. Politik wird Geschmackssache.

All diese Reflexionsweisen und ihre Instanzen sind »weich«. Sie lassen dem Geist wahrhaft ein »Spielfeld«. Sie verzichten auf jeden Wahrheitsanspruch. Politische Überzeugung basiert auf Meinung, ja sie *ist* Meinung. Diese von Plato und dann in der ganzen Tradition so verachtete Form des Fürwahrhaltens, von der noch Kant sagt, daß sie »sowohl subjektiv als objektiv«[72] unzureichend sei, hat ihre besonderen Qualitäten, die es zu entdecken gilt. Sie ist radikal plural. Sie ist der Diskussion weit geöffnet. Sie entfaltet im Reden eine gewisse intelligente und nüchterne Virtuosität. Sie ist bescheiden, neigt nicht zur Gewalt und steht jedem Dogmatismus ganz fern – wenn sie nur mit dem Bewußtsein verbunden ist, daß sie Meinung ist. Lediglich an einer Stelle setzt, nach längerem Zögern, Hannah Arendt auf ein »härteres« Vermögen des Geistes, auf den Willen, nämlich im Bereich der Akzeptanz. Weil die politische Reflexion durch nichts zu zwingen vermag, müssen wir letztlich entscheiden, ob wir etwas annehmen wollen, das uns vorgeschlagen und vorgelegt wird – oder nicht. Das Urteil bleibt Meinungssache – die Aneignung wird Willenssache.

Ich muß nicht eigens betonen, welche unglaubliche Provokation es war, Politik zur Geschmacks- und zur Meinungssache zu erklären und auch noch zu behaupten, eben darin liege ihre Qualität, die sie gerade dann verliere, wenn sie den Wahrheitsanspruch stelle. Dennoch kann man das Argument verstehen und in ihm einen rettenden Schritt sehen. Da alles Handeln so emphatisch anfänglich und frei ist, könnte es leicht exzentrisch, absonderlich und inhuman werden. Der *sensus communis* – Hannah Arendt übersetzt die Vokabel mit *»phronesis«*, *»prudentia«* und *»bon sens«* – bringt das Handeln zurück nicht nur zum gesunden Menschenverstand, sondern auch zum menschlich Selbstverständlichen. Was jenseits der subjektiven Interessen zu gefallen vermag, was selbständig und dennoch an Stelle eines jeden anderen bedacht worden ist, was verstehbar bleibt, kann auch bei größter Freiheit des Handelns nicht ein Abgrund der Willkür sein. Die niederen Erkenntnisvermögen und die anspruchslosen Wahrheitsweisen sind es gerade, die durch ihre Kommunikations- und Pluralitätsfähigkeit die Politik vor ihren schwersten Verirrungen schützen.

Verirrungen aber können schon in der Bestimmung und Abmessung des Raumes der Politik auftreten. Keineswegs ist das ganze Leben im politischen Raum angesiedelt. Vielmehr reicht dieser immer nur so weit, als »Menschen in Freiheit und ohne Herrschaft und Knechtschaft miteinander leben«[73] und als sie öffentlich miteinander reden, handeln und entscheiden. Aber er ist nicht in ihrem privaten Leben, nicht in ihrem professionellen Arbeiten und Herstellen, auch nicht dort, wo sie berechtigt andere

Wahrheitsansprüche stellen und Probleme mit weit strengeren Modi des Denkens lösen. Das häusliche Leben, die Erziehungswelt, die Wissenschaft und die Religion, ja sogar die soziale Frage, stehen ganz oder überwiegend außerhalb des politischen Raumes. Dabei werden nicht nur sie vor der Politisierung geschützt, sondern auch die Politik vor ihnen, mithin vor der Privatisierung, der Pädagogisierung, der Ökonomisierung und der Verwissenschaftlichung. Hannah Arendt insistiert auf diesen Trennungen. Etwa der Versuch, die soziale Frage mit politischen Mitteln zu lösen, führe, so sagt sie, »in den Terror«, was »alle Zeugnisse vergangener Revolutionen (...) jenseits allen Zweifels beweisen«[74]. Die soziale Frage müsse »auf technischer und wissenschaftlicher Grundlage, außerhalb des Rahmens politischer Überlegungen«[75] gelöst werden, was nichts anderes bedeutet, als daß die Korrektur des Sozialen ein Problem des Herstellens ist und nicht des Handelns. Das nie klar eingrenzbare Feld des Gesellschaftlichen wird in ihrer politischen Theorie deshalb systematisch ausgeklammert, weil es eine Zwischenposition zwischen der öffentlichen und der privaten Welt einnimmt und dadurch, der Tendenz nach, alles Private an die Öffentlichkeit zerrt und das Öffentliche privatisiert. Die Kategorie des Gesellschaftlichen zerstört sowohl diejenige des Politischen als auch die des Privaten. Der Raum des Politischen ist also eng, auch enger als der Raum der Öffentlichkeit, in dem auch die Kunst beheimatet ist. Er ist der Staat, aber auch nicht der Staat als verdinglichte Institution, als Verwaltungs- und Funktionssystem, sondern nur als Bühne der Öffentlichkeit, sofern auf ihr geredet, entschieden und gehandelt wird – etwa so wie es in der griechischen Polis der Fall war oder in gewissen Phasen der Revolutionen.

Diese Begrenzung gibt uns einen letzten Hinweis für die Auslegung der Natalität. Sie ist zwar vom Ursprung her ein anthropologisches Prinzip. Hannah Arendt aber legt sie nicht in ihrer umfassenden anthropologischen Bedeutung aus, sondern allein in ihrer politischen Relevanz. Dies ließe sich leicht an ihren Gedanken über Erziehung[76] nachweisen, die vielleicht noch konservativer sind als ihr Denken in der sozialen Frage. Die Fokussierung nicht nur des Politischen auf die Natalität, sondern auch der Natalität auf das Politische mutet an, als wolle sie das ganze Potential der Erneuerung dort einsetzen, wo es angesichts der Katastrophen des Holocaust, des Weltkrieges und der totalen Herrschaft, auch am nötigsten ist, damit die anfängliche Hoffnung nicht aus der gemeinsamen Welt verschwindet: Man kann zwar in ihr vieles zerstören, aber nicht die Fähigkeit zu einem Neuanfang, weil sie mit jedem Menschen neu zur Welt gebracht wird.[77]

Anmerkungen

1 Sechs Essays, Heidelberg 1948 (= *Schriften der Wandlung 3)*, S.9.
2 Hannah Arendt/Karl Jaspers: *Briefwechsel 1926-1969.* Hg. von Lotte Köhler und Hans Saner, München/Zürich 1985, Brief 31 vom 18.11.1945.
3 Sechs Essays, a.a.0., S.10.
4 Brief 31 (cf. Anm. 2).
5 Deutsch erschienen im Rahmen der »Sechs Essays«
6 *Was ist Existenz-Philosophie?* – Wir zitieren im folgenden die Ausgabe: Frankfurt/M. 1990; Zitat S.10.
7 A.a.O., S.9.
8 A.a.O., S.11.
9 A.a.O., S.32.
10 A.a.O., S.30.
11 A.a.O., S.35.
12 A.a.O., S.37.
13 A.a.O., S.37.
14 A.a.O., S.37.
15 A.a.O., S.28, Anm.
16 A.a.O., S.39.
17 A.a.O., S.39.
18 A.a.O., S.46.
19 A.a.O., S.47.
20 A.a.O., S.20.
21 A.a.O., S.27.
22 Briefwechsel, cf. Anm. 2), Brief 87 vom 11.3.1949.
23 *Was ist Existenz-Philosophie?* Cf. Anm. 6, S.24.
24 *Was ist Politik?* Fragmente aus dem Nachlaß, hg. von Ursula Ludz, München/Zürich 1993, S.9.
25 A.a.O., S.9.
26 A.a.O., S.11.
27 A.a.O., S.11.
28 A.a.O., S.11.
29 Freiheit und Politik. In: *Zwischen Vergangenheit und Zukunft* Übungen im politischen Denken I, hg. von Ursula Ludz, München/Zürich 1994 (ZVZ), S. 214.
30 *Vom Leben des Geistes.* Band II: Das Wollen, München/Zürich 1978, S.189.
31 A.a.O., S.189.
32 Hannah Arendt hat offensichtlich die Texte Genesis 1 und 2 gar nicht gelesen. Jedenfalls scheint es ihr nicht aufgefallen zu sein, daß zwei unterschiedliche Schöpfungsgeschichten vorliegen und auch zwei unterschiedliche Mythen über die Erschaffung des Menschen, deren erster (1. Mose 1,27) von der Erschaffung eines Paares berichtet und deren zweiter von der Erschaffung vorerst *eines* Menschen (des Mannes), aus dessen einer Rippe dann seine »Gesellin« geformt wird (1. Mose 2. 7 und 15 ff.). Erst in der *Vita activa* wird es ihr bewußt (S. 15), und sie vermutet nun, daß Augustinus die Stelle 1. Mose 1,27 gänzlich ignoriert (S. 318, Anm. 1) habe. Davon kann allerdings bei diesem sorgfältigen Leser nicht die Rede sein, was sein Genesis-Kommentar ja auch beweist. Vermutlich war für Augustin der Schluß zu kühn, daß zwei unterschiedliche Autorschaften vorliegen. Und so hat er die Differenzen überdeckt, indem er

interpretierte, daß der erste Bericht bloß sage, *daß* zwei Menschen erschaffen worden seien, der zweite aber, *wie* sie erschaffen worden seien.

33 Augustinus: *De civitae Dei XII,* 20.

34 A.a.O. XII, 21.

35 A.a.O. XII, 21.

36 A.a.O. XII, 21.

37 A.a.O. XII, 21.

38 1951 ist die englische Originalausgabe der *Elemente und Ursprünge totaler Herrschaft* erschienen. In ihr findet sich der Hinweis auf Augustinus noch nicht, den Hannah Arendt dann in die deutsche Übersetzung (1955) aufgenommen hat (S.752). Die erste Auslegung wird im Essay »Verstehen und Politik« gegeben, der in englischer Sprache (»Understanding and Politics«) im Herbst 1953 erschienen ist.

39 *Vom Leben des Geistes.* Band II (cf. Anm. 30), S.206.

40 Verstehen und Politik. In: *ZVZ* (cf. Anm. 29), S.125.

41 *Macht und Gewalt,* München 1970, S.82.

42 *Über die Revolution,* München 1963, S.272.

43 A.a.O., S.272.

44 A.a.O., S.272.

45 *Polybios V, 32,1.* – Zitiert in: *Über die Revolution* (cf. Anm. 42), S.274.

46 Vergil: Ecloga IV, Vers 5. – Zitiert in: *Über die Revolution* (cf. Anm. 42), S.272 f.).

47 *Über die Revolution,* a. a. O., S.395.

48 A.a.O., S.271.

49 So Friedrich Christoph Oetinger, (1702-1782) über Böhme (Brief an einen Unbekannten Nr. 592, 1769).

50 Meister Eckehart: Von der ewigen Geburt. Vier Predigten. In: *Meister Eckeharts Schriften und Predigten.* Aus dem Mittelhochdeutschen übersetzt und herausgegeben von H. Büttner, 1. Band (Jena 1919), S.75 ff.

51 *Hegel WW* (Glockner) VI, 304; X, S.95 f., 98 f., 449; XII, S.282, 284 f.

52 Fichte: Von der Errichtung des Vernunftreiches. In: *WW* (Medicus) VI, S.522.

53 Martin Heidegger, *Sein und Zeit,* Halle 1927, Par.72.

54 *Vita activa oder Vom tätigen Leben,* Stuttgart 1960, S.164.

55 A.a.O., S.15.

56 A.a.O., S.14.

57 A.a.O., S.14.

58 Kultur und Politik. In: *ZVZ* (cf. Anm. 29), S.294.

59 A.a.O., S.294.

60 Freiheit und Politik. In: *ZVZ,* S.206.

61 A.a.O., S.206.

62 A.a.O., S.206.

63 Kant: *Kritik der reinen Vernunft* A 533/ B 561.

64 Freiheit und Politik. In: *ZVZ,* S.224.

65 *Vita activa* (cf. Anm. 54), S.16.

66 A.a.O., S.16.

67 Verstehen und Politik. In: *ZVZ,* S.126.

68 A.a.O., S.126.

69 Kant: *Kritik der reinen Vernunft* A 132 f./ B 172 f.).

70 A.a.O., B 173 Anm.

71 Kant: *Kritik der Urteilskraft,* Par.40.

72 Kant: *Kritik der reinen Vernunft* A 822/ B 850.

73 Freiheit und Politik. In: *ZVZ*, S.225.

74 Revolution und Freiheit. In: *ZVZ*, S.249.

75 A.a.O., S.250.

76 Die Krise in der Erziehung. In: *ZVZ*, S.255 ff.

77 Benutzte Literatur: Bowen-Moore, Patricia, *Hannah Arendt's Philosophy of Natality.* Houndmills ... and London 1989; Heuer, Wolfgang, *Citizen. Persönliche Integrität und politisches Handeln.* Eine Rekonstruktion des politischen Humanismus Hannah Arendts, Berlin 1992; Kubes-Hofmann, Ursula (Hg.), *Sagen, was ist. Zur Aktualität Hannah Arendts,* Wien 1994; Reist, Manfred, *Die Praxis der Freiheit. Hannah Arendts Anthropologie des Politischen,* Würzburg 1990; Saner, Hans, Die philosophische Bedeutung der Geburt. – In: ds., *Geburt und Phantasie. Von der natürlichen Dissidenz des Kindes,* Basel 1977.

Anne-Marie Roviello

Freiheit, Gleichheit und Repräsentation

1.

In *Über die Revolution* zählt Hannah Arendt die Frage der Volksvertretung »zu den kritischsten und beunruhigendsten Problemen moderner Politik«.[1] Entscheidend ist die Frage, wie und bis zu welchem Grad die Notwendigkeit der Repräsentation mit dem Prinzip der gleichen Beteiligung jeder Person an den öffentlichen Angelegenheiten versöhnt werden kann. Auf diese klassische Frage gibt Hannah Arendt jedenfalls eine neue Antwort. Sie sah sich tatsächlich veranlaßt, die Repräsentation so zu überdenken, daß sie aus der Antinomie, die sie seit den Revolutionen gefangen hält, befreit werden könnte: Die Repräsentation beschränkt sich entweder auf eine bloße Kopie dessen, was in einem anderen Raum volle Präsenz hätte, die repräsentative Versammlung wäre somit lediglich »in Miniatur das genaue Abbild des geamten Volkes« (John Adams) oder sie bestünde – in den wenig schmeichelhaften Worten Hannah Arendts – aus den »bezahlten Agenten der Wählerschaft«[2]; *oder* aber sie bildet eine neue regierende Oligarchie.

Hannah Arendt begegnet dem Problem, anknüpfend an einer anderen Schlüsselfrage der modernen Politik: der Autoritätsfrage. Diese ist im Grunde eine andere Fassung der ersten Frage, was nicht ohne Bedeutung ist, wenn man bedenkt, daß die »Lösung« eines Problems besonders davon abhängt, durch welchen »Eingang« man es angeht. Die Hauptschwierigkeit besteht für Arendt nicht darin, Gleichheit und Freiheit zu versöhnen. Ihr zufolge kann man bekanntlich nur unter seinesgleichen frei sein. Die Freiheit geht mit der gleichen Teilnahme an der Macht einher; die Monopolisierung der Macht des Redens und Handelns läuft immer auf die *Einkerkerung* in eine wahnhafte Einseitigkeit sowohl des Denkens, als auch des Handelns hinaus. Darin besteht die dürftigste Form der Freiheit, in Wirklichkeit eine Art der Selbst-Tyrannei. Die Schlüsselfrage wirft daher die Versöhnung von gleicher Freiheit einerseits – und von Autorität andererseits auf.

2.

Die Räterepublik würde dem schwierigen Erfordernis entsprechen, gleiche Freiheit und Autorität zu vereinbaren: Wer Autorität hat, ist zwar nicht einer, der besser als die anderen und an deren Stelle ihr Interesse kennt, aber er wird seine Meinung am besten aus dem Streitgespräch unter den vielen anderen Meinungen herausgefiltert haben können und er wird insoweit der repräsentativste Vetreter sein, als er schlüssig und – aufgrund seiner Eigenart auch schöpferisch ausdrücken wird, worin der *Commonsense* jener Versammlung besteht, die ihn in den höheren Rat delegieren wird. Wer sich so vor seinesgleichen unterscheidet, hat Autorität *für*, *von* und nicht *über* seinesgleichen. Daraus folgt: »Während aber in autoritären Regierungen, wie wir sie aus der Geschichte kennen, die autoritätgebende Macht von oben nach unten ›fließt‹, würde in diesem Fall die Autorität weder oben noch unten ihre Quelle haben, sondern auf jeder Stufe der Pyramide gleichsam neu entstehen. Was immerhin die Richtung anzeigen mag, in welcher die Lösung eines der ernstesten politischen Probleme der Gegenwart, wie man nämlich nicht Freiheit und Gleichheit, sondern Gleichheit und Autorität vereinen kann, zu suchen ist.«[3]

In Übereinstimmung mit ihrem Ideal des Rätesystems sieht Arendt in den »Stadt- und Dorfgemeinden mit ihren *townhall-meetings* (...) die Quelle für die gesamte politische Aktivität« in den Vereinigten Staaten von Amerika. Den Umstand, daß die Anerkennung dieser ganz ursprünglichen Ebenen der Selbstorganisation des Volkes nicht in die Verfassung eingeführt worden ist, erklärt sie für nichts geringeres verantwortlich als für das »Absterben des revolutionären Geistes«[4]. Heißt das etwa, daß für Arendt diese erste Selbst-Instituierung der echte – oder gar der einzig echte Ort der Politik wäre und daß jedes legitime politische Handeln in diesen Formen direkter Selbst-Repräsentation, wie sie die Gemeinden Amerikas oder Frankreichs darstellen, einzuzäunen wäre? Gewiß nicht. Wenn es auch stimmt, daß einige Texte in diese Richtung zu weisen scheinen, so sagen andere Texte wiederum etwas ganz anderes aus, etwas, das, wie mir scheint, im Arendtschen Denken eine überaus originelle Entdeckung darstellt, die für das politische Denken im allgemeinen und hinsichtlich Demokratie und Repräsentation heute sehr fruchtbar ist.

Die radikale Absage Hannah Arendts an das repräsentative System, wie es heute in unseren von Parteien beherrschten Demokratien funktioniert, ist von der romantischen Vision, welche die Politik auf die »direkte Demokratie« reduzieren will, weit entfernt; vielmehr geht sie hinsichtlich der demokratischen Vorzüge von republikanisch-repräsentativen Institutionen einher mit einer eigenständigen Klarheit, die uns dazu anregt, deren Stellenwert und ihren eigentlichen Sinn erneut zu befragen.

Gewiß findet man bei Arendt eine Rechtfertigung der direkt-demokratischen Praxis, aber diese hat im repräsentativen System keinen Gegensatz, sondern vielmehr die grundlegende Form ihrer Existenz. Das Beharren darauf, daß die Meinung nicht »repräsentiert« – und daß sie nur durch das Individuum, von dem sie stammt, geäußert und verteidigt werden kann, ist nämlich verknüpft mit dem ebenso hartnäckigen Beharren darauf, daß es notwendig ist, die passenden institutionellen Räume einzurichten, worin sich die Meinungen äußern und austauschen lassen, um so ihren tatsächlichen politischen Stellenwert zu erreichen. Diese Räume indes sind auf Anhieb solche der Repräsentation.

So könnte man sagen, daß Hannah Arendt unser repräsentatives System nicht kritisiert, um dafür ein anti-repräsentatives System zu unterstützen. Es geht im Gegenteil darum, daß sie an unserem System die Reduktion der Volksvertretung auf ihre dürftigste Fassung kritisiert, um so ihre verallgemeinerte und weiter reichende Konzeption hervorzuheben. Die Räume der Repräsentation sollten, auf der untersten politischen Handlungsebene anfangend, über die gesamte Gesellschaft ausgebreitet werden, so daß die in unserem üblichen Sinne als »politisch« aufgefaßte Repräsentation in einem repräsentativen Netzwerk gewissermaßen die oberste Ebene der Selbst-Organisation, die oberste Ebene dieser »repräsentativen Selbst-Regierung« – und gleichzeitig auch ihren reinsten Ausdruck darstellen würde.

Vereinsartige Bewegungen, mehr oder weniger institutionalisierte Berufsvereine und -gruppierungen, Stadtteilkomitees und andere »Klubs« wären in dieser Sichtweise dann die untersten Orte der »Volksvertretung« im Sinne einer Selbst-Repräsentation und einer Selbst-Reflexion. Dies würde ermöglicht durch die Bereitstellung eines institutionellen Raumes für Debatten über unsere gemeinsamen Angelegenheiten innerhalb einer bestimmten Institution, über bestimmte »örtliche« Erfahrungen, die wir mit anderen teilen, oder schließlich über die in direkterer Weise politischen Ziele bis hin zu Erfahrungen und Fragen von globalerer Reichweite.

Für die konkrete gesellschaftliche Erfahrung bedeutet es einen ersten Gewinn, die eigene unmittelbare Umgebung zu verlassen, »sich neu vorzustellen«, daraus Präsenz *für sich* und für die anderen zu empfangen, sich ihr gegenüber zu teilen, sich zu positionieren, sich auszurichten, indem man sich vom ersten Augenblick an für den Sinn des Gemeinsamen offen hält.

Diese Versammlungsräume sind auch – was zunächst als Paradox erscheinen mag – Räume der Teilung und zwar ebenfalls von allem Anfang an. Sie bilden nichts Geringeres als eine Grundform der Machtverteilung und darüber hinaus so etwas wie eine *instituierende* Gestalt der Macht oder der »Volkssouveränität«, insofern diese nur in und aufgrund der Vervielfachung ihrer Orte und Instanzen eine echte Macht darstellt – eine Grundform nämlich, die sich der Mehrheitstyrannei und der Vermassung entgegensetzt. In Tat und Wahrheit handelt es sich darum, die »›Menge‹ in Versammlungen aufzuteilen«, damit an die Stelle der *Herrschaft* der Menge die *Macht* eines jeden treten kann. Bürgervereinigungen, Versammlungen im Gefüge bestehender gesellschaftlicher Einrichtungen und andere Gemeinwesen sind unauflöslich Versammlungsräume (gegen die Atomisierung der Individuen, die einer bloß phrasenhaften Freiheit ausgesetzt sind) und sofern diese Räume sich vervielfachen, bilden sie auch einen Damm gegen die zementierte Einstimmigkeit der Masse. Die Teilung ist die Bedingung dafür, daß die politischen Individuen in Erscheinung treten und daß sie einander wechselseitig erscheinen können.

Andererseits handelt es sich auch darum, die Teilung zwischen diesen niederschwelligen Formen der Selbst-Repräsentation des Volkes und der Repräsentation durch die getrennten Instanzen der Macht einzuführen, eine Teilung die, indem sie ihre Differenz in die Gesellschaft einbringt, in paradoxer Weise den Horizont des Commonsense wieder aufgreift, auf dessen Grundlage allein die Gesellschaft sich teilen kann und muß. Wenn die »Gemeinden« auch das politische Handeln an seinem Ursprung darstellen und wenn sie als solche Hannah Arendt zufolge tatsächlich ein grundlegendes Moment der demokratischen Machtausübung sind, dann bewahren sie diesen Grundcharakter nur, wenn sie sich neu vorstellen, sich von Stufe zu Stufe der Macht wiederherstellen können, bis sie ihren reinsten Ausdruck in den im eigentlichen Sinne repräsentativen Institutionen der gemeinsamen Welt finden können.

So gesehen, zeigt sich die »Gewaltenteilung« in dem Sinn, wie sie gewöhnlich verstanden wird, einfach als letzter Ausdruck eines Teilungs- und Vertretungsprozesses, in und durch welchen allein sich die Demokratie nicht nur als politische Staats- oder als Regierungsform realisiert, sondern als eine für die politische Gesellschaft spezifische Existenzweise. Repräsentation und Teilung erscheinen als aufeinander bezogene Prinzipien oder als die grundlegenden Existenzformen des als gleiche Freiheit verstandenen Gleichheitsprinzips.

Wenn es schließlich darum geht, die Teilung auf dem Gebiet der repräsentativen Regierung selbst einzuführen, dann erweist es sich wiederum, daß die Teilung zwischen den verschiedenen getrennten Instanzen eine Bedeutung hat, die über die Notwendigkeit hinausgeht, welche die Macht zu dem Zwecke teilt, um ihr zu verbieten, wieder zur Tyrannei zurückzukehren. Genauer: dieses Ziel der Teilung enthüllt hier auch ein mittleres, das ein »höheres« Prinzip konkretisiert. Es handelt sich dabei um dasjenige der Differierung oder des Überschreitens der Autorität im Verhältnis zur Macht, welche dadurch in der Differenz – oder in der Teilung – zwischen Institutionen der Macht und jenen der Autorität empirische Gestalt annimmt.

Durch die Überlegung, die sie hinsichtlich der amerikanischen Institutionen des Senates oder des Obersten Gerichtshofes durchführt, macht uns Arendt ausdrücklich auf diese ausgesprochen einzigartige Gestalt der Teilung aufmerksam. Welche Institution es auch sei, die die Autorität vertritt oder Autorität hat – und nicht *die* Autorität –, in jedem Fall ist es wichtig, die Autorität einer Institution zuzuweisen, die nicht im eigentlichen Sinn eine »Macht« darstellt. Arendt erinnert oft an die römische Formel: *potestas in populo, auctoritas in senatu* – so wie der römische Senat seine Ratschläge gab, äußern der amerikanische Senat und der Oberste Gerichtshof ihre Interpretationen oder ihr Urteil, sie haben nicht im eigentlichen Sinn Handlungsmacht inne. Aber eben diese »Schmälerung« in Begriffen der Macht ist die Bedingung dafür, daß die Institutionen der Autorität die Macht der Legitimität »ausweiten«, indem sie sie auf das ihr gegenüberliegende Andere hin öffnen.

3.

In einem ersten Anlauf beginnt Hannah Arendt ihre Reflexion über die Autorität bestimmter höherer Institutionen zunächst mit der Feststellung »einer radikalen Trennung von Gesetz und Macht, die jeweils verschiedenen Ursprüngen entstammen und daher ganz verschiedene Arten der Legitimation erfordern und verschiedene Anwendungsbereiche betreffen.«[5] Das Volk sei die legitime Quelle der Macht, aber die Institutionen und die Verfassung seien die Quelle der Autorität und die Regierung schließe Macht und Autorität zugleich ein. So hat man den Eindruck, daß sie jede der beiden Dimensionen gegeneinander durch einen zu scharfen Trennstrich abschließt, indem sie jede der Instanzen – das Volk einerseits, die Verfassung, die Gesetze und die höheren Institutionen der Republik andererseits – viel zu ausschließlich in einander entgegengesetzten Dimensionen fixiert. Dennoch leitet uns jede konkretere Analyse, die sie uns darüber anbietet, dazu an, diese erste Annäherung eher als eine methodische Auslegeordnung zu betrachten, die es ihr erlaubt, wie immer ihre wichtigen Unterscheidungen zu markieren – hier genau jene zwischen Macht und Autorität, ohne dabei einem vereinfachenden Empirismus zu verfallen und jeder der beiden Dimensionen einen festen Sitz zuzuweisen oder sie auf einen einzigen institutionellen oder anderen Bereich zu fixieren.

Bei der Lektüre beginnt man tatsächlich den Mangel eines Denkens zu erkennen, das sich begnügt, das Verhältnis zwischen Macht und Gesetz auf eine einfache Beschränkung der Macht durch die Legalität zurückzuführen, einer Legalität, die in einer ihrer Ausübung völlig vorangestellten Transzendenz über der Macht schwebt. Es ist genau diese Konzeption, die heute immer noch sehr üblich ist: Sie besagt, zum einen sei das Gesetz die äußerste Grenze der individuellen Freiheit und zum andern seien die Menschenrechte die äußerste Grenze der Regierungsmacht. Arendts Analyse hilft uns, diese Kategorien als fließend aufzufassen: wenn die Macht des Volkes oder seiner Vertreter überhaupt in irgendeinem Sinne ihre Grenze in der Transzendenz des Gesetzes findet, dann einzig und allein insofern, als sie sich in legitimer Weise nur ausüben läßt, wenn sie sich an einer Legalität mißt, die eine *Auto*-Transzendenz darstellt. Daß diese in bestimmten Institutionen eine empirische Repräsentation erfordert, bedeutet nicht, daß diese Institutionen die Quelle, ja nicht einmal den Ort ihres ausschließlichen Erscheinens darstellen: Die Ausübung der Macht sowohl durch das Volk, als auch durch die Regierung erreicht den Stellenwert eines wahrhaft politischen Handelns nur dann, wenn sie sich durch und auf die Prinzipien hin orientiert, die für sie Gesetzeskraft haben werden und für sie daher auch den dauerhaften Bezugsrahmen bilden werden, durch und in dessen Grenzen sich die Meinungs- und Handlungsfreiheit entfalten kann, wenn sie denn durch mehr als bloß den »subjektiven Geisteszustand« motiviert ist. In dieser Perspektive liegt die Arendtsche Rechtfertigung von Formen des Handelns, wie sie etwa im zivilen Ungehorsam zum Ausdruck kommen. In Bezug darauf lehnt sie, ohne zu zögern, die Auffassung ab, wonach es sich um einen Gegensatz zwischen Gesetz und individueller Freiheit handle. Selbst-Organisation oder Selbst-Institution des Volkes in »Gemeinden«, »Distrikten«, »ländlichen Bezirken« oder einfachen kurzlebigen Bürgervereinigungen entsprechen von Anfang und von ihrer ersten Äußerung an dem Erfordernis, ihre Anliegen, Interessen, Überzeugungen und gar ihre Meinungen in eine stabile und vorstellbare Form zu bringen, die auch vor denjenigen präsentiert werden kann, die anders denken.

Demzufolge erscheint die Autorität der Verfassung und der höheren Institutionen als der kohärenteste und allgemeinste Ausdruck dieser Andersheit und dieser Differierung, die von Beginn an beim politischen Handeln am Werk ist oder es sein sollte – ob dieses an der Basis oder an der Spitze stattfindet – und die im Innern der niedersten Instanz schon eine Art unwiderstehlichen Anstoß zur Repräsentation als Selbst-Repräsentation liefert und damit untrennbar auf die Instituierung gerichtet ist.

Zwar sind die Vereinigten Staaten von Amerika weit davon entfernt, das Arendtsche Ideal des Rätesystems zu verwirklichen, aber sie zeigen in dieser Richtung gewisse Ansätze, welchen nun Arendt anerkennend ihre ganze Aufmerksamkeit widmet. Sie anerkennt sowohl in deren Verfassungsgeist als auch in bestimmten Institutionen wie dem Senat und dem Obersten Gerichtshof, die sich in das von Arendt gezeichnete Charakterbild eben solcher legitimen Formen der Autorität fügen, insofern sie ihre Autorität aus der vorgängigen Autorität »einer Unzahl konstituierter Körperschaften (...) – von den Provinzen, Distrikten und ländlichen Bezirken sowie von Stadt- und Dorfgemeinden«[6] erhalten.

Das Paradox der Autorität in der modernen Politik gründet also im Umstand, daß das Volk anerkennen müßte, daß die Urteilsschlüsse und Entscheidungen bestimmter oberster Institutionen seiner Macht entzogen sind und daß sie seinen Willen eben deshalb überschreiten, weil sie ihrer Form nach am besten diesen Volkswillen re-präsentieren. Sie re-präsentieren nämlich für ihn die Differierung des Meinens und des Urteilens, die in ihm selbst bereits – wenn auch noch immer nicht restlos – wirksam ist.

Man sieht also eine Art von Zirkel. Aber dieser ist fruchtbar und kann, ohne zu übertreiben, als ein hermeneutischer Zirkel verstanden werden: Verfassung und oberste Staatsorgane bilden den Rahmen, durch den die Macht des Volkes wie durch etwas von ihr selbst unterschiedenes beschränkt wird. Dennoch empfängt dieser Rahmen den Rang seiner legitimierenden Andersartigkeit, aus welcher er vor dem Volk Autorität schöpft, nur insofern, als er dem betreffenden Volk entstammt, das sich in seiner Machtausübung selbst zur Freiheit – gleichzeitig aber auch zu den für diese maßgebenden dauerhaften Institutionen aufrichtet. Die Verfassungsgrundsätze und die außerordentlichen Institutionen, die diese reaktivieren, bilden den ethisch-rechtlichen Horizont, unter dem sich jede Kreativität von Meinungen und Handlungen zu entfalten vermag. Dieser Rahmen zeigt ihre Schranken auf und verleiht ihnen zugleich auch Sinn.

Das Paradox präsentiert sich daher wie folgt: Die Verfassung selbst kann ihre Transzendenz nur deshalb durchsetzen, weil ihr ihre Autorität »von unten« zuwächst, und nach dieser Maßgabe hat sich ihr die Macht »von unten« zu unterstellen. Es besteht zwischen beiden kein Verhältnis einseitiger Unterordnung, sondern eine Gegenbewegung oder Überkreuzung zwischen Macht und Autorität sowie zwischen Gesetz und Macht, ein wechselseitiges Übergreifen der Republik mit ihren Beschränkungen sowie ihrer Allgemeinheit *und* des freien Handelns des Volkes.

In den dem Senat und dem Obersten Gerichtshof gewidmeten Zeilen – der beständigen Institution für die Meinung hier, derjenigen für die Urteilskraft dort – schreibt Arendt auf deutlichere und erhellendere Weise, worum es sich dabei handelt: Der Pol oder der Bereich des Meinens, seiner Institution beziehungsweise seiner institutionellen Repräsentanz beraubt, zerfällt zuerst in »ein Meinungschaos, das sich fern aller Vernunft unter dem Druck eines außerordentlichen Notstandes in einer Reihe miteinander in bitterster Feindschaft stehender Massenhysterien kristallisiert, die alle nur auf den »starken Mann« warten, der sie endlich erlösen wird, indem er aus ihren Elementen über Nacht jene nicht minder hysterische einstimmige »öffentliche Meinung« fabriziert, die der Tod aller Meinungen ist. Technisch gesprochen, ist die Alternative zu einer gereinigten und repräsentierten Vielfalt von Meinungen das Plebiszit, das in der Tat aufs genauste der Herrschaft der öffentlichen Meinung entspricht.«[7] Indem sie sich in den dauerhaften und gemeinsamen Institutionen bearbeiten lassen, können die Meinungen paradoxerweise ihre Bewegungsfreiheit und Pluralität bewahren, ihren Zerfall oder ihr Erstarren in der Einstimmigkeit der »öffentlichen Meinung« vermeiden.

In ihrem Bildungsverlauf selbst wird die Meinung von einer *Berufung als* beständige *Institution* animiert. Diese Berufung verleiht ihr den spezifisch politischen Charakter, indem er ihr institutionelle Räume anbietet, die es ihr erlauben, sich in eine öffentliche Idee zu verwandeln. Die Institutionen, die Autorität – und nicht so sehr Macht – haben, sind daher diejenigen, die die *Meinungen* – und nicht einfach die Interessen – *repräsentativ machen.*[8]

Jetzt versteht man, wie weit die Arendtsche Denkart sich nicht nur keineswegs in den klassischen Gegensatz von Demokratie und Republik einreiht, sondern wie weit sie diese falsche Antinomie vielmehr hinter sich läßt. Sie lädt dazu ein, die Beziehung als eine der Wechselseitigkeit aufzufassen, einer partiellen Wechselseitigkeit, die zu einem Teil »irreversibel« bleibt. Aber dieser Teil ist bloß die empirische Negativfolie des Überschusses, der es der politischen Gemeinschaft erst erlaubt, sich über sich selbst emporzuheben, um sich Sinn zu geben.

Arendt weist zwei Auffassungen zurück: die Utopie einer Demokratie ohne republikanische Institutionen und das Ideal einer Republik, deren innere institutionelle Qualität es erlauben würde, die tatsächliche Beteiligung des Volkes, als *demos* verstanden, zu umgehen. Die Demokratie kann nicht gegen den Republikanismus instituiert werden, aber nicht nur das: Ohne das Gegenüber von republikanischen Institutionen, die, ihr Widerstand leistend, es ihr erlauben, sich selbst zu reflektieren, sich in diesem Sinne eine Re-Präsentation zu geben, wendet sie sich zur Maßlosigkeit des Demokratismus. So tritt die berühmte »Mehrheitstyrannei« in Erscheinung. Sie läßt sogar die Teilung zwischen Bürgergesellschaft und repräsentativer Macht hinter sich, da der Herrschaft der gesellschaftlichen »Mehrheit« genau jene Repräsentanten entsprechen, die sich begnügen, den momentanen Launen dieser Mehrheit sklavisch zu gehorchen. Aber umgekehrt mißraten die besten republikanischen Institutionen zur hohlen und tyrannischen Formel, wenn sie sich nicht vom politischen Handeln des Volkes ernähren. Das heißt, wenn sie sich nicht ihren notwendigerweise förmlichen Grundsätzen und Regeln unterziehen, die im Licht der Reinterpretation durch die verschiedenen und wechselnden Meinungen über das Recht, beständig erneuert werden – Meinungen nämlich, die selbst in der wechselnden gesellschaftlichen Erfahrung gründen.

Die Volkssouveränität und die ihr Ausdruck und Maßstab verleihenden repräsentativen Institutionen stehen weder in einem Verhältnis gegenseitiger Ausschließlichkeit, noch ihrer Unterordnung, sondern vielmehr in einer Beziehung des »gegenseitigen Ausdrucks«.

Indessen findet diese Teilung zwischen der Macht des Volkes und der Autorität der Verfassung sowie der repräsentativen Institutionen ihren Widerhall im Gefüge der repräsentativen Institutionen selbst. Darin könnte wohl der Sinn des Prinzips der »Gewaltenteilung«, als Trennung der Machtinstanzen verstanden, bestehen. In dem Augenblick, in dem der Vorrang der Versammlung der Volksvertreter bestimmt wird – die Exekutive darf also lediglich deren Beschlüsse ausführen –, drängt sich den amerikanischen Revolutionären tatsächlich die Notwendigkeit auf, die gesetzgebende Versammlung durch eine zweite Kammer, den Senat, zu »verdoppeln«, in welcher die Differierung und der Abstand der Gesellschaft – beziehungsweise der Mehrheit – von sich selbst kristallisiert. Damit sollte die Bundesversammlung vor ihrer Entartung geschützt werden. John Adams betrachtet die Senatoren ausdrücklich als die »Wächter« des Repräsentantenhauses, und man darf diese Wache nicht nur als Schutz gegen willkürliche Forderungen des Repräsentantenhauses verstehen, sondern als Garantie dafür, daß der Mehrheitsbeschluß sich für die Differenz (von nicht-parteigebundenen Meinungen) offenhält. Erst dadurch erhält dieser seine demokratische Legitimation.

Zugleich mit der Instituierung einer starken Legislativmacht, die am besten die *vox populi* darstellen soll, wird das Erfordernis deutlich, diese Institution an die »Alterität« zu erinnern, die sie überschreitet und in diesem Überschreiten sie dazu verpflichtet, die Schranken anzuerkennen, die sie erst zu ihrer demokratischen Beständigkeit und Legitimität Zugang finden läßt. Diese Alterität erhält im Senat ihre einzigartige institutionelle Gestalt. Es sieht so aus, als ob das Gleichheitsprinzip nur durch die gleichzeitige Einrichtung der Kammer der Volksvertreter in ihrer unmittelbarsten politischen Kristallisation *und* durch eher »aristokratische« Institutionen wie den Senat und den Obersten Gerichtshof verwirklicht werden könnte, die, »weder Kraft noch Willen, sondern nur Urteilskraft« (Alexander Hamilton) besitzen und daher als Institutionen der Autorität – und weniger der Macht auftreten. Durch die letzteren wird das Gleichheitsprinzip dazu verpflichtet, seine unmittelbare Verknüpfung mit sich selbst aufzugeben, um Zugang zu seinem Sinn zu finden.[9]

Arendt besteht auf dem völlig neuartigen Charakter der Bildung der amerikanischen Senats-Institution. In einer durch wachsende soziale Gleichheit gekennzeichneten Gesellschaft kann dieser nicht mehr die aristokratische Klasse repräsentieren, auch wenn er tatsächlich noch mit ihr verwechselt wird: Er bringt den Unterschied der *Meinung* in Bezug auf die Vielheit der in der »unteren Kammer« vertretenen Interessen ein. Aber auch die Meinung selbst muß sich ihrerseits wieder dem Unterschied öffnen. Die Institution des Obersten Gerichtshofes entspricht diesem Erfordernis. Er erinnert in der Praxis an die Differierung des Rechts im Verhältnis zu Interessen *und Meinungen.*

4.

Die wirklich politische Frage besteht für Arendt nicht darin, ob »dem Volk« mehr oder weniger Macht oder gar die ganze Macht zugeschrieben wird, sondern wie die Macht des Volkes *instituiert* ist, wie sie eingesetzt wird in und aufgrund einer Selbst-Instituierung, die verhindern soll, daß sie sich gegen ihre eigene Einsetzung und ihren eigenen Sinn richtet. Welches sind die Institutionen, die dem Volk die Vermittlungsformen bieten, die zwar für das Volk auch ein Zwang sind, die es aber braucht, um den Status eines politischen Volkes, des *demos*, zu erlangen? Wie verleiht man ihm ein andersartiges Gegenüber, welche empirischen Formen gibt man diesem Gegenüber, so daß es für seine Macht der Freiheit eine wirksame Leitlinie bildet?

Die letzte Bezugsinstanz kann für Hannah Arendt nicht »das« Volk sein, weil dieses als solches nicht als ein mit seiner Natur an sich Deckungsgleiches existiert. Es ist ja von je her in einer bestimmten Institution gefaßt und stellt je nach deren Form jeweils ein ganz und gar Anderes dar. Was »das« Volk ist, hängt auch von der Art seiner »Vertretung« ab, in welcher es gefaßt ist oder in welcher es sich »selbst« gegenübergestellt ist. »Das Volk, *le peuple* im Sinne der Revolution, war weder organisiert noch konstituiert.«[10] »Wenn also die Männer der Französischen Revolution sagen, daß alle Macht beim Volk liegt, so verstehen sie unter Macht eine Art Naturkraft außerhalb des politischen Bereichs.«[11] Arendt weist nach, daß dieses reine Natur-Volk schon durch die Definition des Volkes als Anti-Demos gekennzeichnet und geschichtlich situierbar ist. Zwischen einer Ursprungskraft des Volkes einerseits, die als solche über die einzig legitime Macht verfügt, und den zweitrangigen repräsentativen Institutionen andrerseits, die sich aus einer feststehenden Äußerlichkeit herleiten, welche dieses Volkes an seiner natürlichen Äußerung nur hindern kann, indem sie diese in illegitime Schranken verweist, besteht eine falsche Antinomie. Arendt hilft uns, zu eben dieser Antinomie der französischen Revolutionäre auf Distanz zu gehen. Diese Vision ist nicht nur utopisch, sie entspricht auch in nichts der Wirklichkeit. Das reine Natur-Volk, das auf der Bühne der Französischen Revolution erscheint und bereits das Produkt einer bestimmten politischen Instituierung der Gesellschaft darstellt, ist ein Volk, das in den »Naturzustand« *hinabgeschleudert* wird.[12] Weit davon entfernt, tatsächlich alle Macht zu bekommen, wie es dem Anspruch dieser Auffassung entspricht, verkehrt es sich zur Idee und Wirklichkeit eines Volkes, das in seiner Unmittelbarkeit *gefangen* ist, das die Individuen ihrer institutionellen Vermittlungen beschneidet, die allein es ihnen erlauben, *Zugang* zur Souveränität zu erhalten und effektiv an der öffentlichen Sache teilzunehmen.

Die Verwechslung zwischen dem Volk und der Durchschlagskraft einer Masse enthüllt sich in letzter Analyse als das beste Alibi, um dem Volk die Fähigkeit und das Recht, als politisches *Subjekt* an öffentlichen Angelegenheiten teilzunehmen, abzusprechen; das Volk wird zum Mittel oder zur Waffe einer an seiner Stelle betriebenen Politik. Die Schwierigkeit mit dem Bild des reinen Natur-Volkes besteht darin, daß seine positive Bedeutung – die spontaneistische Theorie des politischen Handelns – sich leicht ins Negative verkehrt. Dann wird die schöne Spontaneität zur Inkonsequenz oder Unüberlegtheit: *il popolo è mobile* und bedarf von da an seiner Übernahme durch die Organisation, die es zu seinem Glück führt und ihm von außen einige Befehle diktiert, die ihm seinen Zusammenhalt verleihen. Das ist eine Konzeption, – daran erinnert uns Hannah Arendt – die sowohl die Gewerkschaften, als auch die Parteien der »Linken« vertreten. Wenn man sie ferner im Licht der Metapher der Masse oder in jenem der tatsächlichen Vermassung betrachtet, so ist dieses »natürliche« Volk vernünftigen Argumenten nicht zugänglich, sondern schenkt nur höchst einschlägigen Parolen sein Gehör. In gewisser Weise stellt man »institutionell« den Naturzustand des Volkes her; man raubt ihm die institutionellen Mittel, sich eine echte Meinung zu bilden, um hinterher festzustellen, daß man gut daran tue, ihm nicht allzusehr zu trauen, weil man ja sieht, daß es des Verstandes nicht mächtig sei.

In derselben Perspektive muß man die Arendtsche Kritik des allgemeinen Wahlrechtes verstehen: Was Arendt am Moment der Stimmabgabe in der Wahlzelle ablehnt, ist nicht, daß das Volk hier seine Stimme hören läßt, sondern die illusorische Auffassung, einzig in diesem armseligsten Akt der politischen Freiheit »die Stimme des Volkes« einfangen zu können. Was Arendt ablehnt, ist nicht »die direkte Demokratie«, vielmehr ist es ihre Verwechslung mit dem utopischen Ideal der Unmittelbarkeit seiner selbst und den Anspruch, dasjenige, was im demokratischen Prozeß lediglich ein *Moment* darstellt, zu seinem gründenden – wenn nicht gar zu seinem ausschließlichen Moment zu erheben. Was sie ablehnt, besteht darin, das Moment der Stimmabgabe auf seine Unmittelbarkeit zurückzuführen, das heißt, seine Vorbereitung in der Teilnahme an vorgängigen Auseinandersetzungen und seine Offenheit für zukünftige Debatten inmitten repräsentativer Versammlungen nicht zu berücksichtigen. Was Hannah Arendt ablehnt, ist eine Stimmabgabe, die die armseligste »Meinung« ausdrückt und die sich in bestimmten Zeiträumen als die für die gemeinsame demokratische Welt gefährlichste herausstellen kann.

5.

Ich habe weiter oben daran erinnert, daß man sich vielfach heute noch damit begnügt, die Beziehung zwischen politischer Macht (mit den von der Gesellschaft getrennten politischen Institutionen identifiziert) und den Grundfreiheiten als Verhältnis der Äußerlichkeit und der Begrenzung zu definieren: die Macht könne sich auf legitime Weise nur in den durch die Grundrechte festgelegten *Grenzen* bewegen, oder bestenfalls als Beschützer oder Garant dieser Rechte auftreten. In voller Anerkennung dessen, daß das Gesetz zur Zügelung der Macht fähig sei, einer Annahme, die »alle wirklichen Volksherrschaften oder Demokratien machen«[13] müssen, begnügt sich Arendt nicht mit der Idee eines als limitierte Regierungsform definierten Rechtsstaates; sie kann aufzeigen, wie das Grundgesetz die Prinzipien der Repräsentation und der Teilung ausdrückt, und zwar nicht nur als Mittel zur Beschränkung der Macht, sondern als deren fundamentale Ausdrucksweise, sofern diese zu einem nicht erheblichen Teil schon die Inkraftsetzung *eben dieser Freiheiten* darstellt. Die Art und Weise, in der die Macht organisiert und ausgeübt wird, und die ihr auferlegten Schranken sind in Wirklichkeit die Kehrseiten des gleichen Gleichheitspostulates, welches verlangt, daß die Instanzen, welche die Quellen der legitimen Macht beziehungsweise der Autorität darstellen, vervielfacht sein müssen.

Wenn das Verständnis des Rechts als eines Dammes gegen die Formen des Machtmißbrauchs auch nicht falsch ist, so erreicht sie auch nur die dürftigste Dimension des Rechts und seines Verhältnisses zur Macht. Diese politische Institution besteht ebensowenig lediglich unter der Aufsicht der Grundrechte, wie sie bloß ihr Garant ist, indem sie für diese eine Art äußeren institutionellen Rahmen bilden würde, vielmehr konstituiert sie diese Rechte: in Wirklichkeit ist sie ihre erste *Leitinstanz*.

Man erkennt sogleich: Von der »jakobinischen« oder »nach-jakobinischen« Auffassung des Verhältnisses zwischen Demokratie und *res publica*, einer Vision, die in *Vernunft und Legitimität* immer noch diejenige Jürgen Habermas' ist, hat man sich weit entfernt. Dieser hat sicher recht, wenn er festhält, daß »Gewaltenteilung und Demokratie keine gleichrangigen politischen Ordnungsprinzipien«[14] sind. In diesem Punkt trifft er sich auf den ersten Blick mit Hannah Arendt. Sobald er dagegen verdeutlicht, was er tatsächlich darunter versteht, wird klar, wie weit sein Denken des Politischen in der Utopie des reinen Natur-Volkes befangen bleibt, dem gegenüber die Institutionen der Macht eine bloß illegitime Schranke oder bestenfalls ein notwendiges Übel darstellen können. Liest man weiter, dann läßt sich der ganze Abstand ermessen, der ihn von der Arendtschen Sichtweise entfernt: »Daß demokratische Willensbildung in Repression umschlage, wenn sie nicht durch das Freiheit verbürgende Prinzip der Gewaltenteilung in Schranken gehalten werde, ist ein Topos der Gegenaufklärung (...).«[15] Diese Zeilen scheinen mir auf eine Repositivierung der Reichweiten von Demokratie und Republik hinauszulaufen.

Gestützt auf das Arendtsche Denken, schlage ich daher abschließend vor, zwischen Demokratie und Republik ein Verhältnis des – im Leibniz'schen Sinne – *analogen Ausdrucks* zwischen den Dimensionen und Reichweiten der modernen politischen Gesellschaft zu erkennen. Zwar müssen diese auf jeden Fall in dieser oder jener empirischen Instanz der Gesellschaft Gestalt annehmen, dennoch können sie sich darin nicht exklusiv und definitiv ansiedeln: Der Grundsatz der Repräsentation und sein Double, der Grundsatz der Teilung, bilden die fundamentale Ausdrucksform eines letzten Prinzips der Demokratie, das sich nur in und durch diesen *metaphorisierenden Ausdruck* verwirklichen und sich nur in und durch diese Re-Präsentation Präsenz verleihen läßt. Wenn der Grundsatz der Demokratie und derjenige der Teilung nicht gleichrangig sind, so gilt das nicht in dem Sinne, daß der eine das einfache Mittel und der andere dessen Zweck darstellt. Es gilt aber auch nicht in dem Sinn, wonach ein jeder sich in unterschiedlichem Grade auf derselben Werteskala befinden würde, sondern so, daß der eine Leitinstanz oder Ausdruck des anderen in der Realität ist. Es ist das mittlere Prinzip, das es dem Grundsatz der Demokratie erlaubt, sich zu verwirklichen, ohne sich in überzogenem Selbstbezug schließlich gegen sich selbst zu wenden, während es zu unmittelbar auf sich selbst fixiert ist. Der Übergang des Demokratieprinzips zum Vertretungs- und Teilungsprinzip entspricht nicht einem Zurechtstutzen oder schlicht und einfach einer Verdrehung eines ansonsten reinen und harten Prinzips, das die Kompromittierung durch die Realität hinnimmt, sondern dem Moment der zur Bestimmung eines unbestimmten (nicht »leeren« sondern regulierenden) Prinzips notwendigen Ausführung. Das Demokratie-Prinzip kann sich nur *als* Vertretungs- und Teilungsprinzip bewegen, welches in gewisser Weise die Re-Präsentation eines Prinzips darstellt, das nirgendwo sonst als unter dieser »Maske« der Teilung und Vertretung – in einem gewissermaßen Machiavelli-Arendtschen Sinn – Präsenz finden kann.

Weil metaphorisierende Wiederholung indessen immer einen nicht auf diese Struktur zurückführbaren »Rest« enthält, wird sich die »Transzendenz« des Demokratieprinzips im Verhältnis zu jenem der Vertretung/Teilung zusätzlich und auf paradoxe Weise in den Gestalten der Macht des Volkes ausdrücken, die sich an der »unteren« Grenze der politischen Institution der Gesellschaft befinden, in der Sphäre der größten »Immanenz« der Gesellschaft bei sich selbst, wie in den Handlungen des zivilen Ungehorsams, die so »von unten« dem Überschreiten der Demokratie über ihre Repräsentation Gestalt geben und die ihr so ein unendliches Verfahren eröffnen.

Der zivile Ungehorsam gehört daher in gewisser Weise in die Differierung oder in den Raum, der die unbestimmten Verfassungsgrundsätze mit und von ihrer Inkraftsetzung durch eine notwendigermaßen immer bestimmte und bestimmende Gesetzgebung und Politik verbindet und zugleich trennt. Sein Handeln hat, wie auch die Urteile des Obersten Gerichtshofes, zum Ziel, diese bestimmten Antworten wieder auf die Frage der von ihnen in Praxis zu überführenden Prinzipien hin offenzulegen.

Verfassung und ziviler Ungehorsam erscheinen, so gesehen, an den zwei »Enden« der politischen Institution der Gesellschaft als die zwei instituierenden »Orte« jeder modernen Institution der politischen Gesellschaft, als dasjenige nämlich, was zugleich Recht und Politik in ihrem instituierten Bestehen möglich macht und was als Überschreitendes sie nur auf sich selbst hin öffnet, indem es ihre Offenheit für das andere aufrechterhält. Es erscheint als Übertretung oder nicht-repräsentierbar Übertretendes der Vertretung, das eben zugleich sich nur Konsistenz oder tatsächliches Leben verleihen kann, wenn es tatsächlich wieder und immer aufs Neue Gestalt annimmt, ohne es jemals vollständig und definitiv gegenwärtig zu machen.

Anmerkungen

1 Hannah Arendt, *Über die Revolution,* München 1963, S.303.
2 A.a.O., S.304.
3 A.a.O., S.358.
4 A.a.O., S.306.
5 A.a.O., S.216.
6 A.a.O., S.214.
7 A.a.O., S.294.
8 A.a.O., S.292.
9 A.a.O., S.257.
10 A.a.O., S.233.
11 A.a.O., S.235.
12 Ebda.
13 A.a.O., S.197.
14 Jürgen Habermas, *Legitimationsprobleme im Spätkapitalismus,* Frankfurt/M. 1973, S.154.
15 Ebda.

Christina Thürmer-Rohr

Die Anstößigkeit der Freiheit des Anfangens

Feministische Kritik – Feminismuskritik

1.

Das Anfangenkönnen ist im politischen Denken Hannah Arendts das Menschliche und das Politische überhaupt. Neuankömmlinge und Anfangende zu sein ist das, was Menschen als Menschen definiert und zum Handeln fähig macht. Handeln heißt Anfangenkönnen.[1] »Was den Menschen zu einem politischen Wesen macht, ist seine Fähigkeit zu handeln; sie befähigt ihn, sich mit seinesgleichen zusammenzutun, gemeinsame Sache mit ihnen zu machen, sich Ziele zu setzen und Unternehmungen zuzuwenden, die ihm nie in den Sinn hätten kommen können, wäre ihm nicht diese Gabe zuteil geworden: etwas Neues zu beginnen.«[2] Die Freiheit des Anfangens ist die Möglichkeit von Neuankömmlingen,[3] »etwas in die Wirklichkeit zu rufen (...), das nicht vorgegeben ist,«[4] die Initiative, mit der Menschen sich in die Welt einschalten – wie »eine zweite Geburt, in der wir die nackte Tatsache des Geborenseins bestätigen, gleichsam die Verantwortung dafür auf uns nehmen.«[5] Jeder Neuanfang ist etwas Einzigartiges, nicht vorhersehbar, nicht berechenbar – wie ein Wunder, zu dem Menschen begabt sind. »Wegen dieser Einzigartigkeit, die mit der Tatsache der Geburt gegeben ist, ist es, als würde in jedem Menschen noch einmal der Schöpfungsakt Gottes wiederholt.«[6]

Diese Freiheit des Anfangens ist keine Frage privater Befreiungsversuche und »jener Innerlichkeit, in die man sich vor dem Druck der Welt beliebig zurückziehen kann.«[7] Der Anfang muß im öffentlichen Raum sichtbar werden, weil nur in ihm das Menschliche zwischen Menschen zum Ausdruck kommt. Nur hier kann Freisein sich auswirken,[8] kann eine wirkliche, greifbare und gemeinsame Welt und erweitertes Denken entstehen – das Politische par excellence. Das Handeln manifestiert sich in politischen Gemeinwesen, die sich im Zeichen der Gleichberechtigung konstituieren,[9] also Freiheit schaffen, sichern und erhalten wollen. Triebfeder des anfangenden Handelns ist das »Glück der Öffentlichkeit«. Arendt beschreibt es in Worten, die den vitalen Charakter des Politischen als einer Seite des Menschlichen kennzeichnen. Die Rede ist von der lebendigen *Freude*, die alles Neue begleitet, von der unwiderstehlichen Lust an der Fähigkeit, einen neuen Anfang zu setzen,[10] in Erscheinung zu treten, zu sprechen, sich zu zeigen, zu exponieren, gehört zu werden, sich zu vergleichen und zu unterscheiden, das *Ausgezeichnete aufleuchten*, das *Außerordentliche glänzen* zu lassen.[11] Diejenigen, die das *Wagnis der Öffentlichkeit* eingehen, werden zum Geschenk an die Menschheit,[12] sie fangen eine Reihe an, sie setzen sich anderen aus, müssen sich vor anderen bewähren, für die eigenen Meinungen haften und das Mißtrauen gegenüber der Öffentlichkeit überwinden.

Politische Neuanfänge waren oft an den Status der Heimatlosigkeit und Ungewißtheit geknüpft, an die Taten und Leiden von Fremdlingen,[13] die sich einen Ort in der Welt schaffen und sichern wollten. Einen Impuls zum öffentlichen Anfangen enthält auch die Unsichtbarkeit derer, »denen die Geschichte zum Schaden des Elends den Spott der Vergessenheit zugefügt hat.«[14] Die Demütigung, unbemerkt zu leben und spurlos zu bleiben, erschien so den Männern der amerikanischen Unabhängigkeitsbewegung unerträglicher als die Armut.[15] Arendts Begriff der Öffentlichkeit geht von republikanischen Prämissen aus, die dem Politischen Vorrang und Autonomie gegenüber der Biopolitik und der Gewalt materieller Interessen geben. Das Anfangen setzt eine Freiheit voraus, die von Lebensnot und -notstand unabhängig ist. Kriterium und Prüfstein einer freien Handlung ist die Entscheidung, sie zu wollen.[16] Das Anfangen ist mehr als das Verwirklichen von etwas, das historisch »reif« war, und somit im Zustand der Potentialität schon vorher existierte.[17] Mit dieser Konzeption des Neuanfangs wendet Arendt sich gegen eine Geschichtssicht, die die Anfangenden zu bloßen Ausführenden historischer Notwendigkeiten und Gesetzmäßigkeiten degradiert und damit das Handeln seiner Unwägbarkeit und Spontaneität, also seiner Freiheit entkleidet.

2.

Die Zeit scheint heute schlecht zu stehen, um übers Anfangen nachzudenken. Das Heimatfinden der Heimatlosen setzt voraus, daß es noch unbesetzte, unbeherrschte Orte gibt, die den Anfang der Ortlosen aufnehmen. Der Status der Heimatlosigkeit scheint sich gerade darin zu dokumentieren, daß Heimatlosen keine Neuanfänge gewährt werden, es sei denn um den Preis des Einstiegs in die Reihe der längst Beheimateten, den Preis der Assimilation oder der Mittäterschaft – ein Heimatzerfall der Welt, der das Anfangen auf einen kurzen Hoffnungsanfall zu verkürzen scheint. Es ist zu spät – könnte man meinen, das Vorhaben unmöglich, die Welt verbaut, verplant, vergleist, vertan. Was wir mal für einen Anfang und neuen Weg hielten, wurde verschluckt von der Gewalt einer Norm, die der Feminismus als patriarchal gekennzeichnet hat. Der Feminismus scheint gerade an einer vorgefertigten Welt zu scheitern, damit auch an den Handelnden selbst, die ihr Produkt und Spiegel sind. Statt Neues in Gang zu setzen, wurden die Anfangenden immer wieder gezwungen, in der Reihe zu bleiben und zu deren Rankwerk zu werden. Anfangen wird zum Einstieg in bestehende Spiele und Fußstapfen. Selbst das Kind macht keinen neuen Versuch, es geht in die Falle, ahmt nach, steigt ein. Nichts tut es zu seinem Neubeginn.[18] Alle werden hineingeboren in vorgegebene Rahmen, vorgedachte Gedanken, materialisierte Ideologien, tradierte Sprachen – in eine hergestellte Welt, die kein Ödland ist, das allein noch für eine neuzuschöpfende Welt geeignet wäre.

Angesichts solcher Erfahrungszweifel bleiben Arendts unermüdlich gleichlautende Aussagen zur *Freiheit des Anfangens* relativ formal und allgemein. Aus wessen Perspektive also und an welchem Maßstab gemessen ist ein Anfang ein Anfang, aus wessen Perspektive die bloße Füllung und Variation von Unrechtsnormen im *neuen Gewand*? Hier geht es nicht nur um den alten Konflikt zwischen Notwendigkeit und Freiheit, sondern um die Frage nach den *Herrschaftsverhältnissen*, die das Anfangen immer wieder verhindern, abbrechen oder korrumpieren. Revolutionäre Bewegungen und neu verfaßte Gemeinwesen waren Neuanfänge nur für die Zugehörigen. Ausgeschloßen blieben z.B. Schwarze in der amerikanischen Unabhängigkeitsbewegung, Frauen in der französischen Revolution des achtzehnten Jahrhunderts, diesen Lehrstücken des Neuanfangs. Nachdem Frauen angefangen hatten, öffentlich für ihre Sache zu handeln, setzte sogleich eine ideologische Maschinerie ein mit dem Ziel, den Anfang zu vereiteln und den erzwungenen Nicht-Anfang zu rechtfertigen.

Für diejenigen, deren Anfänge mißlangen, wirken Arendts Positionen somit wie eine Provokation. Zum Anfangen gehört eine Blickverengung, Bedenkenlosigkeit und Willkür,[19] die nicht nur jenem Elan zuzurechnen ist, der das Handeln wach und von allem Störenden unbelastet hält. Die Anfangenden schleppen gerade im Ausgeblendeten und Unbedachten *Herrschaftstraditionen* in das Neue hinein. Das Anfangen nimmt sich das Recht, zu vergessen, auszulassen, abzuschneiden, zu sortieren, zu vereinheitlichen. Es will die eindeutige Behauptung und Setzung, nicht die mehrdimensionale Sicht der Dinge. Es kann Pluralität schlecht vertragen. Die feministische Kritik ist gerade dabei, sich jenen Herrschaftslasten zu nähern, die im eigenen Anfang steckten. Das betrifft zum Beispiel das Konzept von »Selbstbestimmung«, sofern dieses Selbst von Mitgliedern der dominanten Kultur mit einem egozentrischen und ethnozentrischen Anspruch auftritt, den das »Verhältnis zu den Anderen« nicht kümmert. Auf dieses Verhältnis enthält der Gedanke der Selbstbestimmung – ein eindimensionaler Gedanke – keinerlei Hinweis. Nicht zufällig hatte der westliche und weiße Feminismus sich erlaubt, die Geschichte des Rassismus, des Kolonialismus, des Antisemitismus nicht ins eigene Gepäck zu nehmen. Der Anfängerinnen-Blick, der den Geschlechterskandal zum ersten mal sah, machte ihn zum absoluten und universalen Unrecht, zum Grund- und Ur-Unrecht, das jedes andere Unrecht auslöscht oder begründet. Dieser Blick sah von allen Herrschaftsweisen ab, die die Anfangenden nicht selbst bedrückten. Damit wurde nicht irgendeine Nachlässigkeit begangen, sondern zeigt sich, wo der Neuanfang die Kette *nicht* unterbrach und zum systematischen Scheinanfang wurde. Solche Beobachtungen, die keineswegs nur für den Feminismus gelten, stellen die Naivität der Neuankömmlinge und die Reinheit des Anfangens in Frage, sie bezeugen seine Belastung mit der Mittäterschaft an herrschenden Ideologien und herrschendem Vergessen.

Feministische Herrschaftskritik sensibilisiert sich für die Frage nach dem »Wer«: Wer also kann anfangen? Und da fällt es nicht gerade leicht, Arendts Position zu schlucken, daß die Freiheit des Anfangens eine Fähigkeit sei, die nicht allen gehöre. Die Sehnsucht nach öffentlicher oder politischer Freiheit »um ihrer selbst willen« könne »nur in denen aufsteigen, die in gewissem Sinne bereits frei sind, weil sie keinem Herrn unterstellt sind.«[20] Der Rebellion des Bauches ist nur die Suppenlogik zugänglich.[21] Der »Haß der Unterdrückten« sei »politisch belanglos«, da die Gründung der Freiheit »ganz außerhalb seiner Reichweite« liege.[22] Mit dieser Position wäre der Feminismus allerdings genötigt, den größten Teil der Frauen als Anfangende, als politische Menschen fallenzulassen. Denn erstens ist der Haß auf die verstümmelnden Wirkungen der Kolonisierung und des fortgesetzten Verdrängtwerdens wohl bei vielen ein Dauerzustand. Das ist allerdings ein *Haß*, der auch Helligkeit in den Kopf bringen kann, sofern er aus dem Nachvollzug des Schadens entsteht, den die patriarchale Kultur anrichtet, aus der Unbedingtheit einer Passion, die Ausdruck von Unrechtsbewußtsein ist, also einer Kategorie des Urteilens. Zweitens gehören Frauen bekanntlich weltweit zu denen, deren dauernde Entbehrungen weithin an materieller Lebensnot zu messen sind, am massenhaften Ausschluß von Geld und Gütern, Bildung und Schutz. Vom öffentlichen In-Erscheinung-treten erwarten sie nicht allzu viel. Falls sie noch einen Motor zum Anfangen haben, dann ist es wohl weniger das »Glück der Öffentlichkeit« als die Sehnsucht, die Entbehrungen loszuwerden.[23] Die feministische Kritik hat gerade angefangen, den Hierarchisierungen auf die Spur zu kommen, die in der Tradition eurozentrischer Freiheitskonzepte stecken, jenen Definitionsgesten, die die Handlungen derer, die »noch« einem Herrn unterstellt sind und zur Freiheit nicht reif, kategorisieren und zensieren oder bestimmte Tugenden und Themen des öffentlichen Diskurses vorab festsetzen wollen. Arendts Freiheits- und Öffentlichkeitskonzept, so lautet die Kritik, setzt dem Anfangen Maßstäbe, die die Aussortierten und Aufgegebenen, die Erfahrungs-[24] und Handlungsmüden[25] explizit vom »eigentlich« Politischen, vom »eigentlichen« Freiheitsbegehren ausschließen.

Arendts Modell vom agonistischen öffentlichen Raum wird so immer wieder als elitäres antidemokratisches Projekt[26] zurückgewiesen. Seine Orientierung an der griechischen Polis binde es an den Ausschluß der Abhängigen – Sklaven, Frauen, Arbeiter, Einwohner ohne Bürgerrechte. Anfangen werde auf den Kreis der Wenigen beschränkt, die sich dem Licht der Öffentlichkeit präsentieren: freie Männer. Der Feminismus kämpft seit seinem Bestehen gerade um die Erweiterung des öffentlichen Raums durch die Invasion der Abhängiggemachten. Von deren Anfängen wäre gar nichts zu erwarten, wenn öffentlicher Ruhm und Wettkampf ihr hauptsächliches Streben wäre. Frauen brauchen jedenfalls ein andres Motiv als die öffentliche Glücksuche, wollen sie sich nicht schleunigst wieder aus den öffentlichen Gefilden entfernen.

Die Geschichte der Frauenbewegung spiegelt diesen widersprüchlichen Prozeß zwischen leidenschaftlichem Anfangen und Rückzug. Die Anfangsimpulse der ersten wie der zweiten Frauenbewegung waren »eigentlich« politische, sie zeugen vom vitalen Willen zum öffentlichen Handeln, einem »Glück«, das keine private Beschäftigung je zu verschaffen in der Lage ist, vom Autoritätsverlust einer monogeschlechtlichen Welt, in der Frauen privat unentbehrlich sein sollten, politisch aber überflüssig. Der Impuls zur »Helle der Öffentlichkeit« blieb aber allenfalls ein Anfangsschub. Solange es um *Befreiung* geht, ist Öffentlichkeit noch ein provozierendes Feld, und die Unerwünschtheit des Auftritts der Neuankömmlinge wird gerade zur Bestätigung der Lücke, der Dringlichkeit ihres Zutritts. Das Problem beginnt danach. Das Anfangen endet meist *vor* der Freiheit. Es scheint, als habe sich der »Abgrund der Freiheit«[27] den Frauenbewegungen nicht aufgetan, weil ihnen die politische Chance und Gefährdung dieser Erfahrung nicht offen stand. Freiheit zu schaffen lag nicht in ihren Händen.

Viele kleine Gründungsakte blieben abgedrängt in selbstbestimmte marginale Orte, in denen sich in der Regel eine Verkümmerung des Politischen einschlich. Aus der politischen Bewegung wurde eine soziale, aus der sozialen eine psychologische. Die Hinwendung zur sozialen Frage machte die Bewegung sozialarbeiterisch, die Hinwendung zu selbsterlittenen Diskriminierungen machte sie therapeutisch. Der neugefundene Politikbegriff, der das Private für politisch erklärte, legitimierte es, die Probleme ins eigene Projekt, ins eigene Heim oder eigene Herz zu verlagern und das Politische am Maßstab der Privatsphäre zu behandeln: *Einheits- und Identitätsbegehren* (Wir sind alle gleich, wir gehören zusammen), *Wertehierarchie* (Wir sind besser als die) und *Ausschluß* (die Anderen gehören nicht zu uns).[28]

Das feministische Anfangen erlahmt an der Erfolglosigkeit, die dem Handeln das Gespanntsein auf seine Folgen nimmt. Auch wenn »Geschichten« bleiben, die vom Anfang erzählen, so bleibt ihr trauriges Ende *Teil* der Geschichte, und dieser ist wenig geeignet, bei den Nachkömmlingen noch Kettenreaktionen[29] auszulösen. Das Anfangen scheitert am Geld. Denn Anfangen ist nicht nur ein zwischenmenschlicher Prozeß und »Raum« nicht nur eine politische Metapher, sondern ein materielles Ding, das etwas kostet.[30] Die Raumsuche der Frauen war konkret gemeint. Derzeit zieht der Staat, der manche Anfänge finanziert hatte, seine Förderung rigoros zurück, was die alten Opferargumente, die Distanz gegenüber der Öffentlichkeit,[31] die Verlagerung der Probleme auf die Schauplätze der informellen Kommunikation verstärkt. Das Anfangen scheitert schließlich am Verfall einer Öffentlichkeit, deren Banalität wohl nur für spezifische Mentalitäten noch ihren Reiz ausübt, jedenfalls nicht den, sich die Freiheit zum Abweichen von herrschenden Meinungen zu nehmen.[32] Wir sind längst daran gewöhnt, Ruhm und Glück der Öffentlichkeit zu verachten. Die Arendtschen Beschreibungen des »öffentlichen Glücks« wirken heute wie Metaphern der Eitelkeit. Öffentlichkeit ist längst der naiven Erscheinungsfreude entkleidet worden. Sie hat ihre Glücksverheißung verloren.[33]

Die Leuchtkraft des Wortes Anfang jedenfalls erlischt angesichts der Aussortierungen, die den Anfängen immer wieder folgten, und sie bleibt den Enttäuschten und Untröstbaren verschloßen, die die Vergeblichkeiten der Ortsuche und des öffentlichen Handelns erfahren. Auch wer die angedeuteten Einwände als Alltags- und Vulgäreinwände abtut, wird zugeben müssen, daß die Verzweiflung, die aus den Einwänden spricht, mit Arendt nicht einfach zu vertreiben ist.

3.

Die genannten Einwände, auch wenn sie noch so plausibel erscheinen, gehen am Kern des Arendtschen Denkens vorbei. Dieser ist erst anzutreffen, wenn das Konzept des Anfangens in Zusammenhang mit der Totalitarismusanalyse gebracht wird. Erst vor diesem Hintergrund bekommt Arendts Mißtrauen und Zutrauen »in das Menschliche aller Menschen«[34] sein Gewicht. Das Anfangen ist ein Anfreunden mit einer Welt, die zerstörbar ist. Arendts Ja zur Öffentlichkeit ist eine Konsequenz des Zutrauens zu einer Humanität, auf deren Erfahrbarkeit im Sprechen unter Menschen sie besteht, ein Zutrauen, das der Anwesenheit und Versammlung *Anderer* und zugleich mehr als der Gegenwartserfahrung bedarf. Es braucht jenen bevölkerten Raum der Vergangenheit, in dem die Perlen zu finden sind, die Arendt unermüdlich vorzeigt – ein Tradieren ohne Zeitschema im räumlichen Nebeneinander, nicht im zeitlichen Nacheinander. Über die Berechtigung dieses Zutrauens läßt sich nicht debattieren, es liegt jenseits von Beweisen, es läßt sich nur mitteilen, vergegenwärtigen, erinnern. In ihrer Laudatio auf Karl Jaspers sagt Arendt: »Daß ein Mensch unantastbar, unversuchbar, unbeirrbar sein kann, hat etwas Hinreißendes«[35] – das ist wohl auch eine Kennzeichnung ihrer selbst.

Arendts Zutrauen, das die Erfahrung der NS-Herrschaft und des vordergründigen Trostes überdauert hat, ist ganz und gar unsentimental, außerordentlich realistisch und folgt somit nicht den Regeln der political correctness. Es richtet sich auf die *politisch* werdenden Menschen, die *denkenden* und *handelnden*, die *anfangenden* Menschen, nie allerdings vorab auf jene Einheitskonstrukte, die die politische Theorie und Praxis immer wieder zum revolutionären Subjekt und zum Generalopfer oder Generaltäter erhob – *das* Volk, *das* Proletariat, *die* Unterdrückten, *die* Armen, *die* Schwarzen, *die* Juden, *der* weiße Mann, *die* Frau etc. – lauter kollektive Singulare, die einem totalitären Denken vorausgesetzt sind. Sie machen die Kategorisierten zu *eins*, behandeln sie als *eins*, und diese verhalten sich wie *eins* und werden *eins* mit sich und ihrer Umwelt – ein Kriterium totaler Herrschaft. Ein konkretes Ergebnis hat Arendt in ihrer Eichmann-Analyse vorgeführt. Die Einzahl macht Menschen und das Menschliche überflüssig, und daran sind nicht nur *die* Herrschenden beteiligt. Arendts tiefstes Mißtrauen galt dem »Mob, der nur an Rasse glaubt« und auf Profite hofft, dem Bündnis von Mob und Kapital[36], das die Bewegungen des Imperialismus und Nationalsozialismus hervorgebracht hat. Es ist das Bündnis in einer gemeinsamen Weltanschauung, die den Wert des Menschen an seinem Preis mißt[37] und »die Menschheit in Herren- und Sklavenrassen, in higher and lower breeds, in Schwarze und Weiße, in citoyens und eine force noire«[38] spaltet. Arendts Kritik richtet sich – am Beispiel der Französischen Revolution – auf die Konstruktion des *volonté générale*, die das Mitgefühl mit *dem* Volk, *den* Unglücklichen aktivieren sollte, sich aber in Waffen verwandelte; auf Einzahlbildungen wie *das* Gesamtinteresse, *das* Einzelinteresse,[39] *den* Eigenwillen, auf die Verlagerung politischer Probleme auf *den* inneren Feind Nr.1, *die* Heuchelei. Arendt verlangt von den Anfangenden mehr als den Anfang, nämlich die Abwendung einer *Entpolitisierung* des Neuanfangs, die eintritt, wenn das Handeln den Charakter der Zwischenmenschlichkeit und des Freiheitsversuchs verliert, wenn Handeln zu Gewalt wird, also zum Nicht-Handeln, zu totalitärem Denken, also zur Ideologie, zu eindimensionalem Denken, also zum Nicht-Denken.

Arendts Mißtrauen gegen politische Gemeinschaften und Bewegungen, die sich auf die gleiche Identität ihrer Mitglieder berufen bzw. die Einzelnen unter totalisierende Identitäten subsummieren, korrespondiert überraschend mit »postmodernen« feministischen Theorieansätzen.[40] Diese sehen in dem Konstrukt »die Frau« den Reflex einer totalitären Geschlechterpolitik. Die feministische Anfangs-Annahme, daß die Frauenunterdrükkung eine weltweite, allgemeingültige und gleiche Grundlage in der universalen Struktur des Patriarchats besitze, war an den Versuch geknüpft, *Frauen* zu einer bruchlosen Kategorie zusammenzuschmieden und alle Kulturen ins allumfassende androzentrische System einzuschließen. Das ist ein Aneignungsakt, der die selbsterweiternde Geste des Androzentrismus wiederholt und die Kulturen, die dieses totalisierende Konzept in Frage stellen könnten, unter den gleichen Vorzeichen kolonisiert.[41] Arendts Denken führt nicht weg von einer feministischen Herrschaftskritik, sondern vertieft sie, indem es den Bruch mit der Hegemonie eines bestimmten Identitätsbegriffs fundiert, der mit der Zerstörung der Pluralität auch jeden politischen Raum zerstört.

Das Anfangen ist in Arendts Denken keine moralische Kategorie. Es hat seine Qualität und seinen Sinn im Anfangen selbst. Der Wert bleibt unbekannt. Arendt findet es verhängnisvoll, wenn das Anfangen mit dem warnenden Hinweis auf seine *unweigerlichen Verstrickungen* in prädeterminierte Geschichts- und Machtgewebe, also mit dem Verdikt der Scheinhaftigkeit entwürdigt wird.[42] Die Enttäuschung darüber, daß sich in unseren Anfängen alte Unrechtsrealitäten vererben, entlarvt einen Purismus, eine Ideologie der Sauberkeit, die von den Anfangenden ein »autonomes« und unbeflecktes, also beziehungsloses Handeln und von den Anfängen eine unheiltilgende sozialhygienische Wirkung erwartet. Für Arendt ist die Begrenztheit der Anfänge eine *Begrenztheit durch die Macht der Pluralität*[43], durch die Versammlung noch anderer Anfänge, Standpunkte, Machtmanifestationen, die schon in der Welt sind. Diese sind nicht Anlaß zur Klage, sondern fordern die Anfangenden heraus, sich in Beziehung zu setzen und selbst Macht auszubilden. Verstrickungen sind selbstverständliche Bedingungen des Anfangens. Alle Anfänge verstricken sich, indem sie einen Faden in ein vorhandenes Netz von Beziehungen schlagen[44]. Diese Metapher, mit der »Verstrickung« nicht Verschmutzung, sondern Hineinhandeln in vorhandenes Gewebe ist, hat etwas Tröstliches und Dämpfendes zugleich. Getanes kann nicht ungeschehen gemacht werden, nicht einmal durch die großen Mächte des Vergessens und Verwirrens. Die von Menschen gemachte Welt nimmt Unerwartetes auf, und sie läßt sich nicht austauschen.

»Was daraus wird, wissen wir nie.«[45] Wer von dieser Ungewißheit und *unheilbaren Pluralität der Welt*[46] ausgeht, hat die modernen Ansprüche an Herrschaft und Souveränität aufgegeben. Ebenso enthält das Sprechen als Nicht-Zwingenkönnen und Nicht-Zwingenwollen und enthält die Zurückweisung jeder Zweckbindung des Handelns eine klare Herrschaftsabsage. Sie drückt sich aus in dem leidenschaftlichen Argument gegen die Produktion von Spänen, die bei allen Herstellungsakten abfallen. Unser Hadern mit der Zerbrechlichkeit des Anfangens entlarvt eine hartnäckige Bindung an moderne Souveränitätsvorstellungen: die Verwechslung von Souveränität und Freiheit, die Selbstverständlichkeit, den Wert des Anfangens an seiner Effektivität und damit am Maßstab des Herstellens von Dingen zu messen. Im Arendtschen Verständnis handelt es sich dabei um jene »Degradierung des Politischen«[47], die das Handeln ruiniert. Vielleicht ist dieser Anfänger/innenblick gar kein »junger« Blick. Vielleicht braucht man ein halbes oder ein ganzes Leben, um Anfänge ohne sichtbaren Effekt zu verstehen, zu wollen und zu würdigen.

Arendt interessiert sich wenig für die innere Verfassung der Anfangenden. Sie fragt nicht, was es bewirkt, wenn sie, deren Antrieb kaum im Wissen um die Vergänglichkeit des Handelns liegt, ihren Anfang in seiner Brüchigkeit statt in solider Planmäßigkeit und Machterzeugung erfahren. Arendt interessiert sich umso mehr für die Handlungen selbst. Sofern ein totalitäres System es nicht eliminiert hat, ist das Handeln nicht zerstörbar von außen oder von oben, sondern nur durch den Handlungsverlust, den Verlust des Politischen, den die Anfangenden selbst betreiben. Macht »entsteht zwischen Menschen, wenn sie gemeinsam handeln, und sie verschwindet, sobald sie sich wieder zerstreuen.«[48] Das Anfangen kann gar nicht scheitern, es sei denn, es verliert die Zwischenmenschlichkeit. Es ist nicht am Produkt und Sieg abzulesen, sondern in einem *Erscheinungsraum*, in dem Menschen sich zeigen, aber nicht als das, was sie sind, sondern in dem, was sie tun. Das ist keine Opferperspektive. Und alle, die aus der Opfersicht, der Opferidentifizierung und Opferidealisierung heraus die Dinge anzugehen versuchen, haben folglich mit Arendt ihre unüberwindlichen Schwierigkeiten. Sie spricht aus der Perspektive potentiell Handelnder, und diese sind, weil sie handeln, keine Opfer.

Hannah Arendt liefert kein Denk-System, sondern Stoff für Denkübungen, Methoden des Nach-Denkens, einen leidenschaftlichen und emphatischen Versuch, zu verstehen und sich zu verständigen. Ein Feminismus, der sich als Herrschafts- und Gewaltkritik begreift, erfährt Stöße und Anstöße, und er gewinnt eine Anstößigkeit zurück, die er verliert, sobald er essentialistisch und zur Identitätspolitik wird. Arendts Werk nach Aussagen über *»die Frau«* zu durchforsten, ist relativ unergiebig, läßt jedenfalls vermuten, daß sie das »Geschlecht« für ein außerpolitisches Faktum hielt, dem man nicht entgehen kann – gegeben und nicht gemacht.[49] Es gibt keinen Grund, diese Meinung mit ihr zu teilen. Ein Nachdenken, das Arendts Denkwege aufnimmt, kreist um ganz andere Fragen: die Frage nach dem *feministischen Handlungsverlust*, die Frage nach dem Gebrauch der Freiheit. Anfangen und Machtausbilden verlangen ein anderes Inter-esse und eine andere Zwischenmenschlichkeit als diejenige, die vom Konstrukt »die

Frau« zu erwarten ist. Anfangen verlangt eine nicht-familiale, eine weltbezogene Zwischenmenschlichkeit und damit einen radikalen Bruch mit dem Kontinuum der Kolonialisierung und des Überflüssigmachens von Menschen.

Anmerkungen

1 Hannah Arendt, *Vita activa oder Vom tätigen Leben,* München 1981, S.164 ff.
2 Hannah Arendt, *Macht und Gewalt,* München 1990, S.81.
3 Hannah Arendt, *Vita activa,* a.a.O., S.165 f., 178 f; Dies., *Zwischen Vergangenheit und Zukunft – Übungen im politischen Denken,* München 1994, S.256 f.
4 Hannah Arendt, Freiheit und Politik, in: *Zwischen Vergangenheit und Zukunft,* a.a.O., S.206.
5 Hannah Arendt, *Vita activa,* a.a.O., S.165 f.
6 Ebda., S.167.
7 Hannah Arendt, *Über die Revolution,* München 1994, S.159.
8 Hannah Arendt, Freiheit und Politik, in: *Zwischen Vergangenheit und Zukunft,* a.a.O., S.216.
9 Hannah Arendt, *Vom Leben des Geistes 2,* Das Wollen, München 1989, S.194.
10 Hannah Arendt, *Über die Revolution,* a.a.O., S.287.
11 Hannah Arendt, *Über die Revolution,* a.a.O., S.86 ff.
12 Hannah Arendt, Laudation an Karl Jaspers, in: *Menschen in finsteren Zeiten,* München 1989, S.91.
13 Hannah Arendt, *Vom Leben des Geistes,* 2, a.a.O., S.196.
14 Hannah Arendt, *Über die Revolution,* a.a.O., S.87.
15 Hannah Arendt, *Über die Revolution,* a.a.O., S.82.
16 Hannah Arendt, *Vom Leben des Geistes* 2, a.a.O., S.11, S.29.
17 Ebda., S.33.
18 Ingeborg Bachmann, Alles, in: *Werke,* Bd.II, S.138-158. »Ich wütete gegen mich, weil ich meinen Sohn in diese Welt gezwungen hatte und nichts zu seiner Befreiung tat. Ich war es ihm schuldig, ich musste handeln, mit ihm weggehen, mit ihm auf eine Insel verziehen. Aber wo gibt es diese Insel, von der aus ein neuer Mensch eine neue Welt begründen kann? Ich war mit dem Kind gefangen und verurteilt von vornherein, die alte Welt mitzumachen. Darum liess ich das Kind fallen. Ich liess es aus meiner Liebe fallen. Dieses Kind war ja zu allem fähig, nur dazu nicht, auszutreten, den Teufelskreis zu durchbrechen« (S.147).
19 Hannah Arendt, *Über die Revolution,* a.a.O., S.265.
20 Hannah Arendt, *Über die Revolution,* a.a.O., S.160.
21 Hauke Brunkhorst, Brot und Spiele? Hannah Arendts zweideutiger Begriff der Öffentlichkeit, in: Ursula Kubes-Hofmann (Hg.), *Sagen, was ist. Zur Aktualität Hannah Arendts,* Wien 1994, S.153-167.
22 Hannah Arendt, *Über die Revolution,* a.a.O., S.160.

23 bell hooks, Sehnsucht, Befreiungskampf und Kulturkritik, in: *Sehnsucht und Widerstand*, Kultur – Ethnie – Geschlecht, Berlin 1996, S.28.

24 Christina Thürmer-Rohr, Erfahrungsmüde – Fragment zum Lustverlust, in: *Verlorene Narrenfreiheit* – Essays, Berlin 1994, S.59-74.

25 bell hooks, Postmodernes Schwarzsein, in: *Sehnsucht und Widerstand*, a.a.O., S.46.

26 Seyla Benhabib, Modelle des ›öffentlichen Raums‹, in: *Selbst im Kontext*. Gender Studies, Frankfurt/M. 1995, S.98.

27 Hannah Arendt, *Vom Leben des Geistes 2*, a.a.O., S.197.

28 Hannah Arendt, *Was ist Politik?* Aus dem Nachlass. München 1993, S.10 f.

29 Hannah Arendt, *Vita activa*, a.a.O., S.182.

30 Z.B. Frauenzentren, Frauenhäuser, Frauen-Bildungs- und Kulturzentren, Freizeiteinrichtungen für Mädchen, Mädchen-WGs, Migrantinnentreffs, Ausbildungsinitiativen für Migrantinnen, Krisenhilfen, feministische Beratungsstellen, Frauenbuchläden, Frauenverlage, Frauengalerien, Frauenarchive, Frauenstudien, Frauenforschung etc. In Westberlin gab es kurz vor der Wende ca. 300 solcher Initiativen.

31 Sedef Gümen, Die sozialpolitische Konstruktion »kultureller« Differenzen in der bundesdeutschen Frauen- und Migrationsforschung, in: *Beiträge zur feministischen Theorie und Praxis*, H.42, 1996, S.77-89.

32 Hannah Arendt, *Macht und Gewalt*, a.a.O., S.125.

33 Nicht nur weil sie den Intellektuellen die Dinge flach und platt macht (s. Hannah Arendt, Laudation für Karl Jaspers, in: *Menschen in finsteren Zeiten*, a.a.O., S.92) und ein Markt ist, auf dem Lügen gekauft werden (s. Hannah Arendt, Bertholt Brecht, in: *Menschen in finsteren Zeiten*, a.a.O., S.243). Öffentlichkeit ist heute schlechtes Theater und eine Erziehungsanstalt, in der Opportunität oder individuelle Selbstentblössung gelernt werden kann. Sie dient nicht dem Dialog und dem Verstehen, sondern führt den Neuigkeits- und Sensationswert von Personen und deren Verschleiss vor, das pro und contra oder die enuretischen Entäußerungen massenhafter Einzeldarsteller/innen. Und Meinungen bilden sich im Zuge einer Präparierung zu Vorurteilen, denen die Beteiligten über die Identifizierung mit der einen oder anderen »öffentlichen Erscheinung« erfahrungslos ausgesetzt sind. Im übrigen ermöglicht die Computertechnologie die weitgehende Ausschaltung sinnlicher Erfahrung, d.h. eine körperlose Kommunikation zwischen Menschen, die sich nicht sehen und nicht exponieren und gerade nicht über sich Aufschluss geben müssen – für manche ein Schutz, für andere ein weiteres Training der Lüge.

34 Hannah Arendt, Was bleibt? Es bleibt die Muttersprache. Interview mit Günter Gaus, in: Günter Gaus, *Zur Person*, München 1965, S.30.

35 Hannah Arendt, Laudation auf Karl Jaspers, in: *Menschen in finsteren Zeiten*, München 1989, S.94.

36 Hannah Arendt, Über den Imperialismus, in: *Die Wandlung*, Heft 8, 1945/46, S.652 ff.

37 Ebda., S.656.

38 Ebda., S.653.

39 Hannah Arendt, *Über die Revolution*, a.a.O., S.99.

40 Z.B. Judith Butler, *Das Unbehagen der Geschlechter*, Frankfurt/M. 1991; Seyla Benhabib/Judith Butler/Drucilla Cornell/Nancy Fraser, *Der Streit um Differenz. Feminismus und Postmoderne in der Gegenwart*, Frankfurt/M. 1993; Christina Thürmer-Rohr, Denken der Differenz. Feminismus und Postmoderne, in: *Beiträge zur feministischen Theorie und Praxis*, H.39, 1995, S.87-97; Sabine Hark, *Deviante Subjekte. Die paradoxe Politik der Identität*, Leverkusen 1996, S.145-170.

41 Judith Butler, *Das Unbehagen der Geschlechter*, a.a.O., S.33.

42 Hannah Arendt, *Vita activa*, a.a.O., S.229.

43 Hannah Arendt, *Vita activa,* a.a.O., S.195.
44 Hannah Arendt, in: Günter Gaus, a.a.O., S.30.
45 Ebda.
46 Zygmunt Bauman, *Moderne und Ambivalenz – Das Ende der Eindeutigkeit,* Hamburg 1991, S.126.
47 Hannah Arendt, *Vita activa,* a.a.O., S.225.
48 Hannah Arendt, *Vita activa,* a.a.O., S.194.
49 z.B. Hannah Arendt, *Vita activa,* a.a.O., S.64-70; Hannah Arendt, *Über die Revolution,* a.a.O., S.73.

Wolfgang Engler

Öffentlichkeit als Problem oder Die Schatten des Staates

1.

Fragt man nach der Orientierung, die liberales Gedankengut noch heute spenden kann, wenn es um die Begründung bürgerlicher Freiheiten geht, sieht man sich an zwei große Strömungen des modernen Liberalismus verwiesen. Die eine kann exemplarisch mit Wilhelm von Humboldt verdeutlicht werden, mit seinem Versuch, die Staatstätigkeit auf die Sorge »für das negative Wohl der Bürger, für ihre Sicherheit« einzuschränken. Äußere Feinde in Schach zu halten, innere Zwistigkeiten in die Bahnen des Gesetzes zu lenken, Übergriffe auf Leib und Eigentum zu ahnden – das dürfe und müsse der Staat. Aller weiteren Interventionen, insbesondere solcher, die auf das »positive Wohl der Bürger« abzweckten, auf die Regulierung von Wirtschaft und Familie, Erziehung und Bildung, Religion und Sitten, möge er sich tunlichst enthalten. In dem Bemühen, den Menschen Gutes zu erweisen, erdrosselten sie nur das bürgerliche Leben. »Wer oft und viel geleitet wird, kommt leicht dahin, den Überrest seiner Selbstthätigkeit gleichsam freiwillig zu opfern.« [1] Aller späteren Modifikationen ungeachtet, blieb diese Prinzipentscheidung für negative und gegen positive Freiheit bis heute so etwas wie ein Prüfstein altliberaler Identität. Wer Lust an einer zeitgenössischen Variante dieses »Dogmas« hat, der lese Richard Rorty.

Dabei waren es interessanterweise ursprünglich die Nordamerikaner, die andere Akzente setzten. Diese zweite Strömung des modernen Liberalismus kann exemplarisch mit den Autoren der *Federalist Papers* verdeutlicht werden. Auch für sie bildet der Staat, bilden Bürokratien ernstzunehmende Gefahren der bürgerlichen Freiheit. Aber die hauptsächliche Gefahr geht von den Bürgern selber aus, von ihren ungestümen Leidenschaften, ihrem Mangel an Distanz und Objektivität, ihrer Neigung, engstirnige Gruppierungen, »Fraktionen«, zu bilden, die sich zu wahren Tyrannen aufwerfen, jedem und jeder vorschreiben, was sie denken und tun sollen. Der Ausweg, den die Verfassungsväter fanden, war ebenso schlicht wie genial und bestand darin, »Ehrgeiz durch Ehrgeiz« zu korrigieren, eine solche Vielfalt von Gruppen, Mächten und Perspektiven zu schaffen, daß jede Majorisierung zuschanden, dagegen »das private Interesse jedes einzelnen zum Wächter über die öffentlichen Rechte wird«.[2] Wo selbst die ambitioniertesten Interessenkoalitionen über einen Minderheitenstatus nicht hinausgelangen, haben Meinungstyrannen und Tugenddiktatoren schlechte Karten. Sie müssen den Respekt vor anderen Ansichten und Lebensstilen zumindest heucheln.

2.

Humboldt stellte den Staat ins Zentrum liberaler Prophylaxe, Madison den »Mangel der menschlichen Natur«. Das war skeptisch, aber weitsichtig. Und wie man weiß, war Hannah Arendt ganz auf seiner Seite. Gleich ihm begriff sie die »gute Gesellschaft« nicht als Gratisgabe »guter Menschen«, sondern als Inbegriff all jener Anstrengungen und Vorkehrungen teils konstitutioneller, teils institutioneller Art, dank derer auch »schlechte«, ja sogar »böse« Menschen wenn schon nicht zu Güte und Wohlwollen, so doch wenigstens zum Respekt vor ihresgleichen veranlaß werden. Dabei spielten in beider Überlegungen Begriff und Praxis des öffentlichen Lebens eine herausragende Rolle. Vollzieht sich doch erst in der Sphäre des Öffentlichen jene Entprivatisierung von Gefühlen, Gedanken und Interessen, ohne die das genuin Politische nicht wäre, die Sorge um das große Ganze, um die Freiheit des einzelnen sowohl als um ein gedeihliches Miteinander. Unglücklicherweise steht das öffentliche Leben unserer Tage unter einem anderen Stern. Aus der vermeintlichen Lösung wurde ein handfestes Problem. Einige der größten Gefahren, die der persönlichen Freiheit im Westen heute drohen, gehen unmittelbar aus der Öffentlichkeit hervor. Teils pervertiert das öffentliche Leben, teils schwappt es über seine »angestammten« Grenzen.

In der ersten Hinsicht kommt das informelle Monopol der öffentlichen Meinung in Betracht. Es liegt in den Händen professioneller Journalisten, die den Zugang zur überregionalen Öffentlichkeit bei allem inneren Streit pedantisch regeln und dafür sorgen, daß all das, was ihren Horizont überschreitet, was nicht »leicht« und »gefällig« konsumierbar ist, als »esoterisch« abgetan und zum Schweigen gebracht wird. Dagegen präsentieren sie mit Vorliebe Leute, die nicht viel besser sind als sie. So können sie sich mühelos als »Denker« inszenieren. Am Ende triumphieren regelmäßig »Rankühe und Feuilleton« über Reflexion und Argumente, der »gute Stil« einer halbintellektuellen Clique über die Interessen der *res publica*. Um es mit Pierre Bourdieu zu sagen: »Die intellektuelle Welt ist ein Ort manchmal erbitterter Kämpfe und sie wird in ihrer Unabhängigkeit und Autonomie ständig durch alle möglichen äußeren Kräfte bedroht, von denen die gefährlichste heute zweifellos der Journalismus ist (...) Nie zuvor haben sich Moralismus und Konformismus so stark und dauerhaft durchgesetzt wie heute, und es ist bedeutsam, daß die Literaturpreise immer häufiger an Journalisten vergeben werden, die so in ihrer Rolle als geistige Vorbilder des kleinen Mannes bestätigt werden; dieselben Journalisten, die die ersten Plätze auf der ›Bestsellerliste‹ besetzen mit ihren Politiker-Biographien, ihren Berichten über die Privatsphäre großer Männer oder ihren dürftigen Pamphleten über Kunst und Kultur... Die Journalisten sind zu einer Art Trennwand bzw. Filter zwischen der intellektuellen Tätigkeit und der Öffentlichkeit geworden.«[3] Einst designierte Opfer der Zensur, üben sie sie heute selber aus, Schatten ihrer selbst sowie des Staates, der sich dank ihrer unermüdlichen Anstrengung als Hüter der Meinungsfreiheit profilieren kann.

3.

In der zweiten Hinsicht kommt eine Macht ins Spiel, die nicht leicht zu lokalisieren ist, die eher durch Vielfalt und Zerstreuung als durch Zentralisation besticht, die aber nichtsdestoweniger beharrlich und von unten her an dem arbeitet, was wir umgangssprachlich »privat«, »intim«, »persönlich« nennen. Ich spreche von den Mächten unserer psychosozialen »Normalisierung«, deren engagierteste Akteure man vorzugsweise unter Therapeuten, Psychologen, Humanmedizinern, Pädagogen, Sozialarbeitern, Sozialamtsleitern, Richtern und Geistlichen findet; unter jenen besorgten Menschenfreunden, die stets »mit dem Schlimmsten« rechnen, die uns einem Meer von Plagen ausgesetzt sehen und die deshalb einen sechsten Sinn entwickelt haben, der auf die Früherkennung noch der verborgensten Zeichen spezialisiert ist, um das Unheil sogleich an der Wurzel zu packen.

Und das Unheil lauert überall: auf der Straße und im Fitneßzentrum, im Büro und im Klassenraum, und mit besonderer Vorliebe nistet es sich hinter den vier Wänden unseres »spießigen« häuslichen Lebens ein, im Kinderzimmer und im Ehebett. Seine Namen lassen uns erschauern: Rassismus, Sexismus, Machoismus, mobbing, sexual molesting, womanism. Das Gegenbild, das sie beschwören, ist ein Leben frei von Angst und Reibung, sauber, ordentlich und gut berechenbar. Wie die Visionen, so auch die Methoden: Regeln, Vorschriften, Paragraphen, Recht und nochmals Recht. Nicht nur manifeste Handlungen, auch Worte, Gesten, Blicke werden »Tatbestände«, begründen Klagen; und wer noch nicht oder niemals klagen kann, findet beredte Fürsprecher, so daß auch dem Recht von Minderjährigen, Tieren und Pflanzen allzeit Genüge geschieht.

4.

Beim Staat sind wir auf der Hut. Bei den oft staatsfern agierenden psychosozialen Diensten, die aus der Mitte der Gesellschaft heraus agieren, Fleisch von ihrem Fleische sind und nur »das Beste« wollen, das, was auch wir uns wünschen – Ordnung, Frieden, Harmonie –, verläßt uns diese Sicherheit, geben wir der Kooperation den Vorzug vor der Abgrenzung. Man kann darauf wetten, daß dieselben Leute, die vor Jahren die Volkszählung als einen flagranten Eingriff des Staates in die Privatsphäre geißelten, keinen Augenblick zögern werden, Pädagogen Gehör zu schenken, die von der »Unruhe« eines Schülers schnurstracks auf elterliches Versagen, wenn nicht auf sehr viel Schlimmeres schließen. Die gelegentlich bis zur Unvernunft reichende Antipathie gegen den Staat geht Hand in Hand mit einer oft nicht weniger unvernünftigen Sympathie gegenüber halb- und viertelstaatlichen Ordnungsmächten. Das war im Osten anders, wo die Sozialisations- und Normalisierungsagenturen bis zuletzt als verlängerter Arm des Staates sichtbar blieben. Hier ging man auf Distanz und kultivierte eine allumfassende »Institutionenskepsis«, die auch den »Berufshumanisten«, Lehrern, Ärzten, Psychologen mit Mißtrauen begegnete.

Was zur Klage Anlaß gibt, ist nicht die Statuierung und Ausweitung von Grundrechten und Grundsicherungen, die unser aller Integrität sichern, sondern der klammheimliche Triumphzug dessen, was Michel Foucault »Gegenrecht« nannte – die Aushöhlung der formellen und rechtlichen Freiheiten in ihrem ganz alltäglichen Vollzug in Schulen, Kliniken, Behörden, Strafanstalten, durch ein Netz von Beobachtungen, Weisungen, Messungen, Ordnungen und Normen, die die Rechtsform nachäffen, in Wahrheit ad absurdum führen, im Namen des Guten, Gesunden, Normalen. »Im Schatten der bürgerlichen Gemeinschaft entsteht diese eigenartige Republik des Guten, die man gewaltsam all denen auferlegt, die man verdächtigt, dem Bösen anzugehören. Das ist die Kehrseite des großen Traums und der großen Beschäftigungen des Bürgertums: die Gesetze des Staates und die Gesetze des Herzens sind identisch.«[4] Sie stets aufs neue identisch zu machen, das staatliche Ordnungskalkül in die infinitesimalen Beziehungen des Alltags umzurechnen, wurde in unserem Jahrhundert mehr und mehr zur Aufgabe einer professionellen Philanthropie, die die »Republik des Guten« aus der Enge der Irrenanstalten und Gefängnisse herausführte, dabei zugleich humanisierte und rationalisierte. Im selben Maße, in dem sich der Staat aus der Reglementierung der Einzelheiten des bürgerlichen Lebens zurückzog, breiteten sich diese semistaatlichen Schatten über die gesamte Gesellschaft aus.

5.

Jüngste Entwicklungen zeigen das zur Genüge. Man denke nur an die Perfektionierung der Techniken, dank derer Akte männlicher oder elterlicher Gewalt noch aus den unschuldigsten Äußerungen ihrer »Opfer« herausgelesen werden können, aus Kinderzeichnungen und Kinderspielen; an die Flut von Handbüchern, in denen wirkliche oder vermeintliche Experten Laien Fingerzeige für ihre Spurensuche geben; an die Herabsetzung der Angst- und Aufmerksamkeitsschwellen, z.B. in der Form von »Mobbingtests«, deren Klassifikationsraster noch den vieldeutigen Augenaufschlag zum Indiz latenten Psychoterrors machen; an die Ausdehnung interventionsbedürftiger Verhaltensweisen; an die stets wachsende Nachfrage nach Normalisierungsleistungen, nach Psychoanalyse und davon abgeleiteten Therapien auf der Konsumentenseite; an das sehnsüchtige Rufen nach dem Staat, der diese Leistungen garantieren und finanzieren soll und das auch tut (Sex auf Krankenschein für Schwerbehinderte in den Niederlanden!); an den anhaltenden Druck auf die Produktion weiterer Experten und Ratgebergenerationen und die dadurch bedingte Verstopfung der Fachschulen, Fachhochschulen und Universitäten mit »psychosozialem« Nachwuchs; man denke schließlich an den von beiden, Experten wie Klienten, getragenen Wunsch, das Gegenrecht formell zu ratifizieren, seine lokalen Praktiken zu einem Katalog zusammenzufassen, der bis ins Kleinste festschreibt, was noch und was nicht mehr erlaubt ist und jedem »Opfer« einen »Täter« an die Seite stellt. Das Projekt zweier weiblicher sozialdemokratischer Bundestagsabgeordneter, ein Tableau der Hausarbeit zu entwerfen, das die einzelnen Verrichtungen nach einem Punktsystem bewertet und nach erfolgter Erledigung gegenzeichnen läßt, auf daß der jeweils Übervorteilte eine wirkliche Handhabe gegen den »Missetäter« hat, ist nur die ins Absurde gesteigerte Vision des zeitgenössischen Ordnungswahns. Die Sorge um die Beschränkung des öffentlichen Interesses am Privaten gerät mehr und mehr ins Hintertreffen. Ursprünglich galt ein sehr simples Prinzip: Handlungen, die nur die betreffen, die unmittelbar in sie verwikkelt sind, unterstehen der Freiheit der Beteiligten selbst; ausschließlich solche Handlungen, die Nichtanwesende, Fernstehende berühren, rechtfertigen die Anteilnahme und die Aktivität einer Öffentlichkeit.

6.

Als das Private »politisch« wurde, kam dieses Prinzip in Verruf. Im selben Zug kam die öffentliche Skandalisierung privater Macht- und Gewaltverhältnisse in Mode. Die Verrechtlichung diesbezüglicher Tatbestände folgte auf dem Fuße. Die scheinbar fest etablierten Grenzen zwischen dem Privaten und dem Öffentlichen gerieten in einer ganzen Reihe von Gegenwartsgesellschaften während der letzten Jahrzehnte in Fluß – Ausdruck einer deutlichen Akzentverschiebung des gesellschaftlichen Lebens zum Öffentlichen hin und vom Privaten weg. Auch Hannah Arendt wurde widerlegt. Sie irrte mit ihrer Vermutung, daß der »Unterschied zwischen dem privaten und dem öffentlichen Bereich letztlich auf einen Unterschied zwischen den Dingen (hinausläuft), die für die Öffentlichkeit und denen, die für die Verborgenheit bestimmt sind.« Die Beispiele, die sie wählte, um die »in der Natur der Sache selbst« liegenden Privilegien des Privaten zu veranschaulichen – elementare körperliche Funktionen, Liebe, tätige Güte[5] –, sind nicht so überzeugend, wie sie dachte. Darüber, daß man seine Notdurft tunlichst hinter den Kulissen der Öffentlichkeit verrichtet, dürfte selbst in unseren laxen Zeiten noch Einvernehmen herrschen. Was aber, wenn Liebe in Haß umschlägt, Güte in Mißgunst oder Raserei? Wie können wir im Zweifelsfall entscheiden, ob die private *Beziehung* unseren Schutz verdient oder nicht vielmehr die, die sie eingehen?

Hier hilft nur Augenmaß, die Würdigung des Einzelfalls, gestützt durch ein paar Klugheitsregeln. Wir müssen deutlicher als bisher zwischen dem Recht unterscheiden, das die Privatpersonen stärkt, indem es ihnen ermöglicht, Beziehungen aus freien Stücken einzugehen und zu beenden, und dem Recht, das die Privaten schwächt, indem es sie gängelt wie im Fall der Abtreibungsregelung oder lauter beziehungsfremde Rücksichten in die Beziehung einschmuggelt, in der Form von Eheverträgen etwa, die die Gatten dazu anhalten, Ehen »scheidungsgerecht«, d.h. wie ängstliche Marionetten statt wie Erwachsene zu führen. Wir müssen des weiteren zwischen der Verletzung von Gefühlen und der Beschneidung von Chancen unterscheiden oder wieder unterscheiden lernen, zwischen »Kränkung« und »Unrecht«, »beleidigte Leberwürste« entmutigen, notwendigem und unumgänglichem Streit durch vorbeugende Verrechtlichung aus dem Wege zu gehen. Wir müssen auf moralisierende und euphemistische Sprachregelungen verzichten, die anderen vorschreiben, was sie sagen und schreiben dürften und all die mit Sanktionen überziehen, die sich nicht daran halten und noch immer von »geistig Behinderten« statt von »anders Befähigten« sprechen. Und wir müssen schließlich die allseits so besorgten Spurenleser ächten, die ständig auf der Jagd nach »Tätern« sind, dagegen jene loben, die das Leben bei den Hörnern packen, sich lieber daran stoßen und miteinander ringen als sich in präventiven Opferrollen einzurichten. Was wir vor allem brauchen, ist Mut zur Freiheit, auf der Grundlage, aber nicht von Gnaden des Rechts, wohl wissend, daß die persönliche Freiheit in der Demokratie heute mehr denn je ein Kunstprodukt ist – der Kunst, öffentliche Räume je nach Lage und Bedarf zu schaffen, zu verengen oder ganz zu schließen.

7.

Wenn Arendt auch im besonderen irrte, behielt sie doch im allgemeinen Recht. Ihre beißende Kritik an der Soziologisierung, Psychologisierung und Therapeutisierung aller menschlichen Belange ist heute aktueller denn je. Wir sind auf dem Weg zu einer allumfassenden Regelkultur, die einer Freiheit erst dann traut, wenn sie in den Paragraphen steht und die die Beziehung der Bürger zunehmend der Beziehung von öffentlichen Funktionsträgern nachbildet. Die den Alten wohlvertraute Unterscheidung zwischen einer »Regierung durch Gesetze« und einer »Selbstregierung durch Gespür und Takt« kommt uns ebenso abhanden wie der Grundsatz, daß Experten nützliche, aber oft aufdringliche Diener sind, die man nie ohne Argwohn konsultieren sollte. Die Fähigkeit zum freien Urteil, die Arendt mehr als alles andere schätzte, verkümmert Tag für Tag. Wo Menschen, und zwar nicht nur einige wenige, sondern viele anfangen, dieses Vermögen geringzuschätzen, wo sie es an andere Instanzen delegieren, gerate nicht so sehr die Welt als vielmehr der Mensch selbst aus den Fugen, schrieb sie Mitte der fünfziger Jahre. Und sie fuhr fort: »Innerhalb des akademischen Lehrbetriebs hat sich diese Annahme heute weitgehend durchgesetzt, wie man am besten daran erkennt, daß die historischen Disziplinen, die es mit der Geschichte der Welt und dessen, was sich in ihr ereignete, zu tun haben, sich erst in die Gesellschaftswissenschaften und dann in die Psychologie aufgelöst haben. Dies besagt ja nichts anderes, als daß man das Studium der geschichtlich gewordenen Welt in ihren chronologisch vorgegebenen Schichtungen aufgibt zugunsten des Studiums erst gesellschaftlicher und dann menschlicher Verhaltensweisen, die ihrerseits zum Gegenstand einer systematischen Forschung nur werden können, wenn man den handelnden Menschen, der der Urheber weltlich nachweisbarer Ereignisse ist, ausschließt und ihn zu einem nur sich jeweils verhaltenden Wesen erniedrigt, das man Experimenten unterwerfen kann und von dem man sogar hoffen mag, es endgültig unter Kontrolle zu bekommen.«[6] Was zu der Zeit, als sie die Kritik äußerte, noch eine akademische Marotte schien, ist unterdessen längst in den Alltag eingesickert. Hannah Arendt sah sehr viel früher als andere, welch unbändige Machtgelüste dem scheinbar unschuldigen Erkenntnisideal der modernen Philanthropie innewohnen.

Anmerkungen

1 Wilhelm von Humboldt, *Ideen zu einem Versuch, die Grenzen der Wirksamkeit des Staates zu bestimmen,* Leipzig o. J., S. 36.
2 *Die Federalist Papers,* § 51 (Madison), Darmstadt 1993, S. 320.
3 Zitiert nach: Pierre Bourdieu, Hans Haacke, Freier Austausch. *Für die Unabhängigkeit der Phantasie und des Denkens,* Frankfurt/M. 1994, S. 34f.
4 Michel Foucault, *Wahnsinn und Gesellschaft. Eine Geschichte des Wahns im Zeitalter der Vernunft,* Frankfurt/Main 1969, S. 94f.
5 Hannah Arendt, *Vita activa oder Vom tätigen Leben,* München 1967, S. 69-75.
6 Hannah Arendt, *Was ist Politik?* Fragmente aus dem Nachlaß, München 1993, S. 23.

Kerry H. Whiteside

Von der Natur zur Freiheit – von der Freiheit zur Natur: Hannah Arendt über die Sorge zur Welt

Wer in Hannah Arendts Werk vor allem alt-griechische Nostalgie und ein verklärtes Verständnis von Politik erkennt, der vergißt, wie aufregend aktuell die Gegenstände sind, die sie zum Nachdenken angeregt haben. Arendt verstand ihre politische Theorie »als eine Art Besinnung auf die Bedingungen, unter denen, soviel wir wissen, Menschen bisher gelebt haben, und diese Besinnung ist geleitet (...) von den Erfahrungen und den Sorgen der gegenwärtigen Situation.«[1] Unter den Erfahrungen, die sie im Vorwort von *Vita activa* erwähnt, finden wir die *Atomenergie* mit ihrer Möglichkeit, »alles organische Leben auf der Erde zu vernichten«;[2] die *Raumfahrt*, die »schließlich bei einer Emanzipation des Menschengeschlechts von der Erde enden (könnte), die soviel wir wissen, die Mutter alles Lebendigen ist«;[3] und die *Gentechnologie*, die in Zukunft das Leben selbst »künstlich«[4] werden läßt. Obschon sie viele Gründe fand, sich zu beunruhigen, sah Hannah Arendt ihre Rolle nicht darin, Lösungen für die Probleme vorzuschlagen. Vielmehr versuchte sie »nichts mehr, als dem nachzudenken, was wir eigentlich tun, wenn wir tätig sind.«[5]

Dies ist kein bescheidener Anspruch und viel weniger noch eine moralische Ausflucht. »Denken und die Vernunft«, erklärt Arendt in ihrem letzten Werk, sind »nicht auf der Suche nach Wahrheit, sondern nach Sinn.«[6] Seine ruhelose Infragestellung grenzt das Denken von den Angelegenheiten reiner Erkenntnis als der Suche nach dem was *ist* ab. Das Denken ist Reflexion darüber, wie menschliche Fähigkeiten – etwa der Dialog, das Urteilen in Übereinstimmung mit anderen oder das Bereitstellen von Erinnerung – die Grundlage für menschliche Erfüllung bilden. Denken spürt den Bedingungen nach, die unser Leben mit Sinnhaftigkeit ausstatten. Arendts Denken führte sie zur Schlußfolgerung, daß diese Bedingungen in der modernen Welt auf gefährliche Weise erodiert seien. In den letzten Jahren hat sich eine Anzahl Wissenschafter (darunter ich selbst) dafür stark gemacht, daß Arendts Ansichten mit denjenigen der politischen Ökologen viel Gemeinsamkeiten aufweisen. Die Letzteren haben die umweltschädlichen Konsequenzen des Einsatzes für eine endlos expandierende Produktion und Konsumtion kritisiert.[7] Es ist nicht meine Absicht, Parallelen zwischen dem politischen Gedankengut der Grünen und Arendts zu ziehen. Ich glaube jedoch, daß sie den politischen Ökologen helfen könnte, darüber »nachzudenken, was sie tun.«

Weshalb könnten sie solche Hilfe benötigen? Viele, die grünes politisches Denken untersucht haben, sind zum Schluß gekommen, daß es in theoretischer Hinsicht zweideutig, vielleicht sogar hoffnungslos konfus ist.[8] Die Grünen sind über der Frage gespalten, ob die Menschheit lernen müsse, die Natur um ihrer selbst zu würdigen, oder ob rein menschliche Interessen genügten, um die ökologische Agenda zu bilden. Zudem zielt ihre Agenda auf eine Vielfalt von anderen Ansätzen wie die Umverteilung von Arbeit oder die Vertiefung demokratischer Partizipation. Diese Ziele stehen in unklarer Beziehung zu jenen Werten, die offenkundiger von ökologischer Qualität sind.

Meine Absicht ist es zu zeigen, daß im Denken mit Hannah Arendt einige der verblüffendsten Aspekte der politischen Ökologie einsichtig werden. Dabei möchte ich besonders Arendts Essay *The Crisis in Culture*[9] empfehlen, das einige der mächtigsten Beiträge zur politisch-ökologischen Theorie liefern könnte, über die wir im politischen Denken des 20. Jahrhunderts verfügen. In diesem Essay stellt Arendt fest, daß die Idee der Kultur eine besondere Ethik der Hege und Pflege von nicht-menschlichen Dingen impliziert. Diese Ethik entspringt zuerst aus dem Kontakt des Menschen mit der Natur. Sodann wird sie in der Anwendung auf unsere weltlichen Umgebungen ausgeschmückt und dauerhaft gemacht. Dieses Verständnis von Kultur verschafft demjenigen einen Sinn, was Umweltethiker – meiner Ansicht nach in unbefriedigender Weise – »Respekt vor der Natur« nennen. Außerdem lese ich aus Arendts Essay eine Erklärung für den grundsätzlich politischen Charakter der Ökologie. Die Grünen beschäftigen sich mit der Lebensqualität im Ganzen und nicht nur mit steigender Konsumbefriedigung durch quantitatives Wachstum des Gütermarktes. Mit einer Untersuchung der Natur öffentlicher Beratung zeigt *The Crisis in Culture*, warum die Art qualitativer Urteile der Grünen eher politischer als philosophischer Natur sind, eher mit Freiheit als mit endgültigen Wahrheiten zu tun haben.

1. Können wir die Natur respektieren? Das Rätsel in der politischen Theorie der Grünen

Vielen politischen Ökologen zufolge, ist die Tendenz der Menschheit, die Natur zu dominieren, für unsere heutigen Umweltprobleme verantwortlich.[10] Seit Descartes neigen wir dazu, uns selbst außerhalb der Natur anzusiedeln und sehen uns als Wesen, die objektiv beobachten und in natürliche Prozesse eingreifen können. Unsere wissenschaftlichen Fähigkeiten des Erkennens und Eingreifens in Naturprozesse beweisen, daß wir nicht einfach ein Bestandteil der Natur sind. Darüber hinaus verlangt unser Wohlergehen die Meisterung der Natur. Wenn die Menschheit von der Angst vor Not und Krankheit befreit werden soll, wenn sie schließlich auch von mühevoller Plage erleichtert werden soll, dann muß die Natur beherrscht, kontrolliert, manipuliert und instrumentalisiert werden. Dies ist die Logik, die uns dazu bringt, Pflanzen und Tiere zu behandeln, als könnten wir sie auf ewig ausbeuten ohne ihrem Wert oder ihren Bedürfnissen Beachtung zu schenken. Offenkundig bedeutet unser Begehren, die Natur zu nutzen, daß die Natur in einem gewissen Sinne gut ist. Aber die Natur als Quelle von Nutzen für den Menschen zu bewerten, das bedeutet, daß die natürlichen Dinge »gut« nur im Sinne von »gut für« etwas anderes sind, dessen Wert wir schätzen. Wälder sind gut, weil sie dafür gut sind, uns mit Bauholz zu versorgen oder eine gefällige Umgebung für unsere Freizeitaktivitäten zu liefern. Die Ökologie könnte uns dazu veranlassen, unseren Sinn für den instrumentellen Wert der Natur zu erweitern. Wälder zum Beispiel können auch gut für den Menschen sein, weil sie helfen den Sauerstoff in der Erdatmosphäre zu erneuern. Aber sie sind nicht in sich selbst gut. Traditionelle moralische Systeme räumen auf der Erde nur dem Menschen einen inneren Wert ein.

Im Gegensatz dazu werden (Grüne) »Argumente zunehmend in Begriffen von Naturinteressen selbst anstelle von göttlichen oder menschlichen Interessen an der Natur aufgefaßt«, schreibt Robert E. Goodin.[11] Diese Argumente ziehen den Schluß, daß einige Aspekte der Natur einen Wert in sich selbst tragen. Natürliche Dinge haben ihre eigenen Interessen, welche von Menschen nicht einfach überrannt werden dürfen, weil wir unseren eigenen Interessen dienen wollen. Theoretiker sind sich weithin nicht einig darüber, was natürliche Dingen respektwürdig macht: Ist es das Leben selbst? Ist es der Prozeß, in welchem natürliche Dinge entstehen, wie Goodin meint? Sind Ökosysteme moralisch wertvoll, weil sie besonders wertvolle Qualitäten wie Komplexität, Integrität, Autonomie und Selbst-Erzeugung aufweisen? Die Vielfalt von Antworten schmälert keineswegs die erstaunliche Neuartigkeit dieser moralischen Schlußfolgerung von Ökologien. Wenn natürliche Dinge einen inhärenten Wert haben, dann haben die Menschen ihnen gegenüber Pflichten. Wir müssen Dinge tun, oder von gewissen Dingen Abstand nehmen, die wir gerne tun würden, und wir müssen unsere Pflichten um der Natur willen erfüllen und nicht um irgendwelcher menschlicher Interessen willen.

Warum soll man die politische Ökologie nicht ausschließlich in menschlichen Angelegenheiten gründen? Warum sind viele Ökologen nicht damit zufrieden, als Grund, die Umwelt zu schützen, nur unseren Schutz vor Schäden und unwiederbringbarem Verlust zu nennen? Tatsache ist: Die Grünen brauchen ein Konzept dieser Art in ihrem argumentativen Arsenal; es rechtfertigt das Streben nach bestimmten Anliegen des Umweltschutzes plausibler als die klügsten Begründungen. Um zu verstehen warum, überlege man sich zwei Fragen. Erstens: Wieviele Menschen kann die Erde ertragen?[12] Praktische Klugheit gebietet, daß wir Anstrengungen unternehmen sollten, das Bevölkerungswachstum auf ein Maß zu beschränken, das den Nahrungs-und Rohstoffvorräten und dem verfügbaren Raum gerecht wird. Aber diese Klugheit hält keine guten Gründe dafür bereit, warum wir irgendeine Wildnis oder eine Tierart in ihrem Urzustand bewahren sollten. Es ist vorstellbar, daß mithilfe nachhaltiger Produktions- und Konsumtionsmethoden, besserer Verteilungsgerechtigkeit, der Umwandlung verbleibender Wildnisgebiete u. a., eine viel größere Bevölkerung auf der Erde leben könnte. Um den Verlust der Artenvielfalt vorzubeugen, könnten wir mehr zoologische Gärten bauen, gefährdete Pflanzen in Gewächshäusern ziehen, Gewebeproben und Samen aufbewahren. Um unsere ästhetischen Sehnsüchte zu befriedigen, könnten wir Wanderungen in virtueller Realität erleben – in Super-High-Tech-Versionen geographischer Fernsehprogramme. Ist die Aussicht auf eine solche Naturbeziehung wünschenswert? Ist an der völligen Artifizierung der Natur nicht etwas faul, wie Arendt vorausgesehen hat? Ein Umweltschutz, der nur menschliche Bedürfnisse berücksichtigt, mag wenig Argumente gegen sich finden. Wie aber stünde es, wenn eine geringere Bevölkerungszahl Teilen des Planeten erlaubte, naturbelassen zu bleiben, so daß verschiedene Arten in ihrer natürlichen Umgebung überleben könnten? Jeder, der versteht, daß eine solche Welt der ersteren vorzuziehen ist, begreift, daß die Natur selbst einen unabhängigen moralischen Wert hat.

Meine zweite Frage: Sollten wir uns Mühe geben, verschiedene Pflanzen- und Tierarten vor ihrem Aussterben zu schützen? Praktische Klugheit gebietet, daß wir deren Leben soweit erhalten, wie es das für menschliches Wohlbefinden notwendige ökologische Gleichgewicht verlangt. Aber gewiß gibt es einige Tiere – verschiedene Walarten vielleicht – die in relativ geringen Mengen vorkommen und am Ende der Nahrungskette figurieren, deren Verschwinden wohl kaum eine materielle Wirkung auf den Menschen hätte. Viele jedoch können diese Aussicht nicht gleichgültig betrachten. Meeresbiologen, welche die Wale beobachten, haben uns viel über deren Intelligenz beigebracht, über ihre kommunikative und spielerische Fähigkeit, ihre Art der Sorge um ihre Jungen usw. So haben wir zumindest eine Ahnung davon, was es bedeutet, wie ein Wal zu denken. In dieser Hinsicht hat das Tier für sich selbst eine Würde – das heißt: es hat seinen Wert nicht als Stück Fleisch oder als Ausstellungsgegenstand im Meeres-Zoo, sondern als Geschöpf, das aus eigener Berechtigung Respekt verdient. Solche Überlegungen können nicht nur auf einzelne Vertreter attraktiver Arten, sondern auch auf ganze Ökosysteme bezogen werden. Wenn man in alten Wäldern die Komplexität von Interaktionen und die fein abgestimmten Gleichgewichtsvorgänge untersucht, kann man sich kaum dagegen verwahren, den »Genius« des Ökosystems zu bewundern. Des Menschen ausgefeilteste Maschinen können im Vergleich dazu unbeholfen erscheinen. Solche Gründe veranlassen die Grünen, eine neue ökologische Ethik vorzuschlagen, die »ein Verständnis dafür aufbringt, daß wir ein Teil der Natur sind und nicht über ihr stehen.« Vermittels dieser Ethik würden wir eine »weise, respektvolle Beziehung mit unser Biosphäre« anstreben.[13]

Kritiker dieser Schlußfolgerung wenden ein, daß es absurd sei, nichtmenschlichen Dingen einen innewohnenden Wert zuzusprechen. Einige von ihnen fragen, ob natürliche Systeme überhaupt in einem kohärenten Sinne Interessen haben könnten. Ökologen plädieren für die Erhaltung von Ökosystemen wie Salzwasser-Sümpfen oder tropischen Regenwäldern. Aber kann ein Regenwald ein Interesse haben? Er hat weder Bewußtsein, noch Gefühle, noch Absichten. Wie also könnte er ein Interesse für etwas wahrnehmen? Ökosysteme haben die Tendenz, bestimmte Beziehungen zwischen ihren biologischen Bewohnern und ihrer nicht-biologischen Umgebung zu reproduzieren. Diese Tendenz zu einem Gleichgewicht könnte als »Interesse« des Systems interpretiert werden. Aber das ist nur eine metaphorische Redeweise. Wenn menschliche Aktivitäten das Gleichgewicht des Ökosystems stören, haben wir dann mehr getan als nur ein anderes Gefüge biologischer und physikalischer Prozesse in Bewegung zu setzen?

Der Philosoph Luc Ferry stellt fest, daß selbst dann, wenn natürliche Dinge wirklich ein Interesse haben, es ohnehin nicht wirklich Interessen sind, was moralische Werte begründet. Kant und Rousseau folgend, hält Ferry fest, der Mensch bilde ein moralisches Wesen, weil er fähig sei, seine Freiheit zu gebrauchen, um seinen Eigennutz zu kontrollieren; echte moralische Entscheidungen werden in Interesselosigkeit getroffen. Menschliche Wesen haben schon genügend Grund, die Natur zu schützen, ohne sich der zweifelhaften Idee eines inneren Wertes zu verschreiben, schließt Ferry. Er anerkennt aber, daß wir über das Maß praktischer Klugheit hinaus den Wunsch haben, Teile der Natur, die wir schön oder besonders eindrücklich finden, zu schützen. Wir sollten dies aus rein menschlichen Gründen tun: Weil wir jene Dinge für wertvoll halten, welche moralische Qualitäten wie Freiheit oder Schönheit illustrieren, denen wir in unseren eigenen Kreationen huldigen. Indem er auf diese Weise einen Umweltschutz verteidigt, der die Natur nicht nur instrumentalisiert, propagiert Ferry einen Humanismus, der sich darum »sorgt, die Vielfalt von Ordnungen der Wirklichkeit zu respektieren.«[14]

Mysteriös ist diese Idee »des Respektes« auf beiden Seiten ihres Anliegens. In der Kantianischen Tradition, die Ferry vorzieht, »respektieren« wir Menschen, weil sie selbstzweckhafte Wesen sind. Sie sind autonome Wesen, dazu befähigt, eigene Zwecke zu verfolgen; sie sind moralische Wesen, dazu befähigt, sich zu anderen nach vernünftigen Grundsätzen zu verhalten. Anderen Zwecke aufzuzwingen, bedeutet eine Verletzung dessen, was sie als autonome Wesen auszeichnet. Der Respekt verbietet deshalb den Zwang. Aber »Respekt« kann nicht dasselbe heißen, wenn uns Ferry aufruft, »die Vielfalt von Ordnungen der Wirklichkeit« zu respektieren. Die wirklichen Dinge – etwa Eichen und Wale sowie all die anderen Bewohner der Biosphäre – sind nicht autonome Wesen, die ihr Leben nach selbstgewählten Werten ausrichten. Ihre Nutzung durch den Menschen bedeutet keine Mißachtung, da sie nicht in der Weise autonom sind, die von uns Respekt verlangt. Auch wenn Ferry uns erlaubt, die Natur aus immateriellen Gründen zu bewerten, wird sehr deutlich, wie weit eine solche Haltung vom Respekt entfernt ist. Ein Artenschutz aus Gründen der Schönheit oder des Spaßes läuft darauf hinaus, das Überleben einer Spezies von den Launen unserer gefühlsmäßigen Empfindung für sie abhängig zu machen. Wale und Pandas würden wir retten, weniger liebenswürdige Arten wären uns aber gleichgültig. Was den Respekt als eine moralische Haltung gegenüber menschlichen Wesen auszeichnet, besteht im Gegensatz dazu darin, daß er frei von Willkür sein muß. Nehmen wir einmal an, jemand würde behaupten, die Menschen zu respektieren, tatsächlich aber nur jenen mit Respekt begegnen, die für ihn nützlich, attraktiv oder amüsant wären; andere würde er nach seinem Belieben töten und verzehren. Müßten wir einer solchen Person nicht sagen, sie habe gründlich mißverstanden, was es heißt, andere zu respektieren?

Die grüne Forderung, die Natur zu respektieren, ist jedoch kaum verständlicher. Einerseits »sind wir Teil der Natur«, andererseits sollen wir »weise und respektvoll« handeln. Wie kann der Mensch Teil der Natur sein, wenn er – anders als andere Teile der Natur – danach *streben* muß, weise und respektvoll gegenüber anderen Wesen zu sein? Ferry und andere Kritiker haben gute Gründe darauf zu beharren, daß die menschliche Freiheit zwischen uns und der Natur unvermeidlich eine Grenze zieht. Darauf können die Grünen antworten, daß menschliche Wesen ihre besondere Intelligenz und Fähigkeit zur Bildung moralischer Grundsätze zum Wohl der Natur verwenden sollen. Paul Taylor gibt zum Beispiel zu bedenken, daß Pflanzen und Tiere, den Menschen gleich, eine für ihre Art spezifische Bedingung des Wohlergehens haben. Durchaus sinnvoll können wir daher von der Gesundheit einer Pflanze sprechen, von ihrer strukturellen Unversehrtheit, von ihrer Chance, alle ihrem Vermögen entsprechenden Funktionen zu entfalten. Biologen und Umweltwissenschaftler können die Bedingungen für das Gedeihen von verschiedenen Pflanzen und Tieren erforschen. So, meint Taylor, »ist es möglich, daß wir in unserer Vorstellung die Welt von ihrem Standpunkt aus betrachten, daß wir Urteile darüber fällen, was ihnen gut tun und was ihnen schaden könnte, und sie so behandeln, daß wir ihnen in ihrem Überlebenskampf helfen oder sie beschränken.«[15] Achtung vor der Natur heißt, Pflanzen und Tiere als selbstzweckhafte Wesen zu schützen und zu erhalten, ihnen zum Wohle handeln.

Dennoch ist die Ansicht von einem der Natur innewohnenden Wert zu kompromißlos, um als Leitlinie des Umweltschutzes dienen zu können. Die Umwelt als in sich wertvoll zu betrachten, verleitet einen zur ethisch absurden Schlußfolgerung, daß jeder menschliche Eingriff in die Natur – jedes Gebäude, jedes Töten von Pflanzen oder Tieren, ja sogar ihre Zähmung – moralisch falsch sei. Das Konzept »Respekt vor der Natur« – in welchem Sinn auch immer es verstanden wird – ist in moralischer Hinsicht verwirrend, muß es doch den Menschen zumindest *erlauben*, für sein eigenes Überleben Dinge töten zu dürfen.

Letztlich besteht das Problem mit der Theorie des inhärenten Wertes darin, daß sie es ablehnt, dem menschlichen Urteil, darüber zu entscheiden, wann Dinge es verdienen, bewahrt zu werden, Vertrauen zu schenken. Sie behauptet, natürliche Dinge hätten eine Autonomie, die ihnen Integrität verleiht und ihnen Wert gibt. Der Wert der Natur bestehe unabhängig von menschlicher Wertschätzung. Diese Überlegung ist nicht sinnlos, wenn es darum geht, vitale menschliche Interessen zu verteidigen. Wir sprechen den Individuen bestimmte Rechte eben deswegen zu, um ihre Autonomie gegen die Versuchung der Gesellschaft zu schützen, ihre Interessen dagegen aufzurechnen. Mein Recht auf Redefreiheit zum Beispiel ist nicht mit dem Verlangen anderer abzustimmen, die mich gerne zum Schweigen bringen würden. Hinsichtlich eines inhärenten Werts nicht-menschlicher Dinge besteht ein wesentlicher Unterschied. In Bezug auf Menschenrechte können alle Konfliktparteien miteinander verhandeln. Ich bin unter Umständen in der Lage, diejenigen, die mich zum Schweigen bringen wollen, zu überzeugen, daß hier etwas Wichtigeres als ihr momentaner Ärger über mich auf dem Spiele steht; vielleicht überzeugen sie mich, daß meine Rede unnötig scharf gehalten ist. Wir können Mittel zur Konflikteindämmung suchen, die eines jeden Autonomie respektieren. Aber »autonome« Teile der Natur haben keine andere Art des Ausdruckes als einfach das zu sein, was sie sind. Alles andere, als sie einfach so sein zu lassen, wie sie sind, kann als Verletzung ihrer Integrität aufgefaßt werden.

Die politische Theorie der Grünen bleibt daher auf folgende Weise rätselhaft. Sie postuliert, daß die menschliche Haltung gegenüber der Natur nicht rein instrumentell sein darf. Aber sie hat beträchtliche Schwierigkeiten zu erklären, was eine geeignete nicht-instrumentelle Haltung sein, beziehungsweise wo diese herrühren könnte. Darüber hinaus setzt bereits unsere Fähigkeit, die Natur »respektvoller« zu behandeln, als wir es gegenwärtig tun, eine Form von Freiheit voraus, die uns von der Natur abhebt. Eben diese Freiheit macht es schwierig zu verstehen, wie wir den nichtmenschlichen Dingen inhärenten Wert zuschreiben können. Der *Mensch* hat gerade *wegen* seiner Freiheit in sich einen Wert. Wie also können Dinge, die nicht über Freiheit verfügen, einen ihnen inhärenten Wert haben?

2. Arendt über Kultur: Natur, Pflege und inhärenter Wert

Arendts Werk bietet, so glaube ich, wichtige Schlüssel, um das Dilemma der Grünen durchzudenken. Ich beginne meine Diskussion über Arendt mit einer Zusammenfassung meiner früher entwickelten Argumente für eine ökologische Lesart ihrer Ideen. Danach möchte ich betrachten, wie Arendts Sicht der *Crisis in Culture* unsere eigenen Ansichten über die menschliche Naturbeziehung und über die Frage des inhärenten Wertes einer Revision unterzieht.

In *Vita activa* weist Arendt nach, daß die philosophische Tradition des Abendlandes die Kontemplation so hoch bewertet hat, daß sie dabei grundlegende Unterscheidungen innerhalb des tätigen Lebens verdunkelt hat. Dieser Bereich des Lebens zeigt uns drei wesentlich unterschiedene Formen der Praxis. »Die Tätigkeit der Arbeit entspricht dem biologischen Prozeß des menschlichen Körpers«,[16] sagt uns Arendt. Unter Arbeit verstand sie die Aktivität zum Unterhalt der stofflichen Lebensbedingungen: Nahrung und Kleidung, das Anlegen von Vorräten, die Fortpflanzung. Nur um leben zu können, müssen wir uns als stoffliche Wesen regelmäßig erneuern und gegen den Verfall jener Stoffe ankämpfen, von denen wir abhängen. Die Konsumtion ist deshalb ein unvermeidbarer Bestandteil des Lebensprozesses – aber eben nur ein Bestandteil. Arendt stellt fest, daß Herstellen und Handeln die zwei anderen unterscheidbaren Bestandteile des tätigen Lebens enthalten. Das Herstellen nimmt Naturstoffe auf und formt sie um zu fabrizierten Gütern, welche die menschliche Welt einrichten. Das Handeln begründet Arendt in unserer Fähigkeit – besonders in unserer Fähigkeit zur Politik – zur Innovation, zur Schaffung von neuen Bedeutungen und neuen Zuständen in der Welt. Zwar sind alle drei Tätigkeiten für das menschliche Leben wesentlich, aber Arendt stellt das Handeln den anderen beiden menschlichen Anlagen voran.

Moderne Gesellschaften – so Arendt – sind insofern beunruhigend, als sie Arbeit und Konsum zu Haupttätigkeiten des Menschen gemacht haben. Dies entstellt die Bedeutung der anderen zwei Elemente tätigen Lebens. Unter modernen Bedingungen produziert das Herstellen keine Welt von uns dauerhaft umgebenden Gütern mehr. Statt dessen sind die Leute auch in der Herstellung wie Arbeiter tätig: sie produzieren, um einen Lohn zu verdienen, der es ihnen erlaubt, die kurzlebigen Güter einer Konsumgesellschaft zu genießen. In einer Arbeitsgesellschaft dient sogar die Politik primär dem Lebensprozeß. Staaten messen ihren Erfolg nach Maßgabe des Wirtschaftswachstums; wohlfahrtspolitische Maßnahmen erhöhen die Sicherheit derjenigen, die Gefahr laufen, von den Annehmlichkeiten der Konsumgesellschaft ausgeschloßen zu werden. In einer Arbeitsgesellschaft herrscht der Konsum. Arendts Sorge darüber, daß »schließlich alle Gegenstände der Welt, die sogenannten Kulturgegenstände wie die Gebrauchsobjekte, dem Verzehr und der Vernichtung anheimfallen«,[17] verbindet ihre Sichtweise mit derjenigen der politischen Ökologie, die befürchtet, daß »produktivistische« Gesellschaften in ihrem Verzehren von allem und jedem in ihrer Umgebung keine Grenze respektieren.

Wenn wir die Unterscheidungen, die für ihr Denken so grundlegend sind, tatsächlich ernst nehmen, hilft uns Arendt, das zu denken, was politische Ökologen tun. Eine dieser grundlegenden Unterscheidungen – die Unterscheidung nämlich zwischen Natur und Welt – scheint ihr Denken von den politisch-ökologischen Anliegen abweichen zu lassen. So erklärt eine ihrer Interpretinnen: »*Die Welt* ist kategorial der Natur genau entgegengesetzt. Wenn Hannah Arendt von der Welt spricht, meint sie nicht die physikalische Welt; (...) die Welt ist eben das, was den Menschen von der Natur abgrenzt und vor ihr schützt. Es ist die menschliche Künstlichkeit der von Menschenhand geschaffenen Gegenstände und Einrichtungen, welche den menschlichen Wesen ein dauerhaftes Zuhause verschaffen.«[18] Wenn sich demnach Arendt über die zerstörerische Wirkung des Konsums beunruhigt, so ist sie um die »Dinge der Welt« und nicht über die »Natur« besorgt. Trotzdem ist es, wie ich zeigen will, genau ihre Sorge um die Welt, in welcher die Grünen die von ihnen angestrebte Form der Ethik aufspüren könnten, welche sie mit dem Respekt für die Natur ansprechen.

Für Arendt umfaßt die ›Natur‹ »Vorgänge, die ohne menschliche Hilfe entstehen, und wir verstehen unter Naturdingen all das, was nicht ›gemacht‹ ist, sondern aus sich heraus wächst und eine Gestalt annimmt.«[19] Ein Modell dafür ist »das Samenkorn«. Es »enthält nicht nur, sondern ist in gewisser Weise bereits der Baum.«[20] Im Gegensatz dazu besteht die »Welt« aus Dingen, welche Menschen entworfen und hergestellt haben: Gebäude und Möbel, Straßen und Häfen, Kunstgegenstände und Bücher. Wir schaffen eine Welt, indem wir Gegenstände aus natürlichen Zyklen herausgreifen und ihnen Beständigkeit und Schönheit verleihen. »Zur Welt im eigentlichen Sinn wird die irdische Heimat erst dann«, sagt Arendt, »wenn die Gesamtheit der Weltdinge so hergestellt und organisiert ist, daß sie dem verzehrenden Lebensprozeß der in ihr wohnenden Menschen widerstehen und die Menschen, sofern sie sterblich sind, überdauern kann.«[21] Arendts bescheidenes Beispiel eines solchen weltlichen Dings ist der Tisch. Das Holz, aus dem er besteht, ist ein Naturprodukt, aber seine Bestimmung besteht weder in weiterem Wachsen, noch in Zerfall. Die Handwerker gestalten ihn als einen Gegenstand, der seine Stelle unter den Menschen einnimmt.

Arendt insistiert darauf, daß weltliche Gegenstände nicht nur ihres unmittelbaren Nutzen wegen wichtig seien, sondern auch um den menschlichen Beziehungen eine feste Grundlage zu verleihen. Erstens heben sie menschliche Gemeinschaften in dem Sinne von der Natur ab, als sie es den Menschen ermöglichen, den natürlichen Zyklen von Wachstum und Verfall zu widerstehen. Ein Haus bauen heißt, über eine Einrichtung zu verfügen, in deren Schutz man, ungeachtet der wechselnden Jahreszeit, am selben Ort bleiben kann. Einen Tisch anfertigen heißt, einen Raum für die Mahlzeiten abstecken, so daß bei der Nahrungsaufnahme nicht einfach ein Kommen und Gehen herrscht. Diese weltlichen Dinge bringen zweitens die Menschen so zueinander in Beziehung, daß ihr Platz in der Welt geregelt ist. Das Haus gilt als Adresse; der Tisch wird zur Stätte des Gesprächs und des Rituals. Und drittens werden die Dinge selber zum Gegenstand der Bewunderung durch diejenigen, welche durch sie in Beziehung gebracht werden. Was wir uns unter Schönheit, Eleganz, Funktionalität, Gastfreundlichkeit usw. vorstellen, das bildet sich aus in Bezug auf die Strukturen unseres Miteinander. Gegenstände können in diesem Sinn weltliche Bedeutung erlangen – unter einer Bedingung: Sie müssen sich unter den Menschen einer gewissen Beständigkeit erfreuen.

Die Krise in der Kultur, über die Arendt so beunruhigt war, ist denn auch eine Krise der Unbeständigkeit. »Eine Konsumentengesellschaft kann wahrscheinlich nicht wissen, wie für eine Welt (...) zu sorgen ist; denn ihre Grundhaltung gegenüber allen Gegenständen, die Konsumhaltung, bedeutet Zerstörung für alles, was sie berührt.«[22] Der Konsum ruiniert die Welt auf zwei Wegen: Erstens verlangt er buchstäblich die Zerstörung stofflicher Güter, so daß immer mehr davon produziert und konsumiert werden kann. Die Dinge bestehen in unserer Welt für immer kürzere Zeitabschnitte. Immer schneller werden sie ersetzt oder weggeworfen. Zweitens: Selbst bei Sachen, die wie Gemälde oder Bücher nicht buchstäblich zerstört werden, neigt die Gesellschaft dazu, ihre Bedeutung herabzumindern, indem sie diese wie Konsumartikel behandelt. Zum Unterhaltungsstoff vermanscht und verdaut, dienen sie dazu, »die Zeit zu vertreiben, (...) die übrigbleibt, wenn der Arbeit und dem Schlaf Genüge getan ist.«[23] Am Ende überläßt die »Gesellschaft« ihren Mitgliedern eine unbefriedigende »weltlose« Existenz. Folglich, so Arendt, sind mehr als bloße Dinge nötig, um eine »Welt«

zu haben. Wir müssen nämlich unsere Welt-Dinge auch in einer Art und Weise behandeln, daß sie ihren Bestand wahren können und geborgen bleiben. Nur dann können sie weiterhin ihre grundlegende Rolle wahrnehmen, die darin besteht, in der Gemeinschaft Sinn aufzubewahren und zu übermitteln. Nur so auch können sie Kultur bilden.

In Arendts Untersuchung über die ursprüngliche Bedeutung von Kultur finden wir die Scharnierstelle zwischen ihren Ideen und den Argumenten der Grünen, die der Natur Respekt zollen. »Kultur« schreibt Arendt, »ist ursprünglich Römisch. Das Wort Kultur kommt von *colere* – kultivieren, wohnen, pflegen, bewahren – und bezieht sich vor allem auf das Verhältnis des Menschen mit der Natur im Sinne ihrer Bewirtschaftung und Pflege, damit die Natur für Menschen bewohnbar wird. Als solche zeigt Kultur eine Haltung des liebevollen Pflegens und steht in scharfem Kontrast zu allen Anstrengungen, sie der Herrschaft des Menschen zu unterwerfen.«[24] Diese Stelle ist in mancherlei Hinsicht erstaunlich. Hier betrachtet Arendt die Naturbeziehung als wesentlichen Bestand der Kultur; hier ist die Welt nicht der »Natur genau entgegengesetzt.«[25] Und hier beginnt Arendt zu zeigen, inwiefern das Hegen und Pflegen nicht-menschlicher Dinge einen gänzlich verschiedenen Ursprung als die Ethik des menschlichen Respekts hat.

Die Sorge um die Dinge der Welt entsteht in einer besonderen Art von Interesse, worin menschliches Wohlergehen zunächst mit der natürlichen Welt verknüpft ist. Bewohner einer Landschaft bleiben dort auf Dauer und können nicht wollen, daß die Regenerationsfähigkeit der Natur zerstört wird. Wer Getreide anbaut oder Vieh hält, lernt die Eigenbedürfnisse dieser Arten so kennen, daß sie ihnen dienen. Diese Sensibilität für das Wohl der Natur – also genau das, was Taylors »Respekt für die Natur« anstrebt – gewinnt seine Gestalt auf diesem Weg einer Begegnung mit der Natur. Eine solche Naturbeziehung, die dem menschlichen Wohle dient, bedeutet nicht, die Natur zu beherrschen. Im Unterschied zu den Vertretern eines inhärenten Wertes der Natur gesteht jedoch Arendt den natürlichen Dingen nicht eine Integrität zu, die einen von menschlicher Bewertung unabhängigen Respekt befiehlt. Sie weiß, daß der Mensch die Natur so umgestalten muß, daß sie von Menschen bewohnbar ist. Kein Appell zur Achtung der Natur wird je daran rütteln, daß ein als menschlich anerkanntes Leben verlangt, daß Land urbar gemacht wird, daß in der Natur vorhandene Stoffe zu Häusern und Werkzeugen verarbeitet und daß Pflanzen- und Tierarten für unsere Ernährung ausgesucht werden. Wir können die Natur nicht *einfach* belassen. Trotzdem ist es möglich, der Natur einen ganz besonderen Stellenwert einzuräumen. Wie die Römer zeigten, ist es möglich in der Naturbeziehung ein Haltung einzunehmen, die auf das Wohl nicht-menschlicher Bewohner zielt.

Betrachten wir einen möglichen Einwand: Selbst wenn die Kultivierung keine reine Naturausbeutung darstellt, selbst wenn sie einige Elemente der Sorge um das Wohl natürlicher Arten berücksichtigt, sie kann uns nicht beibringen etwas so einzuschätzen, wie es dem inhärenten Wert einer Pflanze oder eines Tieres entsprechen würde. Sie kann dies nicht, weil die kultivatorische Sorge letztlich instrumentell ist. Nicht ohne Ironie erklärt sich Arendt einverstanden. Es sei kaum die Mentalität des Gärtners, aus der Kunst entstehe. Schließlich bereiten Gärtner gewöhnlich eine Mahlzeit aus dem, was sie so sorgsam gepflegt haben. Der Bezug auf den Kultivierungs-Begriff des Gärtners bildet jedoch nicht das Ende von Arendts Kulturuntersuchung. Um wirklich abzuschätzen, was alles zur Kultur gehört, müssen wir genauer betrachten, wie das römische Konzept der Kultivierung mit dem Erbe des griechischen Denkens verschmolzen wurde.

Daß qualitatives Urteilen nicht von Nützlichkeitserwägungen gelenkt ist, war, so Arendt, für den griechischen Begriff der Zivilisation grundlegend. Dem griechischen Geschmackssinn war die Unterscheidung zwischen der Schönheit und der Nützlichkeit unterstellt. Denn die utilitaristische Einstellung, die den Dingen nur dann Wert verleiht, solange sie »gut für« etwas sind, spricht den Dingen ihren »inharänten Wert« ab.[26] Diese Einstellung, erklärt Arendt, ist dem Fabrikationsprozeß vollkommen angemessen. Wer die Dinge konstruiert, die in der Welt erscheinen, muß dazu die passendsten Stoffe und Werkzeuge auswählen. Aber wenn das Kriterium der Nützlichkeit in der Beurteilung von Werken, die ihren Platz in der Welt einnehmen, den Vorrang hat, dann bewirkt das den Verlust des »inneren, unabhängigen Wert(s) bei den Dingen und degeneriert sie schließlich zu reinen Mitteln herab.«[27] Wer einen Tisch als »gut« nur deshalb befindet, weil er »gut für« das Schreiben ist, anerkennt in ihm selbst keinen inhärenten Wert. Wenn Schreiben schließlich nur dazu gut ist, Konten zu führen, dann hat es auch keinen inhärenten Wert. Für Arendt ist entscheidend, daß die Griechen wahrgenommen haben, daß jeder Begriff eines inhärenten Wertes einen Sinn für ein letztes Gutes erfordert, welches sich von der Nützlichkeit abhebt. Wenn wir der Meinung sind, um kultiviert zu sein, müsse man feinsinnig oder unterscheidungsfähig sein, auch müsse man in der Lage sein, Dinge um ihrer Reichhaltigkeit an Qualitäten, nicht um ihres potentiellen Nutzen willen einzuschätzen, dann schöpfen wir immer noch aus dem griechischen Erbe. Daß sie soviel an griechischer Zivilisation bewahrt haben, können wir den Römern verdanken. Sie taten aber mehr. Arendt rechnet es den Römern hoch an, daß sie ihre pflegende, kultivierende Einstellung, die sie gegenüber der Natur entwickelt hatten, mit dem griechischen Geschmackssinn und dem Auge für die schönen Dinge verbunden haben. Das ist der Grund dafür, daß wir das Wort »Kultur« auch auf Gebieten – dem Theater, der Architektur oder der Poesie – verwenden, die mit Ackerbau offensichtlich gar nichts zu tun haben. Die Römer lernten hauptsächlich, »wie man das griechische Vermächtnis pflegt und bewahrt.«[28]

»Kultur«, wie Arendt sie beschreibt, ist also nicht einfach die Summe zweier Einstellungen gegenüber der Welt: kultivieren und erhalten einerseits, qualitatives Urteilen andererseits. Wesentlich ist die Einsicht, daß die Römer eine neue Ethik zur Behandlung nicht-menschlicher Dinge eingeführt haben, indem sie die zwei geschilderten Einstellungen miteinander *verschmolzen* haben. Diese Verschmelzung hat beide Bestandteile verwandelt. Die Idee der Kultivierung wurde in Verbindung mit dem inhärenten Wert gewissermaßen humanisiert. Dies erlaubt es der römischen Kultivierung, gegenüber nicht-menschlichen Dingen die Konsumhaltung zu transzendieren, die in der Sorge-Ethik des »Gärtners« noch steckt. Kultur wird zu einer Angelegenheit des hegenden Umgangs mit Dingen, weil in ihnen ein besonderer, nicht instrumenteller Wert gesehen wird. Indem aber diese Ethik mit den menschlichen Schöpfungen in Berührung gebracht wird, verfügen die kultivatorischen Neigungen der Römer über einen unendlich größeren Reichtum an Wertschätzungen. Es gilt nicht nur das bloße Leben von Dingen zu hegen und zu pflegen, sondern auch die Qualitäten – Schönheit, Größe, Integrität usw. – der menschlichen Welt.

Andererseits wurde die Idee eines inhärenten Wertes in Verbindung mit der Kultivierung gewissermaßen naturalisiert. Die Griechen hatten zwar eine Vorstellung vom inhärenten Wert, dachten aber gar nicht daran, solche Kriterien in ihrem Umgang mit der Natur anzuwenden. Wie Arendt feststellt, betrachteten sie die Landwirtschaft als eine gewalttätige Kunst, mittels der die Menschen der unerschöpflichen Erde ihre Lebensmittel entrissen. Kultivierung bringt ein Gespür dafür, daß es in dem, was die Dinge unserer Wertschätzung wert macht, eine »Gegebenheit« gibt; was in sich wertvoll ist, ist nicht allein das, was gerade unser Gefallen findet. Der Wert gründet in der Einzigartigkeit von Dingen, in einer von unserem Willen unabhängigen Identität. Zwar ist es für die Weltlichkeit eines Dinges unabdingbar, daß wir es auf diese Weise schätzen lernen, aber ebenso entscheidend ist es zu erkennen, daß diese Wertschätzung anfänglich nicht in Bezug auf hergestellte Dinge entsteht. Denn hergestellte Dinge sind definitionsgemäß gerade nicht gegeben, sondern nach menschlichem Plan kreiert. Nur die Natur ist wirklich gegeben. Nur Wachstumsprozesse und Wechselwirkungen von Lebewesen in ihrer natürlichen Umgebung können am Anfang die Vorstellung festigen, daß ein nicht-menschliches Ding eine Blütezeit erreichen kann, die mit menschlicher Planung nicht das Geringste zu tun hat. Und eben diese »gegebene« Qualität ist es, die gehegt werden muß. Sobald sich dieser Sinn für den gegebenen inhärenten Wert etabliert, können auch bestimmte hergestellte Güter als einzigartig und unersetzlich betrachtet werden. Der römische Kultivierungssinn hat den griechischen Ästhetizismus buchstäblich »auf den Boden« gestellt.

Ich glaube, diese kulturelle Haltung erschließt den sogenannten »Respekt für die Natur«, ohne dabei jenen geheimnisvollen oder mystischen Anspruch zu stellen, jedes irdische Lebewesen habe einen inhärenten Wert. Es zeichnet sich darin eine Ethik des Bewahrens und Pflegens ab, die nicht auf unserem Nützlichkeitsinteresse beruht, sondern darauf, daß Dinge Qualitäten verkörpern, die unsere Existenz bereichern. Um auszuwählen, was in der Natur menschlichen Interessen geopfert werden muß und was etwa um seiner als einzigartig empfundenen Qualität willen erhalten wird, bedarf es unvermeidlicherweise menschlichen Urteilens. Ferry hat zum Teil recht: Über das Bewahren natürlicher Bestände entscheiden letztlich die Menschen. Von den Qualitäten nicht-menschlicher Dinge selbst kann es nicht abgeleitet werden. Seine Auffassung aber, unsere Entscheidung sei aus Selbst-Anerkennung allein motiviert, ist nicht richtig; Ferry verfehlt Arendts Einsicht, daß die Entscheidung, für eine Sache Sorge zu tragen, Kenntnis ihrer Güte und Wertschätzung der großen Reichweite dargebotener Qualitäten verlangt. Taylor hat eben nur zum Teil recht, denn er übersieht Arendts Argument: Eine Ethik des Bewahrens von nicht-menschlichen Dingen ist Angelegenheit der Kultur. Um die Erfordernisse menschlicher Interessen und der inhärenten Werte ins Gleichgewicht zu bringen, müssen wir Ciceros Ideal vom kultivierten Menschen anstreben: Er verfügt über einen Geist, »der so ausgebildet und verfeinert ist, daß ihm die Betreuung und Pflege einer Welt der Erscheinungen (...) anvertraut werden kann.«[29] Es ist weder das Beherrschen noch das simple Belassen von nicht-menschlichen Dingen. Kultur meint vielmehr eine vermittelnde Haltung zwischen Bewahren und Zusammenleben mit diesen Dingen. In diesem Sinne kann Arendt den Grünen helfen, den schwierigsten Gehalt der Umwelt-Ethik zu überdenken.

3. Qualitatives Urteilen und öffentliche Freiheit

Das geschilderte Verständnis von Kultur erhellt auch in neuer Weise einen der ältesten Aspekte des politischen Denkens der Grünen: das Beharren darauf, daß »Lebensqualität und nicht unbeschränktes Wirtschaftswachstum«[30] im Fokus politischer Beratung stehen sollte. Vor fast zwanzig Jahren ging Serge Moscovici, einer der führenden politischen Ökologen Frankreichs, von der folgenden Idee aus: »Die meisten politischen oder gesellschaftlichen Strömungen begnügen sich damit, die Beziehungen [zwischen Mensch und Natur] in quantitativer Perspektive zu betrachten; sie messen die Steigerungen des Energieverbrauchs, der Produktivkräfte, des

Wissens und verstehen sie – unter mancherlei anderen Indizien wachsender Entfernung zwischen uns und dem Naturzustand – als Indizien unserer Herrschaft über die Natur. Wir [die politischen Ökologen] jedoch sind weniger an Quantität als an Qualität interessiert, an der Evolution im Verhältnis zwischen menschlichen Gesellschaften und ihrer natürlichen Umgebung (...) Laßt uns zuerst das Bessere – und erst dann mehr davon tun.«[31]

Kritiken der Grünen am modernen Leben lesen sich wie eine umfassende Aufzählung der qualitativen Folgen des Wachstums. Das Ziel der Produktionsmaximierung verleitete uns lange Zeit dazu, die Verschmutzung zu ignorieren, welche das Genießen unserer Umgebungen zu verderben anfing. Wenn es Krebs oder Atemkrankheiten verursachte, dann drohte unserer Genußfähigkeit insgesamt das Verderben. Zukünftige Generationen hätten nicht einmal mehr die Option, die Natur höher zu schätzen, nachdem wir sie bereits zerschnitten, zubetoniert und überbaut haben. Auch das Sozialprogramm politischer Ökologen sensibilisiert für Anliegen der Lebensqualität. Politische Dezentralisierung und Demokratie werden nicht nur deshalb bevorzugt, weil örtliche Organisationen theoretisch besser auf die Bedürfnisse des örtlichen Umfelds abgestimmt sind, sondern auch weil sie den Bürgern qualitativ höherwertige Erfahrungen bieten. Klein-maßstäbliche Organisationen sollen weniger bürokratisch, mehr in Beziehungen von Mensch zu Mensch angelegt sein. In der Beschäftigungspolitik strebt die politische Ökologie mehr als die faire Verteilung der Stellen an. Sie will eine bessere Qualität der Arbeitserfahrung: weniger eintönig oder aufreibend, dafür mehr Kreativität und Teilnahme. Ihre Evaluation von Technologien fragt nicht nach bloßer »Effizienz« oder »Produktivität«. Eine Technologie kann besser oder schlechter sein, je nachdem, ob sie beim Benützer Passivität oder Engagement fördert, ob ihr Unterhalt die Existenz von Expertenhierarchien verlangt oder ob sie auch von Benützern mit angemessener Kompetenz reparierbar ist. Die Grünen fordern, daß wir die Folgen des freien Marktes nicht nur im Hinblick auf die allenfalls befriedigten Konsumentenwünsche durchleuchten, sondern auch hinsichtlich seiner Auswirkungen auf das Leben einer Gemeinschaft. Die sich dauernd verändernde Welt des freien Handels bringt sowohl Menschen als auch Güter hervor: Es sind Menschen ohne Bindung zu ihren Lebensorten, herausgetrieben aus dem Rückhalt althergebrachter Traditionen und der Inspiration durch die Schönheit der Natur.

Aus der Bandbreite dieser Kritik drängt sich eine Frage auf: Wenn unsere Lebensqualität auf so vielen Gebieten tatsächlich nachläßt, wieso müssen wir dann daran erinnert werden? Arendts Analyse von Konsum und Kultur schlägt folgende Hypothese vor, um unsere Unempfindlichkeit zu erklären: Wir leiden unter einem Syndrom der Weltlosigkeit. Arendt schrieb über »die Krise in der Kultur«, weil sie Arbeits- und Konsumgesellschaften die Stoffe der Welt aufbrauchen sah. Mit diesen Stoffen wird der Qualitätssinn von einer Generation zur nächsten übertragen. Wenn wir die Welt konsumieren, dann zerstören wir auch die eigentliche Ethik der Weltlichkeit, welche unseren Sinn für Geschmacksunterschiede und für inhärente Werte unterstützt hat. Die Kulturkrise besteht nicht nur darin, daß eine konsumorientierte Gesellschaft sich an knappen Ressourcen vergreift, ähnlich dem gierigen Gast eines Festmahls, der die Platte leert, noch bevor sie einmal um den Tisch gereicht werden konnte. Diese Maßlosigkeit ist ein sozialer Schaden (oder ein persönlicher in meinem Bild), den die anderen erkennen und verurteilen würden. Besser als das Bild vom lümmelhaften Gast wäre das eines unzivilisierten Gastgebers. Dieser Gastgeber zerstückelt den Tisch, um ihn ins Feuer zu werfen. Er zerschlägt die Teller, wirft Messer und Gabeln fort, putzt sein Kinn mit aus antiken Bänden herausgerissenen Buchseiten, verschmiert den Boden mit überschüssigem Essen. Wie könnte die Familie, die an einem so vulgären Bankett teilnimmt, jemals die Ethik »liebevoller Pflege« für eine Welt verstehen, die reich ist an moralisch und ästhetisch befriedigenden Möglichkeiten für ihre Bewohner?

Die »Welt« ist so wichtig für Arendt, weil sie glaubt, ihr dauerhaftes Gefüge könne für jene, die auf sie bezogen sind, wesentliche Verankerungen von Sinnbezügen bilden. Stützpunkte sind sie nicht nur in dem Sinn, als sie zu vertrauten Dingen werden, auf die sich sonst bindungslose Menschen beziehen können, sondern auch weil sie Dinge einer gemeinsamen Wertschätzung sind. Fördert unsere Auswahl Schönheit, Eleganz, oder gefühlsmäßiges Engagement? Ermutigt sie konvivale menschliche Beziehungen und Gleichheit? Fördert sie unsere Freiheit oder unsere Selbstgenügsamkeit? Qualitatives Urteilen bewertet Zwecke, nicht Mittel. Es fragt, wonach es *wert* ist, zu streben, nicht was technisch machbar ist. Ein qualitatives Urteil hinsichtlich einer bestimmten Angelegenheit zu fällen heißt, im weitesten Horizont Erwägungen durchzuführen, welche für die menschliche Erfüllung relevant sind. Mit Arendt erkennt man besser das Leitmotiv, das sich durch die politisch-ökologische Kritik am Umgang gegenwärtiger Gesellschaften mit der Umwelt, der Arbeit, der Technologie und dem Leben in der Gemeinschaft zieht. Alle Elemente dieser Kritik drücken eine Krise von nichts Geringerem als unserer Fähigkeit zu qualitativem Urteilen aus. Von einer Krise der *Weltlosigkeit* zu sprechen bedeutet, daß sie nicht direkt aus unserer Naturbeziehung erwächst, sondern mittelbar aus der Beziehung, welche Gesellschaften zu ihrer Welt eingehen. Wenn dem so ist, dann muß jede erdenkbare Antwort auf diese Krise *kulturell* sein – in dem vielfältigen Sinn, den Arendt erklärt hat. Unsere Antworten müssen die Sorge um die Welt stimulieren.

Niemand sollte diesen kulturellen Ökologismus als Rückzug aus dem politischen Engagement verstehen. Das ist kein Aufruf an die Individuen, umweltbezogenen Werte lediglich durch die Aufnahme eines Lebensstils Geltung zu verschaffen, der eine Identifikation mit der nicht-menschlichen Welt ausdrückt. Dennoch unterscheidet sich Arendts politische Botschaft von der *Realpolitik* der Grünen, die das Gebot parlamentarischer Arbeit, von Bündnissen und Kompromissen betont, um ökologische Ziele zu verfolgen. Den Umweltschutz als eine Angelegenheit des Lebensstiles oder von Parteistrategien zu verstehen, verfehlt eine tiefere Einsicht: Das Qualitätsbewußtsein, das wir mit dem Begriff der Kultur assoziieren ist im Grunde eine politische Fähigkeit. »Kultur und Politik (...) gehören zusammen,« schreibt Arendt, »weil es hier nicht um Erkenntnis oder Wahrheit geht, sondern um Urteil und Entscheidung, den vernünftigen Meinungsaustauch von Meinungen über die Sphäre des öffentlichen Lebens und die gemeinsame Welt, ferner um die Entscheidung darüber, welche Handlungsweise zu wählen ist, wie auch darüber, wie diese Welt künftig auszusehen hat, welche Art von Dingen in ihr erscheinen sollen.«[32] Sie sieht darin eine Nähe zu ästhetischem Urteilen und hält fest, daß qualitative politische Entscheidungen aus der Beratung von Gleichrangigen in einem öffentlichen Bereich hervorgehen müssen. Das heißt, daß die politisch-ökologischen Hoffnungen auf eine lebenswerte Welt in Arendts Sichtweise von der öffentlichen Freiheit nicht zu trennen sind.

Dies wird offenkundig, wenn wir betrachten, warum sie glaubt, daß »Qualitäten« Phänomene sind, die – aufgrund eben ihrer Natur – vor einer Pluralität von Leuten erscheinen. Kants *Kritik der Urteilskraft* kommentierend, schreibt sie: »Der Denkprozeß, welcher im Urteilen tätig ist, besteht nicht wie der Gedankenprozeß der reinen Vernunft in einem Dialog zwischen mir und mir selbst, sondern (...) in einer antizipierten Kommunikation mit anderen, mit welchen ich schließlich zu einer Einigung gelangen muß. (...) Diese erweiterte Denkungsart (...) kann in reiner Isolation oder Einsamkeit nicht funktionieren; sie braucht die Präsenz von anderen, an deren Stelle es ja gilt mitzudenken, deren Perspektiven ich berücksichtigen muß und ohne die sie niemals die Gelegenheit hat, überhaupt zum Zug zu kommen.«[33]

Qualitativ urteilen heißt nicht, die eigenen Werte einfach über die Werte anderer zu stellen. Daß Menschen Qualitäten von ihren verschiedenen Standpunkten aus diskutieren, daß sie darüber streiten, einander zu überzeugen und übereinzustimmen versuchen, ist für das Bestehen von Qualitäten als Qualitäten wesentlich. Zwar kann ich als isoliertes Individuum Empfindungen für die Qualität von Dingen in meiner Welt haben: für ihre Schönheit, ihre Größe, ihre Eigenschaft, zu Gefühlen anzuregen oder Erinnerungen hervorzurufen. Aber wo meine Sichtweise allein zählt, hindert mich nichts daran, etwas heute schön zu finden, es schon morgen jedoch als langweilig zu verwerfen. In diesem Falle ist Schönheit nicht von momentanem Vergnügen zu unterscheiden; sie existiert nicht als eine Qualität der Welt. Erst wenn unsere Eindrücke in den Diskurs mit andern gebracht werden, sind es mehr als flüchtige, subjektive Empfindungen.

Politisches Urteilen impliziert für Arendt – wie das ästhetische für Kant – das »um jedes anderen Beistimmung [Werben]«[34]. Urteile werden erst durch eine Rückbesinnung meiner Auffassungen in den Perspektiven anderer gebildet. Dabei im Spiel ist die Hoffung, ein gegenseitiges Einverständnis darüber zu finden, was in unserer Welt erscheinen soll. Jene Perspektiven werden meine Sicht der Dinge nicht bloß bestätigen. Wenn Urteilen eine »antizipierte Kommunikation« unterstellt, dann kann ich in meinem Denken die Welt nicht von störenden Meinungen säubern, die der meinigen widersprechen. Ich muß darauf gefaßt sein, daß die anderen alles einbringen werden, was sie als Individuen in ihren Einschätzungen unterscheidet: verschiedene Empfindungen und Begabungen, Ansichten darüber, was im Leben wichtig ist, unterschiedliche materielle Ausstattungen, persönliche Erfahrungen oder spezialisiertes Wissen. Im Urteilen suche ich ihr Einverständnis. Ich erprobe meine Ansichten; ich denke mir aus, wie ich sie davon überzeugen könnte, daß meine Entscheidung einwandfrei sei. Dieser Prozeß der Rückbesinnung, der Verallgemeinerung, der Debatte und des Überzeugens ist es, der allen Aussagen darüber Gewicht verleiht, wonach bestimmten Qualitäten in unserer Welt Sorge zu tragen sei.

Deshalb können es sich Umweltschützer, die über die Verkümmerung wachstumsbesessener Gesellschaften klagen, nicht leisten, sich aus der schwierigen Welt des öffentlichen Argumentes in eine reine Naturphilosophie zurückzuziehen. Noch können Grüne es sich leisten, auf Strategien des Machterwerbs so fixiert zu sein, daß sie die Notwendigkeit, öffentliche Debatten anzuregen, aus den Augen verlieren. Im Streben nach einer qualitativ besseren Welt steht, wie Arendt es sagen würde, die öffentliche Freiheit auf dem Spiel. Denn Freiheit, wie sie sie definiert, – als Freiheit, in einem öffentlichen Raum unter Gleichen in Erscheinung zu treten, zu debattieren und in Übereinstimmung mit ihnen zu handeln – steht mit dem von Grünen favorisierten Qualitätsbewußtsein in innerem Zusammenhang. Eins ist ohne das andere nicht zu haben.

Was ich, von Arendt ausgehend, entwickelt habe, kann den Ökologen in gar keinem Fall exakt sagen, welche Qualitäten sie in das öffentliche Leben einfügen sollen: gemeinschaftliche Nahbeziehung oder die individuelle Autonomie? Bewahren von Urlandschaften oder nachhaltige Entwicklung? Aber sie hilft uns schon dabei, solche Fragen in neuer Weise zu denken. In den Debatten, zu welchen die Grünen anstiften wollen, können uns weder eine abgeschloßene Philosophie des Natur-Respektes noch furchtbare wissenschaftliche Voraussagen voranbringen. Wie ein Gleichgewicht zwischen unseren Anstrengungen zur Erhaltung der Natur und der Förderung menschlicher Kreativität aussieht, das kann nicht diktiert werden. Dieses Gleichgewicht muß seine Gestalt auf diskursive Weise erhalten, wie es eben nur in einem lebendigen öffentlichen Raum gelingen kann. Das bedeutet auch, daß die politische Ökologie in letzter Instanz auf der Urteilskraft des »wahren Humanisten« beruht. Arendts eigene Beschreibung über das Denken des Humanisten ist der beste Schluß, den ich mir für eine Diskussion darüber vorstellen kann, wie wir von der Natur zur Freiheit und wieder zurückreisen können: »Für den wahren Humanisten können weder die wahren Aussagen der Wissenschaftler noch die Wahrheit der Philosophen oder das Schöne des Künstlers absolut sein; weil er kein Spezialist ist, bedient sich der Humanist des Urteils- und Geschmacksvermögens, das außerhalb der Zwänge liegt, die jede Spezialisierung uns auferlegt. (...) Dieser Humanismus ist das Ergebnis einer Haltung, die weiß, wie Sorge zu tragen ist und wie die Dinge der Welt zu bewahren und zu bewundern sind.«[35]

Anmerkungen

1 Hannah Arendt, *Vita activa oder Vom Tätigen Leben* (VA), München 1981 (Neuausgabe), S.12.
2 A.a.O., S.9.
3 A.a.O., S.8.
4 A.a.O., S.9.
5 A.a.O., S.12.
6 Hannah Arendt, *Vom Leben des Geistes 1,* Das Denken, München 1989 (Neuausgabe), S.25.
7 Kerry H. Whiteside, Hannah Arendt und die ökologische Politik, in: *politikinitiativen* 8, Zürich 1995, S.24-69; David Macauley, Hannah Arendt on Earth Alienation: An Historical and Critical Perspective, in: *Capitalism, Nature, Socialism 3* (4), 1992, S.19-45; Pierre Alphandéry / Pierre Bitoun / Yves Dupont, *L'équivoque écologique,* Paris 1991, S.178.
8 Siehe Alphandéry u.a., op.cit., S.147-148; Guillaume Sainteny, *Les Verts,* Paris 1991, S.75.
9 Hannah Arendt, The Crisis in Culture, in: *Between Past and Future,* New York 1961, S.197-226. (Anmerkung der Herausgeber: Dem besagten Essay entspricht in den grundsätzlichen Aussagen die deutsche Fassung »Kultur und Politik«, in: *Zwischen Vergangenheit und Zukunft, Übungen im politischen Denken,* Bd. 1, Ursula Ludz (Hg.), München 1994, S.277-302. In der Übersetzung benützen wir die deutsche Fassung. Zitate daraus werden in der Folge mit ZVZ angegeben. Sofern im deutschen Text keine entsprechende Stelle vorhanden ist, haben wir die amerikanische Fassung übersetzt. Zitate daraus sind unter BPF angegeben. Zur Konkordanz der englischen und deutschen Ausgaben, siehe Ludz, Ursula, in: ZVZ, S.417f).
10 Siehe z.B., William Leiss, *The Domination of Nature,* Boston 1974.
11 Robert E. Goodin, *Green Political Theory,* Cambridge 1992, S.8.
12 Ich übernehme dieses Beispiel von Robyn Eckersley, *Environmentalism and Political Theory,* Albany 1992, S.158-159
13 C. Spretnak, und F. Capra, *Green Politics,* London 1985, S.28
14 Luc Ferry, Le Nouvel Ordre Ecologique: *L'arbre, l'animal et l'homme,* Paris 1992, S.121.
15 Paul W. Taylor, Respect for Nature: *A Theory of Environmental Ethics,* Princeton 1986, S.19
16 VA, S.14.
17 VA, S.21.
18 Margaret Canovan, *The Political Thought of Hannah Arendt,* New York and London 1974, S.81.
19 VA, S.136.
20 VA, S.137.
21 ZVZ, S.289.
22 BPF, S.211.
23 ZVZ, S.278f.
24 BPF, S.211f.
25 Canovan, vgl. Fußnote 18, ebda.
26 A.a.O., S.214f.
27 A.a.O., S.216.
28 A.a.O., S.212.
29 A.a.O., S.219.
30 U.S. Green Committees of Correspondence, in: Goodin, op.cit., S.193.

31 *Pourquoi les écologistes font-ils de la politique?: Entretiens de Jean Paul Ribes avec Brice Lalonde, Serge Moscovici, René Dumont*, Paris 1978, S.55.
32 BPF, S.223 (vgl. ZVZ, S.300).
33 BPF, S.220. (vgl. ZVZ S.300).
34 ZVZ, S.300. (Kant, *Kritik der Urteilskraft*, Par. 19)
35 BPF., S.225.

Richard Sennett

Die neue politische Ökonomie und ihre Kultur

Für George Kateb

Ich werde mich auf zwei Erfahrungen konzentrieren, die in der modernen Welt rapiden Wandlungen unterworfen sind: *Arbeit und Ort.* Beide verändern sich in einer Weise, die sich vor kaum zwanzig Jahren noch niemand vorstellen konnte. Damals schien es, die großen Konzernbürokratien und Regierungshierarchien der entwickelten Welt seien als Produkte von Jahrhunderten wirtschaftlicher und nationalstaatlicher Entwicklung fest verankert. Beobachter sprachen vom »Spätkapitalismus« oder vom »reifen Kapitalismus«, als wären die früheren Wachstumskräfte nun in ihre Endphase getreten. Jetzt hat ein neues Kapitel begonnen: Die Wirtschaft ist global und nimmt neue Technologien in Gebrauch; die Mammutbürokratien der Regierungen und Konzerne werden zu flexibleren und zugleich unsichereren Institutionen. Dadurch haben sich unsere Arbeitsformen verändert: Kurzfristige Jobs ersetzen feste Karrieren, die Fähigkeiten entwickeln sich rasant, und der Mittelstand erfährt Angst und Verunsicherung, die früher der Arbeiterklasse vorbehalten waren.

Weitgehend auch aufgrund dieses Wirtschaftswandels hat sich die Bedeutung des Ortes verändert. Eine Generation vor uns glaubte noch, daß die Völker und ihre Städte ihr Schicksal selber bestimmen könnten. Heute zeigt sich das entstehende wirtschaftliche Netz von den geographischen Grenzen wenig beeindruckt. Zwischen Politik – im Sinne von Selbstbestimmung – und Wirtschaft hat sich ein Graben aufgetan.

Wie erleben wir diese institutionellen Veränderungen von Arbeit und Ort als kulturelle Verschiebung? Welchen Unterschied bewirkt die neue politische Ökonomie mithin in unseren ethischen Werten, unserem Sinn als gesellschaftliche Wesen füreinander und in unserem Selbstverständnis? Die alt-marxistische Begriffswelt, in welcher sich die Ökonomie im Bewußtsein direkt abbildet, wird uns nicht weiter helfen, denn Flexibilität und Unsicherheit der materiellen Bedingungen rufen heutzutage tiefe kulturelle Verwirrungen hervor. Ich möchte zwei einfache Thesen vorstellen, die sich aus diesem schwierigen Dialog ergeben.

Die *erste* These lautet, daß die materiellen Bedingungen die Arbeit entwerten. Flexible kurzfristige Arbeit bietet keinen Bezugspunkt mehr, um dauerhafte persönliche Vorhaben und einen Sinn für den Selbstwert zu definieren. Soziologisch betrachtet, eignet sich die Arbeit immer weniger als ein Forum für stabile gesellschaftsstiftende Beziehungen.

Die *zweite* These lautet, daß der Wert des Ortes dabei zugenommen hat. Der Sinn des Ortes gründet auf dem Bedürfnis, mehr als nur abstrakt zu einer »Gesellschaft« zu gehören, sondern einem bestimmten Ort zugehörig zu sein. Während die ins Rutschen geratenen wirtschaftlichen Institutionen immer weniger die Erfahrung vermitteln, bei der Arbeit an einen bestimmten Ort zu gehören, verstärkt sich die Bindung der Menschen an geographische Orte wie Nationen, Städte oder Gegenden. Doch stellt sich die Frage: Was sind das für Bindungen? Nationalismus oder ethnischer Lokalismus können tatsächlich als Fluchträume vor einer feindlichen Wirtschaftsordnung dienen. Der menschliche Preis dafür aber ist beträchtlich: Der Haß auf Immigranten und Außenseiter wird dabei kräftig gedeihen.

Diese zwei Thesen könnten eine durch und durch trostlose Sicht auf die Kultur der entstehenden politischen Ökonomie suggerieren. Doch meine Sichtweise ist das nicht. Die Arbeit ist ein problematischer Rahmen für das Selbst, weil sie Erfolg und persönlichen Wert tendenziell gleichsetzt. Von größerer Konsequenz für die Bürger ist, daß die Gefährdung des Wohlstandes die Menschen ja dazu führen könnte, sich nicht mehr nur als Wirtschafts-Tiere zu verstehen und, statt nur defensiv zu handeln, einmal einen gewissen Abstand zwischen sich selbst und die materiellen Umstände zu bringen, um so ihren Wert als Bürger nicht in Abhängigkeit von Besitz zu verstehen. Eine solche Ablösung könnte die Formen bereichern, in denen die Menschen ihre Lebensorte zu gestalten und zu benutzen pflegen. Wenn die Arbeit heute das Selbst einschränkt, so könnte der Ort es erweitern.

Das war zumindest Hannah Arendts Hoffnung, als sie eine Generation zuvor – in *Vita activa* – ihre berühmte Unterscheidung zwischen Arbeit und Politik formulierte. Vor allem hoffte sie, daß städtisches Leben in seiner Größe und Unpersönlichkeit eine Bürger-Existenz ermöglichen könnte, die nicht bloß persönlichen Wohlstand widerspiegelt oder gar von diesem abhängt. Heute mehr denn je sprechen die Ungewißheiten der neuen Ökonomie für ein von den Arbeitsbedingungen losgekettetes Dasein des Selbst und des Bürgers. Die Orte indes, wo dies geschehen könnte, sind weder die von Arendt bewunderten Städte klassischen Stils, noch defensive, introvertierte Örtlichkeiten. Wir brauchen eine neue Weise bürgerschaftlichen Lebens, um mit der neuen Ökonomie zurechtzukommen.

Das Wachstum

Um die Kultur der aufkommenden politischen Ökonomie sinnvoll zu verstehen, können wir zunächst ihr Schlüsselwort definieren: »Wachstum«. Wachstum findet ganz einfach auf vier verschiedene Arten statt.

Die einfachste Weise ist die schiere Zunahme in der Zahl, etwa mehr Ameisen in einer Kolonie, oder mehr Fernsehapparate auf dem Markt. Im ökonomischen Denken taucht diese Art Wachstum bei Autoren wie Jean Baptiste Say auf, dessen *loi des débouchés* postulierte, ein zunehmendes Angebot erzeuge seine eigene Nachfrage. Eine zahlenmäßige Zunahme kann zu einer strukturellen Veränderung führen. So stellte sich Adam Smith in *The Wealth of Nations* Wachstum vor: Größere Märkte, sagte er, beschleunigen die Arbeitsteilung im Herstellungsprozeß. Wachstum, bei welchem Größe strukturelle Komplexität bewirkt, kennen wir im Fall der Regierungsbürokratie sowie der Industrie. Eine dritte, ganz andere Art von Wachstum entsteht durch Metamorphose. Ein Körper verwandelt seine Gestalt oder Struktur, ohne sich notwendigerweise dabei zu vermehren. Eine Raupe, die zum Schmetterling wird, wächst auf die Weise ebenso wie Personen in einem Roman.

Schließlich kann ein System dadurch wachsen, daß es demokratischer wird. Diese Art Wachstum ist anti-fundamental, wie John Dewey dargelegt hat: Die Elemente innerhalb eines Systems sind in freier Interaktion, sie beeinflussen einander, so daß Grenzen durchlässig werden und Mischformen entstehen. Das System zieht sich zusammen oder Teile davon expandieren ohne umfassende Koordination. Kommunikationsnetze wie das frühe *Internet* sind einleuchtende Beispiele dafür, wie etwas demokratisch wachsen kann. Ein solcher Wachstumsprozeß unterscheidet sich von einem Marktmechanismus, bei dem ein Austausch alle Transaktionen auf ideale Weise steuert und alle Teilnehmer im System lenkt. Widerstände, Unregelmäßigkeiten und kognitive Dissonanzen gewinnen in demokratischen Formen des Wachstums einen positiven Wert. Deshalb entwickelt sich das subjektive Leben durch eine Art innere Demokratie: interpretative und emotionale Komplexität entsteht ohne Richtplan, ohne hegemoniale Lenkung und fraglose Anweisung.

Ich selbst bin der Ansicht, daß diese Form des Wachstums nicht die Angelegenheit eines reinen Prozesses ist. Schon die Freiheit und Flexibilität des Prozesses bewirken einen Bedarf nach Wegweisern, nach bestimmten Formen, vorläufigen Ritualen und provisorischen Entscheidungen, die sich auf das zukünftige Verhalten auswirken. All dies hilft den Menschen, sich zu orientieren. Mein Argument besteht darin, daß die flexible Ökonomie genau diese Formelemente zerstört, welche die Menschen zu ihrer Orientierung für ein wirklich demokratisches Wachstum brauchen. Mit anderen

Worten: Um die entstehende politische Ökonomie zu bewältigen, müssen wir wirklich demokratische Formen flexiblen Wachstums voranbringen. Wo? Am Arbeitsplatz und am Wohnort? Sind dies sowohl mögliche, als auch wünschbare Orte für die Demokratie?

Das Paradox von Adam Smith

Ich möchte diese Fragen mit einer Untersuchung der kulturellen Defizite des neuen Kapitalismus anschneiden. Ein Paradox des Wachstums hat die Entwicklung des modernen Kapitalismus im Verlauf seiner langen Geschichte verfolgt: Wo materielles Wachstums auftaucht, wird die qualitative Erfahrung oft verkümmert.

Das Zeitalter des Hochkapitalismus – welches üblicherweise auf die zwei Jahrhunderte nach Adam Smith' Veröffentlichung von *The Wealth of Nations* im Jahre 1776 angesetzt wird – war eine Epoche, die nach schierem quantitativen Wachstum in der ersten der von mir erwähnten Formen gierte. Man hatte aber Schwierigkeiten, mit den menschlichen Folgen jener zweiten Form umzugehen, bei welcher die Wohlstandssteigerung durch komplexere ökonomische Strukturen eintrat.

Adam Smith stellte fest, daß die Arbeitsteilung – strukturelle Komplexität also – durch die Ausdehnung des freien Marktes zu immer größeren Mengen von zirkulierenden Waren, Dienstleistungen und Arbeitern fortgeschritten sei. Eine wachsende Gesellschaft erschien ihm wie eine Bienenwabe, jede neue Zelle als Ort für immer spezialisiertere Aufgaben. Ein Nagelmacher, der noch alles selber machte, konnte einige hundert Nägel pro Tag anfertigen. Smith rechnete aus, daß mehr als 48 000 Nägel pro Tag hergestellt werden könnten, wenn die Produktion in ihre Komponenten zerlegt würde und jeder Arbeiter nur eine davon fertigen würde. So würde die Arbeitserfahrung im Prozeß immer mehr Routine gewinnen. Die Aufgaben des Nägel-Herstellens in ihre Komponenten aufzugliedern, verdammt den individuellen Nagelmacher zu einem dumpfen, langweiligen Tagwerk, welches Stunde um Stunde für eine winzige Verrichtung verbraucht.

Ich will diese Koppelung von materiellem Wachstum und qualitativer Verarmung das *Paradox von Smith* nennen: Er erkannte seine Existenz, benannte es aber nicht als solches. Smith' Paradox wurde unserer Zeit in der sogenannten »Fordistischen Produktion« überliefert, in der Form der Fließbandarbeit in Henri Fords Betrieb *Highland Park* in Michigan während des Ersten Weltkrieges. Jetzt aber nehmen die Befürworter der neuen Ordung in Anspruch, daß Smith' Paradox jetzt an sein Ende komme. Die moderne Technologie verspricht, die Routinearbeit in die Innereien von neuen Maschinen zu verbannen und immer mehr Arbeiter für flexible, abwechslungsreiche Aufgaben freizustellen. In Tat und Wahrheit aber hat die qualitative Verarmung statt dessen nur neue Formen angenommen.

Häufig dequalifiziert die neue Technologie Arbeiter, die jetzt zu elektronischen Hausmeistern von Industrierobotern werden, deren komplexe Aufgaben sie einst selber verrichteten. Bereits die Anstellungsbedingungen beinhalten oft Dequalifikation, denn die Arbeiter lernen, einen bestimmten Job gut zu machen, bloß um dann zu sehen, daß mit der Aufgabe Schluß ist. Für junge Arbeiter zeigt sich die Realität heute so, daß sie nach mindestens zwei Jahren höherer Fachausbildung während ihres Arbeitslebens durchschnittlich elf Mal die Stelle wechseln.

Brutal gesagt, spaltet die Arbeitsteilung jetzt die, die Arbeit erhalten, von denen, die es nicht schaffen: Große Menschenmengen werden von Routinearbeiten befreit, nur um sich dann als wirtschaftlich nutzlos oder unterbeschäftigt zu erleben. Dies gilt besonders im Kontext des globalen Arbeitsmarktes. Die Geographie trennt die qualifizierte Erste Welt nicht mehr einfach von der unqualifizierten Dritten Welt. Ein Computerprogramm zum Beispiel kostet, in Bombay auf effiziente Weise geschrieben, drei bis siebenmal weniger als im IBM-Stammhaus. Statistiken über die Schaffung von neuen Arbeitsplätzen können die Angst vor der Nutzlosigkeit kaum mildern. Denn die Anzahl von Stellen, sogar bei den hochqualifizierten, bestimmt weder den Zugang zu ihnen, noch wie lange die Arbeitsplätze gehalten werden können oder überhaupt Bestand haben. Vor zehn Jahren hatte die US-Wirtschaft zum Beispiel einen Mangel an Computersystem-Analytikern, schon heute hat sie aber ein Überangebot an diesen bestausgebildeten Arbeitskräften. Viele lassen sich, entgegen aller Ideologie, nur schwerlich umschulen. Zu spezialistisch sind ihre Fähigkeiten. Das Gespenst der Nutzlosigkeit überschattet das Leben gebildeter Glieder des Mittelstandes und tritt nun zur altbekannten Erfahrung mit dem Problem der Routine bei den weniger bevorzugten Arbeitern hinzu: Neben der Überzahl qualifizierter Ingenieure, Programmierer und System-Analytiker gibt es auch eine wachsende Flut von Anwälten, Betriebswirtschaftern, Versicherungsvertretern und Akademikern. Die Jugend leidet an den Qualen der Nutzlosigkeit auf besonders grausame Weise, wird sie doch von einem immer ausgedehnteren Ausbildungssystem immer gründlicher für Arbeiten ausgebildet, die es gar nicht gibt.

Die unterschwellige Konnotation von Nutzlosigkeit, Dequalifikation und Arbeitspflicht ist ein entbehrliches Selbst. Im Unterschied zur institutionell erzeugten Langeweile des Fließbandes erscheint die Erfahrung dieses Defizits als eher im Arbeiter selbst verankert, als gelinge es ihm oder ihr nicht, sich für andere als dauerhaften Wert zu erweisen, und könne man ebenso gut aus dem Blickfeld verschwinden. Die heute gebräuchliche Sprache der Wirtschaft – von der »qualifikations-geleiteten Wirtschaft«, der

»informationalen Kompetenz«, dem »aufgabenflexiblen Arbeiten« und dergleichen mehr – verschiebt den Fokus von unpersönlichen Bedingungen wie Kapitaleigentum zu den persönlicheren Kompetenzbereichen. Während der sprachliche Wandel die Person zu ermächtigen scheint, kann er in Wirklichkeit die Last des arbeitenden Selbst vergrößern.

Der Eindruck des persönlichen Scheiterns beim Versuch, in dieser Wirtschaft von einigem Nutzen zu sein, hat denn auch beträchtliche soziologische Auswirkungen. Was Michael Young in seinem prophetischen Essay *Meritocracy*[1], befürchtet hat, findet nun statt: Während die Wirtschaft zu ihrer Lenkung immer weniger, hoch gebildete Menschen braucht, vergrößert sich der »moralische Abstand« zwischen Masse und Elite. Die Massen, die jetzt die Kravattenträger ebenso wie jene in Überkleidern umfassen, erscheinen dem produktiven Elite-Kern als randständig. Die entstehende neue Wirtschaft macht mit dem Schrumpfen ihrer Arbeitsbasis ihren Profit. Daraus daß die Ökonomie die persönliche Handlungsfähigkeit so hervorhebt, erklärt sich, warum Themen wie die Abhängigkeit vom Sozialstaat und Parasitismus für jene Menschen so virulent sind, deren Schicksal in der heutigen Welt gefährdet ist.

Verfechter der neuen Ökonomie verleugnen das Problem der Arbeitsplatzvernichtung. In ihrem populären Klassiker über die modernen Konzerne, *Reengineering the Corporation,*[2] verteidigen die Autoren Michael Hammer und James Champy die neue Technologie gegen den Vorwurf, nichts anderes als ein Vorwand für Entlassungen zu sein. Sie behaupten, Anpassung und Restrukturierung zielten darauf ab, mit weniger weniger zu machen. *Reengineering* dagegen bedeute die Anwendung neuer Technologien, um aus weniger *mehr* zu machen. Das »weniger« im letzten Satz tönt wie ein Echo der Verleugnungen eines älteren Sozialdarwinismus: Wer sich nicht eignet, wird irgendwie verschwinden.

Besonders kühne Ökonomen legen dar, daß die bekannten Formen von Arbeitslosigkeit, Unterbeschäftigung, Dequalifizierung und Parasitismus in der entstehenden Ordnung unheilbar seien, weil die Wirtschaft ja von diesem »mehr aus weniger« profitiert. Dabei möchte ich unterstreichen, daß die moderne Wirtschaft ebensowenig wie der klassische Kapitalismus eine Lösung für dieses Paradox von Adam Smith bereithält: das Problem der verkümmerten Arbeitserfahrung. Der bloße Zuwachs an Jobs und die Reorganisation der Arbeitsteilung sind keine Wachstumsformen, welche die Qualität der Arbeitserfahrung erhöhen. Vielmehr läßt diese qualitative Verarmung eine immer größere Zahl von Menschen fühlen, daß sie persönlich im Wirtschaftswachstum nicht Boden fassen. Und dieser Mangel an Bodenhaltung bedeutet eine grundlegende politische Herausforderung: Ist es mit politischen Mitteln möglich, den Menschen einen Sinn dafür zu vermitteln, daß sie nützliche, wert- und sinnvolle Menschen sind?

Weil rein quantitatives Wachstum und Arbeitsteilung für die subjektiven Probleme der Arbeitserfahrung keine Remedur anbieten, haben sich einige Politiker dem dritten Wachstumsmodell, der Metamorphose, zugewandt. In der politischen Arena wird diese Entwicklungsform wahlweise »Selbst-Management«, »Selbstverwaltung« oder schlicht »Wandel von innen« genannt. Ihr praktisches Ziel ist wertvoll. Es besteht darin, die Arbeit zu vermenschlichen, indem man die Arbeiter sie selbst kontrollieren läßt. Als Mittel dafür betrachtet man eine institutionelle Reform der Arbeit, durchgesetzt in einem entschiedenen, kollektiven Willensakt. In der politischen Arena geschieht die Metamorphose aufgrund des Bruchs mit etablierten Institutionen. Während Management-Gurus die Bruchlinie von der Spitze abwärts ziehen, haben Sozialisten darauf gezielt, die Institutionen der Arbeit von der Basis aus neu zu erschaffen. Die praktische Bilanz dieser Anstrengungen zur Reorganisation der Arbeit ist gemischt. Einige Formen des Wandels von innen und der Arbeiterselbstverwaltung sind erfolgreich, meistens in kleinen Nischenbetrieben; andere scheitern vor der Übermacht der größeren Strömungen in der globalen Wirtschaft.

Das Wachstumsmodell, das solchen Zielsetzungen zu Grunde liegt, geht bis auf Ovids Erklärung in den *Metamorphosen* zurück: »Von Gestalten zu künden, die in neue Körper verwandelt wurden, treibt mich der Geist.«[3] Man wird sich erinnern, daß Ovid der Meinung war, die Welt sei erst entstanden, als ein Gott ehedem »rohe ungeordnete Masse, nichts als träges Gewicht und auf einen Haufen zusammengeworfene, im Widerstreit befindliche Samen von Dingen, ohne rechten Zusammenhang.«[4] in unterschiedenen Formen aussortierte. Dem Wechsel von innen ist unterstellt, daß ein Willensakt aus dem Chaos Ordnung schaffen kann. In politschen Begriffen bedeutet das, daß das politische Gemeinwesen selbst-erschaffend ist. Indessen beginnen die gesellschaftlichen Schwierigkeiten mit diesem Modell bei eben diesem Willensakt, der ihm vorausgesetzt ist.

Grundlegende Bindungen der Gesellschaft wie Vertrauen, Loyalität und Verpflichtung erfordern für ihre Entwicklung eine lange Zeit. Loyalität kann nicht aus dem Stand geschaffen werden, so wie neue Regierungen durch einen Willensakt aufgrund einfacher Metamorphose formbar sind. Ebenso entwickelt erst die Zeit jenen Sinn für persönlichen Wert, der auf der Überzeugung gründet, daß die eigene Erfahrung mehr sei als nur eine Serie willkürlicher Ereignisse. Persönlicher Zeit, ebenso der bürgerschaftlichen Zeit, muß Dauerhaftigkeit und Kohärenz eignen. Ein Sinn für subjektive Kraft und für tatsächliche Handlungsfähigkeit bilden sich dadurch, daß den Dingen Dauerhaftigkeit verliehen wird, aber der Wille allein reicht dafür nicht aus.

Im früheren Zeitalter des Kapitalismus wurde Dauerhaftigkeit zu einer prekären zeitlichen Dimension. Der Kapitalismus des 19. Jahrhundert hatte alles andere als einen regelmäßigen und linearen Fortschritt. Vielmehr taumelte man an den Börsen und in irrationalen Kapitalinvestitionen von Katastrophe zu Katastrophe. Ein bestimmter Charaktertypus – er tritt in Balzacs Texten auf, aber auch in den profaneren Finanzjahrbüchern – wurzelte in solchen Krisen, gedieh in der Unordnung prächtig und besaß vor allem ein Talent für Illoyalität. Auf einen verantwortungsvollen Kapitalisten wie Andrew Carnegie, kamen Hunderte von Jay Goulds, wahre Meister im Entkommen ihrer eigenen Katastrophen. Weniger mächtige oder verantwortungsvollere Menschentypen konnten unter solchen Bedingungen kaum erblühen.

Max Webers berühmtes Bild des modernen, in ein »eisernes Gehäuse« gesperrten Lebens ignoriert, was Stabilität positiv im Leben gewöhnlicher Leute bedeutet. Zum Beispiel hatte die Ethik der Pflichterfüllung in dauernder selbstverneinender und lebenslanger Mühe, die Weber in *Die protestantische Ethik und der Geist des Kapitalismus* aufzeigt, seinen bescheideneren Zeitgenossen zum Hauserwerb verholfen. Der Hausbesitz wurde im 19. Jahrhundert zu einem der wenigen Bollwerke gegen den kapitalistischen Sturm und gleichermaßen zur Quelle persönlicher und familiärer Ehre.

Weber wiederum befürchtete zu Beginn des zwanzigsten Jahrhunderts den Aufstieg großer nationaler Bürokratien und Konzerne, welche die Pflichtethik zu nutzen wußten und die Loyalität jener gewannen, die sie sicherten. Weber bezweifelte, daß aus loyalen Dienern klarsichtige Bürger würden. Doch kleine Bürokraten, Opportunisten und dergleichen gewannen ihr öffentliches Status- und Ehrgefühl aus ihren Stellungen innerhalb der Bürokratien. T. H. Marshall, der geistige Vater des modernen britischen Wohlfahrtsstaates, hat dies gut verstanden: Mögen große Institutionen noch so unbeweglich sein, so rückständig gegenüber jedem Wandel von innen, sie vermitteln ihren Mitgliedern doch einen festen Rahmen gegenseitiger Loyalität und Vertrauens darauf, daß die Ereignisse kontrollierbar sind, dies sind Bedingungen für jede Bürgerschaft. Der Bürokrat als guter Bürger ist kein nettes Wunschbild. Aber wenn das so ist, hat ein Jay Gould überhaupt keine Augen dafür.

Der aktuelle Ansturm gegen diese institutionelle Architektur zersetzt mit ihr auch die sozialen und bürgerschaftlichen Aspekte dauerhafter Zeit. Wie steht es etwa mit der Loyalität? In der entstehenden politischen Ökonomie, in welcher zunehmend wechselnde, aufgaben-zentrierte Arbeiten verrichtet werden, schwächen sich die Loyalitätsbezüge zu Institutionen ab. Diese Verallgemeinerung bedarf natürlich mancher Unterscheidungen. So fand man in einer Sudie über entlassene IBM-Programmierer heraus, daß Angestellte mit mehr als zwanzig Dienstjahren für die Firma noch begeistert sind. Zugleich sind sie bereit, ihre Entlassung als Schicksalsschlag hinzunehmen. Ein geschwächter Loyalitätssinn zeigt sich bei jüngeren Arbeitern, die mit der neuen Wirtschaftsordnung in brutalerer Weise konfrontiert sind. Viele dieser jüngeren Arbeiter sehen in ihren Arbeitsplätzen fast nur noch den Ort, wo jene Kontakte geknüpft werden können, die vielleicht zu besseren oder schlicht anderen Jobs verhelfen.

Dabei sind es nicht die jungen Menschen, die ihre Pflichten nicht mehr wahrnehmen, bietet ihnen die neue Ökonomie doch ebensowenig Sicherheiten. Vielmehr ersetzt sie fest angestellte Arbeiter, wenn immer möglich, durch Temporärstellen oder Auslagerungen. Loyalität verlangt, daß persönliche Erfahrungen in einer Institution gesammelt werden können. Aber die entstehende politische Ökonomie läßt es nicht mehr zu. Die profitable Leichtigkeit, mit welcher das internationale Kapitel heutzutage große Konzerne gruppiert, verkauft und umgruppiert, vernichtet nämlich die Beständigkeit von Institutionen, denen gegenüber man Loyalität entwickeln und für die man Verantwortung übernehmen könnte.

Für die Abschätzung der gesellschaftlichen Folgen der neuen politischen Ökonomie, dreht sich alles um die Frage der Zeit. Die politische Herausforderung bildet nicht so sehr der Bruch – das gehätschelte Kind des Postmodernismus – sondern die Forderung der Menschen nach einem Recht auf Loyalität und Verpflichtung innerhalb der Institutionen. Wenn die herrschenden politisch-ökonomischen Mächte die dauerhaften Zeitbestände vergewaltigen, könnten dann die Individuen für sich oder gegenseitig auf informelle Weise einen Zeitrahmen schaffen, dessen sie von den Insitutionen beraubt sind?

Diese Frage ist nicht so abstrakt wie sie auf Anhieb klingt. Die moderne Wirtschaft konnte die sozialen Kämpfe aus einer früheren Phase des Kapitalismus und die darin gewonnenen persönlichen Werte nicht einfach wegwischen. Was davon in die Gegenwart übertragen wurde, bildet einen Katalog subjektiver Werte, welche Zeit kohärent und dauerhaft machen – allerdings ausschließlich auf der persönlichen Ebene. Diese persönliche Zeitbeständigkeit befindet sich in einem besonders schwierigen Widerstreit mit der neuen Arbeitsökonomie.

Ein kohärentes Selbst

Die Viktorianer gründeten ihren Sinn für den Selbstwert auf ein Leben, welches als ein langfristiges Unterfangen organisiert war: Die Werte der deutschen *Bildung* und die Tugenden englischer Zielstrebigkeit waren für immer angelegt. Die Laufbahn in Geschäftsleben, Militär oder in Imperialbürokratien machte ein lebenslanges Projekt möglich. Da war die Arbeit in einer klaren Folge einzelner Schritte aufgereiht. Solche Erwartungen entwerten die Gegenwart zugunsten der Zukunft – eine Gegenwart, die in ständigem Aufruhr ist und ein Individuum auf Abwege locken oder zu flüchtigen Vergnügungen verführen könnte. So konnte Weber diese Zukunftsorientierung als Mentalität des Gratifikationsaufschubs beschreiben. Aber diese bruchlose Zeiterfahrung der viktorianischen Zeitgenossen trägt ein weiteres Merkmal, das sie der ethischen Kategorie der Eigenverantwortung für das Leben unterordneten. In diesem Akt der Übernahme von Verantwortung für das eigene Leben spielt auch der Wille eine Rolle. Aber er tritt dabei in einer anderen Form auf, die jenem innovativen Willenscharakter des Wandels von innen entgegengesetzt ist. In *Also sprach Zarathustra* schrieb Nietzsche: »Ohnmächtig gegen Das, was gethan ist – ist er allem Vergangenen ein böser Zuschauer. / Nicht zurück kann der Wille wollen.«[5] Aber Nietzsches Zeitgenossen richteten den Willen eben doch nach rückwärts. Die viktorianischen Akteure krümmten das Bewußtsein zurück, um aus Verschiebungen, zufälligen Richtungswechseln oder verpaßten Lebenschancen einen Erinnerungsbericht zu machen, für den jeder einzelne die Verantwortung zu übernehmen hatte – selbst dann, wenn diese Ereignisse außerhalb der Handlungskontrolle der Person liegen mochten, die sie durchgemacht hatte. Freuds frühe Krankengeschichten, so seine Studie *Der Wolfsmann*[6], drehen sich um den Preis für eine derart kohärent organisierte Zeit und besonders um den Akt der Verantwortungsübernahme mit den sich daraus ergebenden Schuldgefühlen für vergangene Ereignisse außerhalb der eigenen Kontrolle. Freud stellt fest, solche Gefühle der Verantwortlichkeit seien moderne Befindlichkeiten. Ganz anders noch glaubten die Menschen früher, ihre Lebensgeschichten befänden sich in Götter-, eines Gottes oder des blinden Schicksales Hand.

Heute sind diese spätviktorianischen Werte persönlicher Verantwortung noch genauso kräftig wie vor einem Jahrhundert, aber ihr institutioneller Kontext hat sich verändert. Das eiserne Gehäuse wurde abgebaut, so daß nun die Individuen in einer gleichsam leeren Arena um Sichherheit und Kohärenz kämpfen. Die Beseitigung der institutionellen Stützen, bei der Arbeit wie im Sozialstaat, überläßt die Individuen nur noch ihrem Verantwortungssinn. Das viktorianische Ethos verzeichnet jetzt oft den negativen Verlauf eines gebrochenen Willens, eines gescheiterten Versuchs, mittels eigener Arbeit seinem Leben Zusammenhalt zu verschaffen.

Vor fünfundzwanzig Jahren habe ich (für mein Buch *The Hidden Injuries of Class*) in Boston Arbeiter interviewt. Wie Nietzsches »böser Zuschauer« wußten sie, daß die Arbeit jenseits ihrer Kontrolle lag. Dennoch übernahmen sie die Verantwortung für das, was ihnen geschah. Ein wirtschaftliches Desaster, welches etwa dazu geführt hat, daß einer sein Haus verlor, weckte in ihm ein doppeltes Bewußtsein. Er fühlte sich als böser Zuschauer und zugleich als eigenverantwortlich Handelnder. Heute bringen die ökonomischen Expansionsprozesse die Arbeiter in eben diese zweifache Klemme.

Was geschieht, wenn das Muster der Laufbahn von jenem wechselnder Jobs abgelöst wird? Viele Arbeiter haben ein zwiespältiges Bewußtsein von ihrer Arbeit; sie wissen, daß solche befristete Arbeit verantwortungsscheuen Firmen gelegen kommt, dennoch bleiben sie im Glauben, daß sie mit ihrem Geschick eine Karriere hätten machen und es zu einer Festanstellung hätten bringen können, hätten sie nur ihr Leben anders angepackt. Die neue Wirtschaft, welche lebenslange Karriereprojekte entwertet, hat die optimale Altersspanne der Arbeit zugunsten der jüngeren und frisch Angestellten verschoben. (Früher reichte sie von Ende Zwanzig bis Mitte Fünfzig, heute von Anfang Zwanzig bis Anfang Vierzig:) Dabei leben Erwachsene länger und bleiben in guter Verfassung. Untersuchungen bei entlassenen Arbeitern mittleren Alters zeigen, daß sie über die altersmäßigen Benachteiligungen sehr besorgt und beunruhigt sind. Sie halten sich gar nicht für verbraucht oder zum alten Eisen zählend, sondern glauben zu wissen, was zu tun ist, weil sie besser organisiert und zielstrebiger als ihre jüngeren Kollegen seien. Dennoch halten sie sich selbst für schuldig, in der Vergangenheit nicht die richtigen Schritte gemacht, sich ungenügend vorbereitet zu haben.

Die Erbschaft der persönlichen Verantwortung lenkt die Wut von den wirtschaftlichen Institutionen ab. Die Rhetorik des modernen Managements legt es darauf an, die Machtverhätlnisse in der neuen Wirtschaft zu tarnen, indem sie den Beschäftigten das Gefühl vermittelt, sie seien selbstbestimmte Akteure. Wie die Autoren von *Reengineering the Corporation*[7] erklären, treten Manager nicht mehr wie Aufseher, sondern eher wie Trainer auf. Es ist nicht ein falsches Bewußtsein, das solche Äußerungen für diejenigen glaubwürdig macht, die wahrscheinlich darunter leiden; vielmehr ist es der verdrehte Sinn moralischer Subjektivität.

In seiner *Rede über die Würde des Menschen*, erklärte der Renaissance-Philosoph Pico della Mirandola: »Der Mensch ist ein Lebewesen von verschiedenartiger, vielgestaltiger und sprunghafter Natur. (...) Dem gegeben ist zu haben, was er wünscht, zu sein, was er will.«[8] Mit seiner biegsamen Natur ist der Mensch sein eigener Schöpfer; Maßstab für seine Werke bildet sein Selbstwert. In der Moderne übernehmen die Menschen die Verantwortung für ihr Leben, weil sie glauben, es hänge von ihnen ab. Aber wenn die ethische Kultur der Moderne mit ihren Sensoren für persönliche Verantwortung und zielgerichtetes Leben in eine Gesellschaft ohne institutionelle Schutzräume übertragen wird, ist nicht Stolz oder Selbstwertgefühl die Folge, sondern eine Dialektik des Scheiterns mitten im Wachstum. In der neuen Wirtschaft hängt Wachstum vom Zurechtstutzen der Größe von Unternehmen, von der Beendigung bürokratischer Garantien und von der

Nutzung von Bewegung und Ausdehnung wirtschaflicher Netze ab. Solche Verschiebungen erscheinen den Menschen als Mangel an eigener Orientierung. Die Verantwortungs-Ethik wird – im Zeichen einer schrecklichen Ironie! – zum Maßstab für das eigene Versagen, sich Kohärenz zu verschaffen.

Deshalb wünsche ich mir über die Demokratie am Arbeitsplatz eine neue Diskussion, die über die Arbeiter-Selbstverwaltung hinausgeht. Wenn wir über Demokratie am Arbeitsplatz reden, dann sollten wir die kulturellen Dimensionen der Arbeit berücksichtigen. Dann tritt eine andere und buchstäbliche Selbstverwaltung in den Vordergrund, in welcher nicht der Bruch, sondern die Kohärenz den obersten Wert darstellt. Wir müssen die Arbeiterdemokratie im Horizont der Hinterlassenschaft der Subjektivität durchdenken. Gibt es einen Weg, diese Bürde der Selbstverantwortung zu erleichtern und gleichzeitig die Sehnsucht nach Kohärenz und Dauerhaftigkeit wahrzunehmen?

Der Ort

Diese Frage habe ich im Lichte der sinnlichen Erfahrung von Plätzen, vor allem in Städten, zu verstehen versucht. Die Stadt ist die Heimstätte der Demokratie, hat Hannah Arendt erklärt; das bedeutete für sie, daß die Stadt ein Ort war, wo diesseits der Bürde der materiellen Umstände und ihrer subjektiven Interpretation Loyalitäten und Verantwortungen geformt werden können. Ist ihre Vision auf gewisse Weise mit dem Ideal John Deweys vom demokratischen Wachstum kombinierbar? Kann die Stadt als Ort stetig wachsender Komplexität von Werten, Meinungen und kulturellen Formen aufgefaßt werden?

Weder die Städte, die wir in Amerika kennen, zeigen viel Ähnlichkeit mit diesem idealen Ort, noch tun es kleinere Gemeinschaften. In diesen Gemeinschaften versuchen die Leute zwar, ihre Entwurzelungen und verkümmerten Erfahrungen in der Wirtschaft zu kompensieren, aber zu oft nimmt dies die zerstörerischen Formen von Gemeinschaftszwang und gemeinsamer Illusion an. Ich könnte es statistisch nicht belegen, dennoch bin ich davon überzeugt, daß der Aufstieg der religiösen Rechten in den amerikanischen Vorstädten, mit dem zunehmenden Gefühl der wirtschaftlichen Bedrohung korreliert. Diese Bewegung dringt derzeit, ausgehend von ihren traditionellen kleinstädtischen Hochburgen, in die Großstadt vor.

Deutlich erweisen sich auch viele zeitgenössische Bauprojekte als Übungen im Rückzug aus der komplexen Welt. Sie bedienen sich einer in der »Tradition« befangenen Architektur, die einen mythisch kommunalen Zusammenhalt und eine gemeinsame Identität aus der Vergangenheit heraufbeschwört. Dieses Trostsuchen in einer scheinbar einfacheren Epoche erscheint in Neuengland an den Siedlungsprojekten der amerikanischen Städteplaner Elizabeth Platter-Zyberg und Andreas Duwany, bei den britischen Architekten, die sich beim Prinzen von Wales für eine Re-Produktion »einheimischer« englischer Bauweise stark machen, sowie bei den Sanierungen von Stadtvierteln durch Leon Kriers auf dem Kontinent. All diese Orts-Gestalter sind Artisten der Klaustrophobie, deren Ikonen jedoch Beständigkeit, Langlebigkeit und Sicherheit versprechen.

Um Orts-Gestaltung in solch konservativen Begriffen zu verhindern, müssen wir klären, welche Wegweiser und formalen Merkmale ein alternatives, offeneres und demokratischeres Gemeinwesen orientieren könnten. Lassen Sie mich drei solche Formelemente nennen:

– *Erstens:* Konfrontation mit feindlichen Kräften von außen; ein demokratisch wachsendes Gemeinwesen kann keinen Fluchtpunkt bilden.

– *Zweitens:* Der Ort ist durch geographische Ränder anstatt durch Grenzen strukturiert; ein demokratisches Gemeinwesen ist nicht nur vielfältig, die Unterschiede müssen auch einen stofflichen Boden finden, wo sie aufeinander treffen und ineinander wachsen können.

– *Drittens:* Der Ort macht es möglich, in Unpersönlichkeit über sich hinaus wachsen zu können; ein demokratisches Gemeinwesen, wie ich es verstehe, entledigt seine Mitglieder von gewissen Identitätsbürden, die in der Klasse, in der Identifikation mit – sowie in der Repräsentierung von materiellen Umständen wurzeln. Unpersönlichkeit in der Bürgerschaft scheint mir, – mehr als ein Klassenbewußtsein – eine größere Erleichterung von seelischen Beschädigungen zu bieten, welche die Menschen durch die Wirtschaft erleiden. Es gibt in der Praxis durchaus Wege, wie Gemeinwesen – besonders die urbanen – demokratisches Wachstum in all diesen drei Formen fördern können.

Wenden wir uns *erstens* der Konfrontation mit feindlichen Kräften von außen zu: Die Kommunen können tatsächlich auf die neue Wirtschaft auch einwirken, statt nur defensiv auf sie zu reagieren. Moderne Konzerne präsentieren sich gerne so, als hätten sie sich von örtlichen Mächten frei gemacht: eine Fabrik in Mexiko, ein Büro in Bombay, ein Kommunikationszentrum in Manhattan – sie alle erscheinen als bloße Knoten in einem globalen Netz. Kommunale Behörden wagen es heute nicht, ihre Kompetenzen auszuüben, zum Beispiel eine Firma an ihrem Standort zu besteuern oder örtliche Bestimmungen durchzusetzen. Sie haben Angst, der Konzern könnte leicht einen anderen Knotenpunkt finden – in Kanada statt in Mexiko, ein Büro in Boston statt in Manhattan.

Schon jetzt mehren sich die Anzeichen dafür, daß die Wirtschaft ihren Standorten gegenüber nicht so gleichgültig ist wie angenommen: In Dubuque oder in Iowa kann man zwar jede beliebige Aktie kaufen, aber eine Aktienbörse im Maisfeld gibt es nicht; die efeubewachsenen Klausen Harvards mögen manches intellektuelle Talent hervorbringen, aber es mangelt ihnen an der Verrücktheit, an Chaos und Überraschungen, die Manhattan zu einem so anregenden, wenn auch nicht unbedingt angenehmen Arbeitsort machen. Ähnlich zeigt sich zunehmend auch in Südostasien, daß örtliche gesellschaftliche und kulturelle Besonderheiten bei Investitionsentscheidungen ein wichtige Rolle spielen.

Weil die neue politische Ökonomie in Wirklichkeit nicht standortunabhängig ist, besteht auch die Möglichkeit, kommunale Ansprüche geltend zu machen. Die Kommunen können mit den Konzernen vereinbaren, daß sie im Austausch gegen Steuererleichterungen für eine gewisse Dauer Arbeitsplätze sicherstellen. Oder sie können strenge Bestimmungen gegen die Altersdiskriminierung durchsetzen. Entscheidend ist der Wille zu handeln, nicht so sehr ein besonderes politisches Zaubermittel; denn bisher neigten politische Gemeinwesen dazu, sich wie schwache Bittsteller, statt als notwendige Partner zu verhalten. Kurz und bündig gesagt: der Ort hat Macht.

Zweitens besteht für starke Gemeinschaften kein Anlaß, nach innen einer repressiven Gangart zu verfallen. Besonders in großräumigen Umgebungen kann die Stadtplanung dies vermeiden und verschiedene Gemeinschaftsgruppen füreinander öffnen, indem sie die Grenzen örtlicher Gemeinschaften als aktive Zonen fokussiert. Zum Beispiel versuchen die Planer der »aktiven Randbebauung« heute, neue Überbauungen so zu steuern, daß sie von den Zentren weg und auf die trennenden Grenzen zwischen Stadtvierteln oder Gemeinschaften hin zu stehen kommen. So besteht wie bei einigen Experimenten in Ostlondon das Ziel darin, die Ränder zu einer stimulierten Zone der Interaktion und der Begegnung zwischen verschiedenen Gruppen zu machen. Eine andere Strategie besteht darin, zentrale Räume so zu diversifizieren, daß verschiedene Funktionen überlappen und in geographischen Zentren interagieren. Planer in Los Angeles versuchen, Kliniken, Regierungsbüros und alte Zentren in Geschäftsüberbauungen zu verlegen, die vormals ausschließlich Konsumaktivitäten vorbehalten waren. Deutsche Planer erforschen auf ähnliche Weise, wie in zentralen Fußgängerzonen wieder Leichtindustrie zurückgewonnen werden könnte.

Hannah Arendt zu Ehre bezeichnen sich viele dieser Planer selbst als Mitglieder einer »new *agora*«-Bewegung. Mit ihrer Planung versuchen sie nicht, ein besonderes Ergebnis zu determinieren. Sie gehen nämlich von Annahmen über die Form aus, in welcher die Interaktion und der Prozeß vor sich gehen sollte: Im Fall der Planer der »aktiven Randbebauung« besteht die animierende Erwartung darin, daß, je mehr Menschen miteinander interagieren, sie desto stärker mit jenen zu tun bekommen, die ihnen ungleich sind. Die Planer von Zentrumszonen gehen davon aus, daß so der Wert eines Platzes gesteigert wird, wenn es denn um mehr als um seinen kommerziellen Wert gehen soll. Eine solche Stadtplanung ist demokratisch im Sinn meines eigenen Verständnisses davon: Die *»agora«* hat eine definierte Gestalt, die darauf zielt, eher Komplexität – und nicht so sehr eine Reinheit des Zwecks oder eine Nutzungs-Hegemonie zu steigern.

Plätze – ganz besonders städtische – enthalten die wirkliche Kapazität, jenes dritte Element demokratischen Wachstums zu verwirklichen: die Gelegenheit für Menschen, aus sich heraus, in eine unpersönlichere Bürgerschaft hinein zu wachsen, um sich von subjektiver Last zu befreien. Das mag abstrakt tönen, aber wir erfahren jeweils eines dieser Elemente, wann immer wir in eine belebte Straße eintauchen.

Ein uraltes Klischee sieht in unpersönlichen Menschenmengen ein Übel. In der gesamten Geschichte der Stadt haben die Füße der Menschen aber anders geurteilt. Und eines der großen Themen in der Literatur der modernen Stadtkultur – von Baudelaire über Benjamin bis zu Jane Jacobs – findet in der anonymen Menge ein probates Mittel gegen die Selbstbezogenheit mit all ihren Bürden, eine Entlastung für eine weniger personalisierte Existenz. Unpersönlichkeit bewirkt mehr, als Außenseiter oder Mitglieder von Sub-Kulturen zu beschützen; sie ermöglicht, was Stuart Hall *»hybridity«* nennt, eine Mischung sozialer Elemente jenseits jeder vereinfachten Definition des Selbst.

Die unpersönliche Freisetzung ist vor dem Hintergrund der gesellschaftlichen Klasse und materiellem Wohlstand von besonderem Wert. Verschiedene Studien über bestehende, klassenmäßig durchmischte Gebiete in großen Städten wie New York und London ergeben ein interessantes Bild: Intime Nachbarschaftlichkeit ist selten, dennoch ist die Identifikation mit der nächsten Umgebung groß; die Armen sind von ihrer sozialen Stigmatisierung befreit, und die Reicheren – in Widerspruch zum Commonsense, dem größten ›Irreführer‹ – empfinden das tägliche Leben in durchmischter Nachbarschaft anregender als an Orten, wo man sich immer nur gegenseitig bespiegelt. Diese Studien veranschaulichen die von Durkheim vorgebrachte soziologische These, wonach Unpersönlichkeit und Gleichheit eine starke Affinität aufweisen.

Natürlich wird niemand behaupten, ein unpersönliches Stadtleben könne die Realität wirtschaftlichen Scheiterns oder gar die dadurch erzeugten Empfindungen auslöschen. Aber »auslöschen« gehört wie der »Bruch« zum Wachstumsgebiet durch Metamorphose. Ich stelle mir eher eine Art mitlaufendes Bewußtsein vor, in dem ein Arbeiter mittleren Alters, den man bereits zum alten Eisen zählt, auf vollkommen andere Art über sich nachdenken kann, nämlich nach Maßgabe des Ortes, wo er oder sie lebt; dieses Zweifache in einem Selbst scheint mir in der Praxis gangbarer zu sein als das Streben nach Wiedergebrut wie in der Metamorphose.

Das Problem innovativer Städeplanung, etwa in der »new *agora*«-Bewegung, besteht darin, wie räumliche Formen so zu verankern wären, daß eben diese Doppeltheit ermöglicht wird, und wie Randzonen lebendig oder durchmischte Zentren beständig gemacht werden können. Damit sind viele technischen Belange verbunden, mit denen ich die Geduld nicht strapazieren werde. Festzuhalten bleibt, daß die Ich-Entlastung, wie man sie in der Dichte belebter Straßen, gemischter Kneipen, Spielplätzen und Märkten erlebt, nicht als bedeutungslos interpretiert werden darf. Solch dichte Formen der Bürgergesellschaft prägen die Art, wie Menschen über sich als Bürger denken. Wie der verstorbene Henri Lefèbvre es ausdrückte, hilft das Gefühl für das eigene »Recht auf die Stadt« auch dazu, andere Rechte einzufordern – Rechte, die nicht auf persönliche Verletzungen oder Opferhaltungen gestützt sind.

Zum Schluß: Ob wir Demokratie am Arbeitsplatz oder in den Städten anstreben, wir müssen uns mit der Kultur des neuen Kapitalismus auseinandersetzen. Die Wirtschaft läßt weder persönliche Fähigkeiten und dauerhafte Ziele, noch soziales Vertrauen, Loyalität und Hingabe »wachsen«. Die Praxis der Wirtschaft hat sich mit einer dauerhaften kulturellen Ethik verknüpft, so daß die institutionelle Leere neben dem Willen zur Übernahme von Verantwortung für das eigene Leben koexistiert. Die Formen von politischen Gemeinwesen, die wir zu erfinden haben, müssen den Menschen helfen, beide Elemente dieser Verknüpfung zu transzendieren: Wir brauchen ein Wachstumsmodell, welches hilft, das Selbst als belastenden Besitz zu transzendieren. Orts-Gestaltung auf der Basis von Exklusion, Gleichartigkeit oder Nostalgie bildet eine Medizin, die für die Gesellschaft Gift ist, und psychologisch gesehen nichts nützt; ein von seinen Unvollkommenheiten belastetes Selbst, kann diese Bürde nicht durch Flucht in die Phantasie erleichtern. Die auf vielfältigere, dichtere und unpersönliche menschliche Kontakte gestützte Orts-Gestaltung muß einen Weg finden, damit diese Kontakte von Dauer sind; die *agora* muß sich als dauerhafte Institution erweisen – eine Herausforderung, welcher sich Urbanisten wie ich selbst, stellen müssen.

Eine Erfahrung des Flüchtigen und Fragmentierten – so lautet die berühmte Definition Baudelaires der Moderne. Das Leben in seinen unverbundenen Teilen anzunehmen, dies ist eine reife Freiheitserfahrung. Aber noch müssen diese Teile irgendwo untergebracht und eingebettet werden, an einem Ort, der es ihnen erlaubt zu wachsen und von Dauer zu sein.

Anmerkungen

1 Michael Young, The Rise of the Meritocracy 1870 – 2033: *The New Elite of our Social Revolution.* New York 1959.
2 Michael Hammer / James Champy, *Reengineering the Corporation: A Manifesto for Business Revolution.* New York 1993.
3 P. Ovidius Naso, *Metamorphosen.* Ü. u. hg. von Michael von Albrecht, Stuttgart 1994 (lateinisch/deutsch), S.7.
4 Ebda.
5 Friedrich Nietzsche, *Also sprach Zarathustra II.* KSA 4, hg. Giorgio Colli und Mazzino Montinari, S.180.
6 Sigmund Freud, *Aus der Geschichte einer infantilen Neurose* (»Der Wolfsmann«), 1918. SA VIII, Frankfurt/M. 1982.
7 Vgl. FN 2).
8 Pico della Mirandola, *Über die Würde des Menschen.* (lateinisch/deutsch) Hg. v. August Buck, Hamburg 1990, S.11 u. 7.

Autoren und Herausgeber

Margaret Canovan: Cheshire, England, geboren 1939 in Carlisle; studierte an der Universität Cambridge; lehrte politische Theorie an der Universität von Lancaster und (seit 1974) an der Universität von Keele; neben ihren beiden Büchern über Hannah Arendt hat sie auf vielen anderen Gebieten des politischen Denkens geschrieben, z.B. über Populismus und Nationalismus. Sie ist verheiratet und hat eine erwachsene Tochter.

Wolfgang Engler: Berlin, geboren 1952 in Dresden; ist seit Anfang der achtziger Jahre Dozent für Philosophie und Kultursoziologie an einer Ostberliner Kunsthochschule, Habilitation 1989 mit einer Arbeit über die Geschichte der Wissenssoziologie, Mitarbeiter bei »Die Zeit«.

Daniel Ganzfried: Zürich, geboren 1958 in Afulah/Israel; seit 1992 freier Schriftsteller; 1994, Werkpreis der Stadt Zürich; 1996, Buchpreis der Stadt Bern; Co-Autor im Filmprojekt *Kaddisch* (Filmkollektiv Zürich mit Hans Stürm und Bea Michel); seit 1995 Mitherausgeber von *politikinitiativen* Zürich; *Der Absender*, Roman (1995).

Sebastian Hefti: Zürich, geboren 1956 in Bogotà/Kolumbien; studierte Philosophie, Geschichte und Semiotik in Zürich und Berlin; Veranstalter und Publizist; seit 1992 Herausgeber der Zeitschrift *politikinitiativen* zu aktuellen Schwerpunkten politischen Denkens und Handelns; seit 1996 Koordinator der *Hannah Arendt Tage. Zürich.*

Wolfgang Heuer: Berlin, geboren 1949 in Köln; studierte Geschichte, Germanistik und Lateinamerikanistik, Forschungsarbeiten in Lateinamerika; promovierte über Hannah Arendt, ist Lehrbeauftragter am Fachbereich Politische Wissenschaften an der FU Berlin; Habilitation über die lebensgeschichtlichen Voraussetzungen für Zivilcourage.

Heinz Kleger: Potsdam, geboren 1952 in Zürich; studierte Philosophie, Geschichte, politische Wissenschaft und Soziologie in Zürich und Frankfurt a.M.; promovierte 1984 in Philosophie; habilitierte 1991 an der Universität Zürich; ist seit 1993 ord. Professor für politische Theorie in Potsdam; erhielt den Wissenschaftspreis Berlin-Brandenburg 1996.

Claude Lefort: Paris, geboren 1924; Mitglied des *Centre de recherches politiques Raymond Aron* seit 1990; Schüler von Merleau-Ponty; seine wichtigsten Arbeiten erstrecken sich auf Merleau-Ponty, den Marxismus und die politische Philsophie; als Analytiker des bürokratischen Phänomens und des Totalitarismus hat er sich, angefangen bei seinen frühesten Schriften, um eine Wiederherstellung der politischen Philosphie und um eine Reinterpretation der modernen Demokratie sowie der Menschenrechte bemüht.

Urs Marti: Bern, geboren 1952; Studium der Philosophie und Geschichte in Bern und Paris; Forschungsaufenthalte in Berlin, Paris und Florenz; Privatdozent für Philosophie an der Universität Bern; heute WoZ-Redaktor und Mitarbeiter am Philosophischen Seminar der Universität Zürich. Schwerpunkte: moderne politische Philosophie, konservatives Denken, Menschenrechte. Aufsätze u. a. zu Comte, Nietzsche, Foucault, Canetti, Arendt, Rorty.

Ingeborg Nordmann: Lorsch, Studium der Literaturwissenschaft, Philosphie und Politik; wissenschaftliche Assistentin an der Freien Universität Berlin; seit 1986 freie wissenschaftliche Publizistin, Veröffentlichungen zu Hannah Arendt und Margarete Susman; lebt in der Nähe von Frankfurt.

Anne-Marie Roviello: Brüssel, geboren 1948; lehrt Geschichte der modernen Philosophie, Ethik, Philosophie der Kommunikation und Hermeneutik an der Freien Universität Brüssel. Im April 1995 organisierte sie gemeinsam mit dem *Collège International* von Paris und dem *Cercle Clermontois de Philosophie Politique* in Clermont-Ferrand ein internationales Kolloquium über Hannah Arendt.

Hans Saner: Basel, geboren 1934 in Grosshöchstetten; studierte Philosophie, Psychologie und Germanistik in Lausanne und Basel; war während vieler Jahre persönlicher Assistent von Karl Jaspers, dessen Nachlaß er von 1975 bis 1990 herausgegeben hat, u. a. auch den Briefwechsel Hannah Arendt / Karl Jaspers. Hans Saner hat während vieler Jahre Hannah Arendt persönlich gekannt. Er lebt in Basel und ist überwiegend freischaffend im Arbeitsbereich Philosophie tätig.

Richard Sennett: New York City, geboren 1943 in Chicago; war Student von Hannah Arendt an der Universität von Chicago; Professor für Sozialwissenschaften am *Institute for the Humanities* an der New York University; berät die Unesco bei Städteplanungen in der Dritten Welt.

Christina Thürmer-Rohr: Berlin, geboren 1936 im heutigen Polen; studierte Philosophie und Psychologie in Freiburg i. Brsg. und Heidelberg; Promotion und Habilitation in Berlin; ordentliche Professorin am Fachbereich Erziehungswissenschaften der Technischen Universität Berlin; Schwerpunkte: Feministische Forschung, Gesellschafts- und Kulturkritik.

Sigrid Weigel: Zürich, geboren 1950 in Hamburg; Literatur- und Kulturwissenschaftlerin; Professorin am Deutschen Seminar der Universität Zürich; jüngste Publikationen: *Bilder des kulturellen Gedächtnisses* (1994), *Zur Schreibweise Walter Benjamins* (1996).

Kerry H. Whiteside: Lancaster, USA; geboren 1953 in Waukegan, Illinois; studierte an den Universitäten Princeton und Stanford politische Wissenschaften; lehrt seit 1983 am Franklin & Marshall College in Lancaster, Pennsylvania; interessiert sich inbesondere für den französischen Existentialismus, westeuropäische Politik, das politische Denken der französischen Grünen und für die politische Theorie der Demokratie.